Antes que Você Morra

Revelações sobre o Caminho Sufi

OSHO

Osho

Antes que Você Morra

Revelações sobre o Caminho Sufi

OSHO

Tradução:
Ma Dhyan Wanda

MADRAS®

Copyright: ©, 1975, 2016, Osho International Foundation, <www.osho.com/copyrights>
©2021, Madras Editora Ltda.
Todos os direitos reservados.

Título original em inglês: *Until You Die*.

Este livro é uma transcrição de uma série de palestras originais *Until You Die* (Antes que Você Morra), dadas por Osho a uma plateia ao vivo. Todas as conversas de Osho foram publicadas na íntegra como livros e também estão disponíveis como gravações de áudio originais. As gravações de áudio e o arquivo de texto completo podem ser encontrados na Biblioteca OSHO on-line em <www.osho.com>.

OSHO® é uma marca registrada da Osho International Foundation, <www.osho.com/trademarks>.

Direitos e edição e tradução para todos os países de língua portuguesa.
Tradução autorizada do inglês.

Editor:
Wagner Veneziani Costa

Produção e Capa:
Equipe Técnica Madras

Tradução:
Ma Dhyan Wanda

Revisão:
Ma Deva Angela
Swami Anand Nisargan
Arlete Genari

Dados Internacionais de Catalogação na Publicação (CIP)
(Câmara Brasileira do Livro, SP, Brasil)

Osho, 1931-1990
Antes que você morra : revelações sobre o caminho
sufi / Osho ; tradução Ma Dhyan Wanda. -- São Paulo: Madras, 2021.
Tradução do inglês: Until you die : talks on the sufi way
ISBN 978-85-370-1161-4
1. Osho - Discursos, ensaios, conferências
2. Sufismo I. Título.
18-21189 CDD-297.4

Índices para catálogo sistemático:
1. Sufismo : Osho : Filosofia mística 297.4
Maria Paula C. Riyuzo - Bibliotecária - CRB-8/7639

É proibida a reprodução total ou parcial desta obra, de qualquer forma ou por qualquer meio eletrônico, mecânico, inclusive por meio de processos xerográficos, incluindo ainda o uso da internet, sem a permissão expressa da Madras Editora, na pessoa de seu editor (Lei nº 9.610, de 19/2/1998).

Todos os direitos desta edição, em língua portuguesa, reservados pela

MADRAS EDITORA LTDA.
Rua Paulo Gonçalves, 88 – Santana
CEP: 02403-020 – São Paulo/SP
Caixa Postal: 12183 – CEP: 02013-970
Tel.: (11) 2281-5555 – Fax: (11) 2959-3090
www.madras.com.br

Índice

1. Antes Que Você Morra
você nada pode obter de mim 7

2. Não Julgueis
se você quer avaliar pedras preciosas, torne-se um joalheiro 35

3. Andar Sem Muletas
alguns replicaram e foram punidos 57

4. Direto à Liberdade
o pássaro voou pela abertura da janela 77

5. A Verdade Não Está Velada
seu egoísmo age como uma barreira entre você e a verdade 97

6. O Homem Traz a Semente
de sua miséria ou felicidade, céu ou inferno 115

7. O Conhecimento é Perigoso
a verdade nem sempre é sábia e a mentira nem sempre é tola 137

8. Isto Também Passará
lembre-se sempre 157

9. Quase Morto De Sede
o obstáculo – que era ele próprio – havia se desvanecido 183

10. Uma Rosa é Uma Rosa é Uma Rosa 205

Apêndice Um 233

Apêndice Um (continuação) 235

Sobre Osho 237

Resort Internacional de Meditação Osho 239

Capítulo 1

Antes Que Você Morra

Havia em Bokhara um homem rico e generoso. Porque tinha uma alta posição na hierarquia invisível, era conhecido como o Presidente do Mundo.

Cada dia ele distribuía ouro a uma categoria de pessoas – os doentes, as viúvas, e assim por diante. Mas nada era dado àquele que abrisse a boca.

Nem todos podiam guardar silêncio.

Um dia era a vez dos advogados receberem sua parte da subvenção. Um deles não se conteve e fez o pedido mais completo possível.

Nada lhe foi concedido.

Mas esse não foi o fim dos seus esforços. No dia seguinte, os inválidos estavam sendo ajudados, assim ele fingiu que suas pernas haviam se quebrado.

Mas o Presidente o conhecia e ele nada obteve.

Tentou outra e outra vez, até mesmo disfarçando-se de mulher, mas sem resultado.

Finalmente, o advogado encontrou um coveiro e lhe pediu que o embrulhasse numa mortalha. "Quando o Presidente passar", disse o advogado, "talvez ele presuma que seja um cadáver e jogue algum dinheiro para o meu funeral – e eu lhe darei uma parte".

E assim foi feito. Uma peça de ouro caiu da mão do Presidente sobre a mortalha. O advogado a apanhou logo, com medo de que o coveiro a pegasse primeiro.

Então ele disse ao seu benfeitor: "Você me negou sua subvenção – veja como a consegui!".

"*Você nada pode obter de mim*", replicou o homem generoso, "*antes que você morra*".

Este é o significado da frase enigmática: "O homem precisa morrer antes que morra". O prêmio vem depois dessa "morte", e não antes. E mesmo essa "morte" não é possível sem ajuda.

HÁ religiões e religiões, mas o Sufismo é *a* religião – o próprio coração, a essência mais profunda, a própria alma.

O Sufismo não é parte do Islamismo; ao contrário, o Islamismo é parte do Sufismo. O Sufismo existia antes de Maomé ter nascido e existirá mesmo quando Maomé estiver completamente esquecido. Os islamismos vêm e vão, as religiões tomam forma e se dissolvem, e o Sufismo permanece, continua, pois não é um dogma, mas a própria essência de ser religioso.

Você pode não ter ouvido falar do Sufismo e pode ser um Sufi – se for religioso. Krishna é um Sufi e Cristo também; Mahavira é um Sufi e Buda também – e eles jamais ouviram falar da palavra e jamais souberam que algo como o Sufismo existe.

Quando uma religião está viva, é porque o Sufismo está vivo nela. Quando uma religião está morta, isso apenas mostra que o espírito, o espírito Sufi, a deixou. Agora existe apenas um cadáver, não importa o quão decorado – na filosofia, na metafísica, nos dogmas, nas doutrinas –, mas sempre que o Sufismo a abandona, a religião cheira a morte. Isto aconteceu muitas vezes, e está acontecendo em quase todo o mundo. É preciso que se tenha consciência disso, de outro modo você pode se apegar a um cadáver.

Agora Cristianismo não tem Sufismo. Ele é uma religião morta – a Igreja a matou. Quando a "igreja" se torna demasiada, o Sufismo precisa abandonar aquele corpo. Ele não pode existir com dogmas. Ele pode viver bem com uma alma dançante, mas não com dogmas; não pode existir com teologias, elas não são boas companheiras; e com papas e sacerdotes, é impossível o Sufismo existir. Ele é justamente o contrário! O Sufismo não necessita de papas ou pregadores, não precisa de dogmas; ele não é da cabeça, e pertence ao coração. O coração é a Igreja, não uma igreja organizada, porque toda organização é da mente. E uma vez que a mente tome posse, o coração precisará de simplesmente abandonar a casa de vez. A casa fica estreita demais para o coração. Ele precisa da totalidade do céu, nada menos que isso lhe servirá.

O coração não pode ser confinado nas igrejas, a existência toda é a única igreja para ele. Ele só pode vibrar sob o céu, vibrar na liberdade, mas morre quando tudo se torna um sistema, um padrão organizado, um ritual – o estado de Sufismo simplesmente desaparece ali.

O Cristianismo matou Jesus. Os judeus não o conseguiram; eles o crucificaram, naturalmente, mas falharam, não puderam matá-lo. Ele sobreviveu à crucificação, e este é o significado da ressurreição – não que Jesus tenha sobrevivido fisicamente, mas que a crucificação provou ter sido inútil. Os judeus não puderam destruí-lo; eles tentaram, mas ele sobreviveu. Onde os judeus falharam, os cristãos foram bem-sucedidos, mataram-no sem qualquer crucificação. Eles o mataram através da oração, do dogma, da organização. Os seguidores e apóstolos conseguiram êxito onde os inimigos falharam.

O Cristianismo agora é uma religião morta, pois não pode permitir que o Sufismo exista em sua alma; ele o teme. Todo dogma sempre tem medo, porque Sufismo significa liberdade infinita, sem confinamento, sem limitação. É mais como o amor e menos como o silogismo lógico; é mais uma poesia e menos uma prosa. Ele é irracional.

Eis por que toda teologia racional tem medo dele. Uma vez que você dê abertura ao irracional, você não sabe onde está. E lembre-se: Deus é sempre irracional, e é maravilhoso que Ele seja irracional – de outro modo, Ele teria sido um professor de filosofia numa universidade qualquer, ou um papa, ou um sacerdote, mas não a existência.

O Sufismo morreu muitas mortes em muitas religiões. O Jainismo é uma religião morta. Ele floresceu no passado maravilhosamente, e deu nascimento a um grande místico como Mahavira. E depois, de repente, o rio desapareceu, e somente o leito seco permanece. Agora nenhum rio flui, não há vegetação nas margens; ele ficou uma terra deserta. O que aconteceu? Os seguidores do Jainismo tornaram-se intelectuais, matemáticos e lógicos demais. A partir do mistério de Mahavira, eles criaram doutrinas e argumentos; ficaram calculistas e, argutos demais, e o espírito foi morto. O Sufismo teve que sair do Cristianismo devido ao excesso de rituais na igreja. No Jainismo, o Sufismo teve que sair devido ao excesso de esforço intelectual, teológico e filosófico.

Lembre-se disto: o Sufismo não é uma igreja, não pertence a qualquer religião. Todas as religiões, quando vivas, pertencem a ele. Ele é um vasto céu de uma qualidade particular de consciência. Como isto acontece? Como alguém se torna um Sufi? Uma pessoa se torna Sufi não por pertencer a uma ordem particular, mas por descer da cabeça e ir para o coração.

Você pode existir de duas formas; como uma pessoa orientada pela cabeça – e terá sucesso no mundo, acumulará riquezas, prestígio, poder... Na política, você será uma pessoa bem-sucedida; aos olhos do mundo, será um modelo a ser imitado. Mas no íntimo você falhará completamente, sem sombra de dúvida, pois uma pessoa orientada pela cabeça não pode jamais entrar no interior. A cabeça se move para fora, é uma abertura para o outro. O coração se abre para dentro, é uma abertura para você mesmo. Ou você pode existir como uma pessoa orientada pela cabeça ou como uma pessoa orientada pelo coração. Quando sua energia, sua energia de vida, desce da cabeça para o coração, você se torna um Sufi.

Um Sufi significa uma pessoa do coração, um alguém do amor; um homem que não se incomoda com a origem do Universo, com quem o criou ou para onde vai; de fato, aquele que não faz qualquer pergunta – pelo contrário, ele começa a viver. A existência está ali: somente os tolos se preocupam de onde ela vem. Somente os tolos, eu digo. Eles podem ter-se rodeado de palavras filosóficas, astutas, mas são tolos. O sábio, vive a existência. Ela está aqui e agora! Por que se preocupar de onde ela vem? Que importância tem isso? Se alguém o criou ou não, é irrelevante. Você está aqui pulsando, vivo – dance com a existência! Viva-a! Seja-a! E permita que ela aconteça em seu total mistério dentro de você.

E este é o milagre: a pessoa que não se preocupa de onde vem, a pessoa que não faz perguntas, recebe as respostas. Alguém que não é curioso, mas que celebra tudo que se apresenta – qualquer que seja o caso, ele o celebra – subitamente ela fica consciente da própria fonte, e de repente toma consciência da própria culminação. O fim e o início se encontram nele – porque ele próprio se torna o mistério. Agora o mistério não é algo que está ali como um objeto, o qual você tem que andar em círculos para ver e observar. Não, porque não é esse o modo de conhecê-lo; esse é o meio de perdê-lo. Você poderá andar em círculos, para lá e para cá, mas nunca irá penetrá-lo. Como é que você pode saber? Você está desorientado, age na periferia. Em vez disso, penetre nele e vá até seu centro – torne-se ele.

E você *pode* se tornar, porque você é parte dele.

E você *pode* se tornar, porque ele é parte de você.

E então, subitamente, todas as perguntas desaparecem. De repente, a resposta está ali. Não que você tenha chegado a uma solução para os seus problemas. Não. Não existem problemas, absolutamente. Quando eles não existem, pela primeira vez você se torna apto e capaz de viver o mistério que é a vida, de viver Deus, de ser Deus.

Um grande Sufi – você deve ter ouvido seu nome, Al Hillaj Mansur – foi morto pelos muçulmanos, porque disse: "Anal Hak" – eu sou Deus. Quando você penetra no mistério da vida, não é que você seja um observador, porque um observador é sempre um estranho – você se torna um com ele. Não é que nade no rio, não é que flutue no rio, não é que se debata no rio. Não – você se torna o rio. De repente você percebe que a onda é parte do rio. E o contrário também é verdadeiro: o rio é parte da onda. Não é que sejamos partes de Deus – Deus também é parte de nós.

Quando Al Hillaj Mansur afirmou: "Eu sou Deus", os muçulmanos o mataram. O Sufismo é sempre morto pelas pessoas religiosas, pretensas religiosas – porque elas não podem tolerá-lo, não podem tolerar alguém que afirma que é Deus! Seus egos ficam ofendidos. Como pode um homem ser Deus? Mas quando Al Hillaj diz: "Eu sou Deus", ele não está dizendo: "Eu sou Deus e você não é", "Eu sou Deus e estas árvores não são", "Eu sou Deus e estas pedras não são". Ao afirmar "Eu sou Deus", está afirmando que o todo é divino e sagrado. Tudo é divino.

Assim, essas pessoas fanáticas que acreditam em dogmas... elas dizem que Deus criou ser humano e por isso o ser humano só pode ser uma criatura, não um criador; e isto é profanação, o máximo de profanidade é afirmar: "Eu sou Deus" – e o mataram. E o que estava Mansur dizendo quando o mataram? Ele dizia bem alto para o céu: "Você não pode me enganar! Mesmo nestes assassinos eu O vejo – Você não me engana! Você está aqui nestes assassinos. E seja qual for a forma em que você vier, meu Deus, eu O reconhecerei, porque eu já O conheci".

O Sufismo não é pensar sobre a existência, mas ser a existência. Não é pensar, não é fazer algo sobre a existência. Não é pensamento nem ação, mas ser.

E agora mesmo, sem qualquer esforço, você pode ser um Sufi. Se você para de pensar e abandona a ideia de fazer algo, se abandona a ideia de ser um pensador e um realizador, se você simplesmente está contente em ser, de repente você é um Sufi. E este será meu esforço enquanto estiver falando do Sufismo; não será para doutriná-lo, nem para torná-lo mais culto, mas para fazer de você um Sufi.

Os Sufis cantam, não fazem sermões, porque a vida é mais uma canção e menos um sermão. E eles dançam, não falam de dogmas, porque a dança é mais viva, mais como a existência, mais como os pássaros que cantam nas árvores e como o vento que passa através dos pinheiros, mais como a cachoeira, a chuva caindo ou a grama nascendo. Toda vida é uma dança, vibrando, pulsando, com vida infinita.

Os Sufis gostam de dançar eles, não estão interessados em dogmas. Eles contam lindas histórias. A vida é mais como uma história, e menos como uma história. E os Sufis criaram lindas estorinhas. Na superfície, você pode se enganar. Na superfície, ela poderá parecer apenas uma história comum, mas se você penetra fundo, as histórias Sufis são muito fecundas, prenhes de significado, plenas do significado do Supremo. Assim lhe contarei algumas histórias e as discutirei, a fim de ajudá-lo a penetrar na essência mais profunda e a entender algumas coisas sobre o coração, a fim de ajudá-lo, à sua energia e a todo o seu ser a ir a uma nova jornada em direção ao coração a fim de empurrá-lo – porque você terá medo.

O coração é a coisa mais perigosa do mundo.

Toda cultura, toda civilização e toda pretensa religião separam a criança do seu coração. Ele é uma coisa muito perigosa. Tudo que é perigoso vem do coração. A mente é mais segura, e com a mente você sabe onde está. Com o coração, ninguém sabe onde está. Com a mente, tudo é calculado, mapeado, medido. E você pode sentir a multidão sempre com você, à sua frente e atrás de você. Muitos estão se movendo nela; é uma autoestrada – concreta, sólida, e que lhe dá uma sensação de segurança. Com o coração você está só, ninguém está com você. O medo o pega, o possui, toma conta de você. Para onde você está indo? Agora você não sabe mais, porque quando você se move numa estrada com a multidão, você sabe onde vai porque pensa que a multidão sabe.

E todos estão na mesma posição; todos pensam: "Tanta gente andando, devem estar indo a algum lugar; de outro modo, por que tanta gente, milhões de pessoas se movendo? Devem estar se dirigindo a algum lugar". Todos pensam assim. Na verdade, a multidão não vai a lugar algum. Jamais uma multidão chegou a meta alguma; a multidão continua a caminhar. Você nasce e se torna parte dela, e a multidão já estava caminhando antes de você nascer. E chega um dia em que você acaba, você morre, e a multidão continua a caminhar, porque sempre há gente nova nascendo. A multidão nunca chega a lugar algum – mas ela dá uma sensação de conforto. Você se sente aconchegado, rodeado de tantas pessoas mais sábias, mais velhas e mais experientes que você; elas devem saber para onde estão caminhando – e você se sente seguro.

No momento em que você começa a cair para o coração... e *é* uma queda, como cair num abismo. Eis por que quando uma pessoa está apaixonada, dizemos que ficou caída de amor. É uma queda – a cabeça a vê como uma queda –, alguém se desviou, caiu. Quando você começa a cair em direção ao coração, você fica só; agora ninguém pode estar ali com você. Você, na sua solidão total, ficará temeroso e assustado. Agora não saberá para onde está indo, porque ninguém está ali e não há marcos de referência. Na verdade, não há um caminho sólido, concreto. O coração não está mapeado, medido, cartografado. Só haverá um tremendo medo.

Todo o meu esforço é para ajudá-lo a não ter medo, porque somente através do coração é que você renascerá. Mas antes de renascer, você terá que morrer. Ninguém pode renascer antes de morrer. Logo, toda mensagem do Sufismo, do Zen, do Hasidismo – todas essas são formas de Sufismo – é de como morrer. A base é a arte de morrer. Não estou ensinando aqui outra coisa senão isto: como morrer.

Se você morre, fica disponível a fontes infinitas de vida. Na verdade, você morre na sua forma presente; ela ficou estreita demais. Nela você apenas sobrevive – você não vive. A tremenda possibilidade da vida está completamente fechada, e você se sente confinado, preso. Você sente, em todas as partes, uma limitação, uma prisão.

Uma parede, um paredão de pedra surge em cada lugar para onde você se dirige – uma parede.

Todo o meu esforço é de como quebrar estas paredes de pedra. E elas não são feitas de pedras, mas de pensamentos. E nada é mais rochoso que um pensamento; eles são feitos de dogmas, de escrituras. Eles o cercam, e onde quer que vá, você os carrega junto. Você carrega sua prisão; ela está sempre pendurada à sua volta. Como rompê-la?

A quebra das paredes parecerá uma morte para você. E *é*, de certo modo, porque sua identidade atual será perdida. Seja você quem for, sua identidade será perdida; você não será mais. Subitamente, uma outra coisa ... Ela estava escondida dentro de você, mas você não estava alerta. De repente, uma descontinuidade. O velho já não é mais, e algo completamente novo entrou. Não se trata de uma continuidade com o seu passado. Eis por que a chamamos de morte. Não é contínuo: existe um intervalo.

E se você olhar para trás, não terá a sensação de que era real tudo aquilo que existia antes desta ressurreição. Não, parecerá como se fosse um sonho, ou como se você tivesse lido em algum lugar, uma ficção, ou como se alguém tivesse contado sua própria história e que jamais fora sua – de uma outra pessoa. O velho desaparece completamente. Eis por que chamamos isto de morte. Um fenômeno absolutamente novo passa a existir, e lembre-se da palavra "absolutamente". Não é uma forma modificada do velho, *não* tem conexão alguma com o velho; trata-se de uma ressurreição. Mas a ressurreição só é possível quando você é capaz de morrer.

O Sufismo é uma morte e uma ressurreição. E eu o chamo *a* religião.

Vamos ver agora esta linda história:

Havia em Bokhara um homem rico e generoso. Porque tinha uma alta posição na hierarquia invisível, era conhecido como o Presidente do Mundo.

Cada dia ele distribuía ouro a uma categoria de pessoas – os doentes, as viúvas, e assim por diante. Mas nada era dado àquele que abrisse a boca.

Nem todos podiam guardar silêncio.

Acompanhe-me vagarosamente:

Havia em Bokhara um homem rico e generoso.

É uma combinação difícil: "rico e generoso". Os pobres são sempre generosos, os ricos nunca. É assim que eles se tornam ricos. Se um homem rico é generoso, é porque aconteceu uma revolução. Um homem rico se torna generoso somente quando atingiu uma profunda compreensão de que as riquezas são inúteis. Quando ele vem a saber que tudo que este mundo pode dar não vale a pena ter, só então a generosidade se torna possível – então ele começa a partilhar. De outra forma, continuará acumulando mais e mais e mais. A mente continua querendo sempre mais; não tem fim. Se você não estiver atento, todas as riquezas de todos os mundos não serão suficientes – porque a mente não se importa com o que você tem. Ela simplesmente continua dizendo: "Mais!".

Conta-se que quando Alexandre, o Grande, estava vindo para a Índia, encontrou-se com um grande místico, Diógenes. Diógenes é um dos grandes Sufis. Diógenes costumava andar nu, como os animais. Ele era tão belo na sua nudez... porque é a feiura que tentamos esconder, não a beleza.

Por que você quer esconder seu corpo dos outros? O que há de errado com ele? A sociedade, a civilização e a cultura condicionaram sua mente a acreditar que há algo errado com o corpo. Se você for apanhado nu, se sentirá culpado. E existem leis e tribunais para forçá-lo a não andar nu. E toda a natureza é nua, e ela é tão bonita! Só o ser humano se tornou feio.

Algum dia, quando o ser humano for mais consciente, será cada vez menos e menos apegado às roupas. Elas podem ser usadas como coisas úteis: o tempo está frio – naturalmente você precisa cobrir o corpo; mas quando o tempo está agradável e o indivíduo pode ser como um animal simples e inocente, ele precisa ser. Completamente escondido sob as roupas, seu corpo deixou de ter a sensação do sentir, você se esqueceu completamente da linguagem do sentir o toque dos raios de sol e de apreciá-los. Você se esqueceu de sentir o vento no seu corpo nu, como as árvores sentem, e de dançar. Somente seu rosto foi deixado, somente sua cabeça. Todo o seu corpo se tornou entorpecido.

Diógenes vivia nu, mas sua nudez era muito, muito bela – porque era inocente. Você também pode viver nu como uma perversão, e então não será bonito. Então você será um exibicionista – algo ficou errado no seu mundo psicológico. Diógenes vivia nu como os animais. E Alexandre, dizem, ficou com inveja. Ele estava vestido com as roupas mais caras possíveis, e sentiu inveja ao ver Diógenes nu. Tão belo! – invejoso. Ele perguntou: "Como posso ser como você? – tão inocente, tão belo!".

Diógenes respondeu: "Não existe um *como* para isso". E ele estava deitado na areia, à beira de um rio. Era de manhã e o sol estava nascendo; ele devia estar apreciando a poesia que vem das areias para o corpo nu, as mensagens sutis, o calor morno do sol sobre ele.

Diógenes disse: "Não há necessidade de perguntar por nenhum como. Esta margem é grande o bastante para nós dois. Jogue fora suas roupas e deite-se aqui comigo".

Não existe um *como* a se perguntar. Por que perguntar como? O como é um truque da mente para adiar. Se você perguntar como, estará perguntando como deixar para depois, porque estará dizendo que deve haver algo a ser praticado. E a prática leva tempo. E, naturalmente, você não pode praticar agora; o amanhã chega. E, uma vez que o amanhã chegue, você estará acabado.

Diógenes disse: "Não é uma questão de como! Apenas se deite e descanse! Essa margem é grande o bastante para nós dois".

Alexandre disse: "Sempre sonhei que algum dia haverá uma possibilidade – quando eu conquistar o mundo inteiro. Estou esperando por esse dia, então também relaxarei e descansarei".

Diógenes sorriu e disse: "Então você é um tolo, porque Diógenes pode descansar e relaxar sem ter conquistado o mundo inteiro. Portanto, por que você precisa se impor a condição de que só quando tiver conquistado o mundo é que irá descansar e relaxar? Eu lhe digo: então isso nunca acontecerá, porque a mente sempre vai querer mais e mais. E quando tiver conquistado este mundo, então a mente perguntará: Existe algum outro mundo?".

E conta-se que quando Diógenes afirmou isto, que não há outro mundo, mas que a mente perguntará: "Existe algum outro mundo?" Alexandre ficou triste. A tristeza o invadiu imediatamente, sabendo que não existe outro mundo. Uma vez que você tenha conquistado este mundo, o que fará então? Não há outro mundo a conquistar, e a mente se sentirá frustrada.

A mente continua pedindo mais e mais. Ela não se importa com o que você tem; você pode ser um mendigo – ela vai querer mais; pode ser um imperador – ela vai querer mais. A natureza da mente é insaciável. Não importa o que você tenha, é da própria natureza dela pedir sempre mais. Um rico continua pedindo mais e permanece pobre, continua desejando mais e permanece pobre. É difícil encontrar um homem *verdadeiramente* rico.

Em toda a minha vida, só encontrei um homem que era realmente rico. Encontrei muitos, muitos homens ricos, mas só um era verdadeiramente rico. E por que ele era rico? Porque tinha entendido a futilidade de tudo. Quando o encontrei pela primeira vez, ele trouxe milhares de rúpias e as despejou aos meus pés. Eu lhe disse: "Agora não preciso delas. Se algum dia precisar, lhe mandarei um recado".

O velho começou a soluçar e a chorar. Eu não podia entender qual era o problema. E ele disse: "Não fale assim – porque sou tão pobre e não tenho nada mais a lhe oferecer, a não ser dinheiro". E continuou: "Eu sou tão pobre! Não tenho nada *mais* a lhe oferecer, exceto dinheiro. E se você o rejeita, parece que está rejeitando a mim, porque não tenho nada mais. Dinheiro eu posso dar, só isso eu tenho – nada mais".

Esse é um homem que chegou a compreender que as riquezas não são riquezas reais e que o homem permanece pobre.

Havia em Bokhara um homem rico e generoso.

"Generoso" significa que ele realmente viveu nas riquezas, experimentou o mundo, e que chegou à conclusão de que este mundo nada mais é do que um sonho. E as riquezas apenas lhe dão uma *ilusão* de ser rico, mas não o *tornaram* verdadeiramente rico. Esse homem está desiludido. Eis por que ele se tornou generoso. Agora ele pode partilhar, agora ele pode dar tudo! Agora não há perguntas, e ele não pede mais, ao contrário, o quer que possua, partilha com os outros.

Porque tinha uma alta posição na hierarquia invisível...

E um homem assim, imediatamente se torna muito elevado no mundo da consciência. Se você pode partilhar tudo que tem, subitamente você sobe na hierarquia do invisível. Neste mundo, você pode parecer um mendigo; no outro, pela primeira vez, você se torna um imperador.

Buda renunciou seus palácios, seu reino, suas riquezas e se tornou um mendigo. Quando voltou à cidade natal, seu pai estava muito zangado – como todos os pais ficam. É difícil encontrar um pai que não fique zangado com o filho, porque, seja lá o você faça, não faz diferença. Você pode se tornar criminoso, ele ficará zangado; ou santo, ele ficará zangado. Mesmo que você se torne um Buda... o pai estava zangado. Porque você nunca corresponde às expectativas de alguém; é impossível. Como pode *você* corresponder às expectativas de alguém? Ele próprio não pôde realizá-las e espera que *você* o faça. Por isso, tudo que você fizer estará errado.

O pai estava muito zangado. E Buda tinha se tornado Iluminado. Ele voltara a um ser totalmente transformado, ressurrecto. Ele estava envolvido por uma luz infinita e por um silêncio. Conta-se que, em qualquer momento e, onde quer que fosse, mesmo as árvores sentiam sua presença e as flores nasciam antes da época; em qualquer lugar por onde andasse, fazia-se um silêncio profundo doze milhas à sua volta. Mas um pai é uma exceção.

O pai estava zangado; ele não podia sentir o silêncio, a luz – ele só podia ver um vadio, um mendigo. E disse: "É demais! Você já vadiou bastante. Volte! Minhas portas ainda estão abertas. Olhe para você: o filho de um imperador – pedindo comida na sua própria capital, esmolando. Olhe para sua tigela de mendigo, suas roupas rasgadas, quase em tiras! O que está fazendo a si mesmo? Tenho vergonha de você! Mas tenho coração, coração de pai, e minhas portas não estão fechadas. Você me magoou profundamente, mas ainda tenho um coração de pai. Volte! Não ande como mendigo – seja um imperador!".

E conta-se que Buda respondeu: "Eu era um mendigo, agora me tornei um imperador – mas como convencê-lo? Eu era um mendigo enquanto vivia no palácio. Quando você pensava que eu iria ser o herdeiro do seu reino, eu era um mendigo e estava aprisionado. Agora sou totalmente livre. E, pela primeira vez, compreendi o que significa ser imperador. Mas como convencê-lo?".

No momento em que começa a partilhar, você mostra que sua consciência atingiu um ponto, um crescimento. Uma pessoa adulta sempre partilha. Se ela está presa às suas coisas, ainda não cresceu, ainda é infantil. Por quê? Porque você só pode possuir uma coisa se partilhar. Não há outra posse. Se está preso a uma coisa, isso mostra que a coisa é maior que você, que seu amor, maior que seu ser. Eis por que você se prende às coisas. Sua alma está na posse. Você não pode dividir, não pode ser generoso.

Porque tinha uma alta posição na hierarquia invisível, era conhecido como o Presidente do Mundo.

Os Sufis concedem tais títulos a seus mendigos: "Presidente do Mundo". Não entenda mal! Eles não é um presidente no sentido em que Ford ou Nixon o foram. Esses são os homens mais pobres do mundo, os últimos, numa profunda ilusão de que são os primeiros. Esse homem deve ter se reduzido ao último dos homens. Somente aqueles que estão desiludidos com o mundo podem aguentar até o fim. Eles podem se tornar os últimos. E Jesus disse: "Aqueles que são os últimos neste mundo, serão os primeiros no Reino do meu Deus". Jesus devia estar falando de tal homem – o rico e generoso. E lhe digo: se você é generoso, você é rico; se você não é generoso, você pode estar na ilusão de que é rico, mas você é pobre.

A generosidade é a verdadeira riqueza.

E para ser generoso, para partilhar, você não precisa de muita coisa. Para ser generoso, você só precisa *partilhar* qualquer coisa que tenha. Você pode não ter muito – essa não é a questão. Quem tem muito? Quem pode alguma vez ter o bastante? Nunca é muito, nunca é o bastante. Você pode não ser absolutamente nada, pode ser apenas um mendigo da rua, mas ainda assim pode ser generoso.

Você não pode sorrir quando um estranho passa? Você pode sorrir, pode dividir seu ser com o estranho, e então você é generoso. Você não pode cantar quando alguém está triste? Você pode ser generoso – os sorrisos nada custam. Mas você ficou tão miserável que, mesmo antes de sorrir, pensa três vezes: sorrir ou não sorrir? Cantar ou não cantar? Dançar ou não dançar – aliás, ser ou não ser?

Partilhe seu ser, se você não tiver nada; essa é a maior riqueza – todos nascem com ela. Partilhe seu ser! Estenda sua mão, dirija-se ao outro com amor no coração. Não considere ninguém como um estranho. Ninguém o é; ou todos são. Se você partilha, ninguém é; se não partilha, todos são.

Você pode ser alguém muito rico, mas um miserável, se não partilha. E então seus próprios filhos são estranhos, então sua própria esposa é uma estranha – porque como pode alguém se encontrar com um homem miserável? Ele está fechado, já está morto no seu túmulo. Como pode você caminhar em direção a um homem miserável? Se o fizer, ele foge. Está sempre com medo, porque sempre que alguém se aproxima, o compartilhar começa. Até um aperto de mão a pessoa miserável sente que é perigoso, porque, quem sabe? – uma amizade pode nascer daí, e então existe perigo.

Uma pessoa miserável está sempre alerta, em defesa, para não permitir que alguém chegue muito perto. Ele mantém todos a distância. Um sorriso é perigoso porque quebra as distâncias. Se você sorri a um mendigo na rua, a distância é quebrada, ele já não é um mendigo, tornou-se um amigo. E, então, se ele estiver com fome, você terá que fazer alguma coisa. É melhor ficar sem sorrir, é mais seguro, mais econômico, menos perigoso – nenhum risco nisso.

Não é uma questão de partilhar alguma coisa, mas de simplesmente partilhar – qualquer coisa que você tenha! Se você não tem outra coisa, tem ainda um corpo quente – você pode se sentar perto de alguém e dar-lhe seu calor. Você pode sorrir, dançar, cantar, rir e ajudar o outro a rir. E quando duas pessoas riem juntas, seus seres se tornam um nesse momento; quando duas pessoas sorriem juntas, subitamente toda a distância se dissolve – vocês estão conectados.

Portanto, não pense que para ser generoso você precisa ser rico. É exatamente o contrário: se você quer ser rico, seja generoso. E tantas riquezas estão disponíveis sempre, tantas dádivas você traz com sua vida e leva outra vez quando morre. Você podia ter partilhado e, com isto, poderia ter consciência do quanto a existência o faz rico e como você vive pobre.

E quanto mais você partilha, mais seu ser começa a fluir. Quanto mais ele flui, mais e mais novas fontes alimentam o rio, e você permanece renovado.

Somente um ser humano generoso é renovado. Um ser humano não generoso, fechado, miserável, torna-se sujo – está propenso a ficar assim. É exatamente como um poço. Ninguém o usa, o poço não tem possibilidade de dar sua água a ninguém; então, o que acontecerá com ele? Novas fontes não o estarão suprindo, porque não há necessidade. A água velha ficará cada vez mais e mais suja; o poço inteiro estará morto. Águas frescas não estarão chegando até ele. É assim que tem acontecido a muitos de vocês.

Convide as pessoas a compartilhar de você.
Convide as pessoas a beber de você.

Esse é o significado do que Jesus diz: "Bebam de mim! Comam de mim!". Quanto mais você se alimenta dele, mais Jesus cresce. Quanto mais você bebe dele, mais as águas frescas fluem. As riquezas que a vida lhe doou não são limitadas, mas só um ser humano generoso pode saber disso. Elas são ilimitadas. Você não é uma companhia de recursos limitados, mas de recursos ilimitados. Atrás de você, o Divino está escondido. Ninguém pode exauri-lo. Cante quantas canções possa, e você não será exaurido; até pelo contrário, melhores e melhores canções virão.

Conta-se de um dos maiores poetas da Índia, Rabindranath Tagore, que quando estava morrendo, aproximou-se um amigo, um literato, um grande crítico, e lhe disse: "Você pode morrer em profunda alegria, porque você cantou muitas canções. Ninguém antes cantou tanto". Rabindranath escreveu seis mil canções. O grande poeta inglês Shelley escreveu apenas duas mil, e ele escreveu seis mil poemas. E cada um deles é uma maravilha em si mesmo, um lindo diamante, único. O amigo estava certo. Ele disse: "Você pode morrer em profunda alegria, realizado. Cantou tantas canções! Nem mesmo um Kalidas ou um Shelley podem competir com você". E enquanto dizia isso, lágrimas corriam dos olhos de Rabindranath. Ele não podia acreditar e disse: "Você – chorando! Está com medo da morte? Jamais poderia acreditar, que um homem que esteve a vida toda cantando que a morte é a grande amiga, esteja com medo da morte?".

Rabindranath respondeu: "Não, não estou com medo da morte. A morte é linda, tão linda quanto a vida. Estou chorando porque ultimamente canções melhores e melhores estavam vindo. Até agora eu era só uma criança, e agora a maturidade estava acontecendo e Deus estava me dando mais e mais. Quanto mais eu cantava, mais fluía de mim. Na verdade, agora a *veena** estava pronta, mas é tempo de partir. Isto é injusto. Agora que eu estava me sentindo pronto para realmente cantar!.

Mas lhe digo: mesmo que Rabindranath tivesse vivido mil anos, teria acontecido o mesmo – porque é um fluir eterno. Você partilha e sabe que flui eternamente, você canta e sabe que está sempre

---

* Instrumento musical de corda.

surgindo mais. Não há fim para isso. Mesmo depois de mil anos, Rabindranath teria morrido com lágrimas nos olhos, porque estava fluindo mais. Ninguém pode exauri-lo. Deus é inexaurível, e você tem Deus dentro de si. Por que você é tão miserável?

Miserável, você se torna pobre.

Generoso, você se torna rico.

E você pode se tornar generoso agora mesmo, como você é, porque não precisa de nada para isso. Você precisa simplesmente compreender – e tornar-se! Nada está faltando. Tudo o que precisa para ser generoso já acontece.

E claro: ele era conhecido como o Presidente do Mundo.

Cada dia ele distribuía ouro a uma categoria de pessoas – os doentes, as viúvas, e assim por diante. Mas nada era dado àquele que abrisse a boca.

Nem todos podiam guardar silêncio.

Frases muito, muito profundas e fecundas.

Se você for ao templo e sua oração se tornar um desejo, ela jamais será ouvida. Porque uma oração só é possível quando o desejo não está presente. Um desejo jamais pode se tornar uma oração. Se você pedir algo, você perderá; não estará orando. E Deus sabe quais são suas necessidades.

Havia um Santo Sufi, Bayazid, que costumava dizer sempre: "Deus sabe do que preciso, por isso nunca orei – porque é tolice! O que dizer a Ele? Ele já sabe. Se eu digo algo que Ele já sabe, é tolice. Se tento achar algo que Ele não sabe, também é tolice. Como é que você pode pensar uma coisa dessas? Por isso, simplesmente nunca me preocupei. Tudo que preciso. Ele sempre me dá".

Mas, naquela época, ele era muito pobre, faminto, rejeitado na cidade por onde passava. Ninguém estava disposto a lhe dar um abrigo para a noite. E a noite estava escura e ele estava sentado sob uma árvore; fora da cidade era perigoso. E um discípulo disse: "O que dizer dessa situação? Se Ele sabe que Seu amado Bayazid está em tal apuro – que a cidade o rejeitou, que está com fome e sem comida, sentado sob uma árvore, com animais selvagens à volta, sem poder dormir – de que tipo de Deus você está falando, que sabe de tudo que você necessita?".

Bayzaid sorriu e respondeu: "Ele já sabe que é isto o que preciso neste momento. Esta é a minha necessidade! De outra forma, como? – porque eu deveria estar assim? Deus sabe quando você necessita da pobreza", disse Bayazid, "e quando você necessita da riqueza. E Deus sabe quando você precisa jejuar e quando você precisa participar de um banquete. Ele sabe! E esta é minha necessidade neste exato momento".

Você não pode pedir. Se o fizer, não lhe será concedido. No *próprio* pedir, você prova que não é capaz de recebê-lo. A oração deveria ser silenciosa. O silêncio é a oração. Quando as palavras chegam, os desejos imediatamente as sucedem – porque as palavras são o veículo do desejo. No silêncio, como você pode desejar? Já tentou? No silêncio você pode desejar alguma coisa? Como pode desejar, estando em silêncio? A linguagem será necessária, todas as linguagens pertencem ao reino do desejo. Daí a insistência, de todos os que sabem, a respeito de permanecer silenciosos, porque somente quando *não* há palavras na sua mente é que o desejo cessa; de outro modo, o desejo estará escondido atrás de cada palavra.

Tudo que você diz, mesmo se for ao templo, à mesquita ou à igreja, e disser: "Eu não desejo coisa alguma", isso é um desejo. Apenas veja, observe – escondido em algum lugar está o desejo. E você já ouviu que enquanto não parar de desejar, nada lhe será dado. Eis por que você está dizendo: "Não desejo" – para obtê-lo. Mas o desejo está escondido lá atrás, na sombra. De outro modo, para que dizer: "Não desejo coisa alguma"?

Seja silencioso. Só o silêncio é oração.

Assim, todas as orações que você tem feito são falsas, todas as orações que lhe foram ensinadas não são absolutamente orações, mas rituais mortos. Existe apenas uma prece, e essa é estar em silêncio, *tão* em silêncio que nem uma simples palavra flutue no lago de sua consciência; nenhuma onda, o lago está completamente silencioso, torna-se um espelho, e reflete a existência, reflete Deus. Nesse momento de silêncio, tudo é alcançado.

Então, esta história diz:

Cada dia ele distribuía ouro a uma categoria de pessoas – os doentes, as viúvas, e assim por diante. Mas nada era dado àquele que abrisse a boca.

Esta história Sufi diz: "Mantenha a boca completamente fechada" – não só externamente, mas também internamente. E então muito lhe será dado. Quando você não pede, muito lhe é dado; quando você pede, nada lhe é dado. Parece um paradoxo, mas é a própria lei fundamental da existência. Não peça – e de repente, você percebe que muito está vindo.

Aconteceu: Um homem veio a Bayazid e disse: "Por causa dos seus ensinamentos, minha vida está destruída. Há vinte anos eu vim e você me disse: Se não pedir, a riqueza o seguirá. Se não procurar, tudo lhe será dado. Se não correr atrás de mulheres bonitas, as mulheres mais lindas virão a você. Vinte anos perdidos! Nenhuma sequer, nem ao menos uma feia apareceu. E nenhuma fortuna – permaneci pobre. Você destruiu minha vida. O que você me diz agora?".

Bayazid respondeu: "Poderia ter acontecido, mas você estava olhando demais para trás, sempre vigiando para ver se elas vinham ou não. O desejo estava ali. Você perdeu por causa do desejo, não por mim. Estava sempre esperando: Agora vai chegar uma mulher linda e vai bater à porta. Agora a deusa da fortuna vai chegar. Você não estava em silêncio, não estava num estado de não desejo".

Os Sufis dizem: "Quando você não pede, lhe é dado". E este ensinamento ainda vai mais fundo do que o de Jesus. Jesus diz: "Peça e lhe será dado. Bata e as portas se abrirão para você". E os Sufis dizem: "Peça e nunca lhe será dado. Bata, bata sua cabeça contra a porta, e ela ficará mais fechada do que nunca".

Nem todos podiam guardar silêncio...

Mesmo sabendo isto, que este homem, este generoso homem de Bokhara lhes daria apenas se ficassem em silêncio. Mas é tão difícil, porque a mente diz: "Faça um apelo! Conte-lhe a situação toda para que possa arrancar mais coisas dele". E a história é linda, porque agora se refere a um advogado. Qualquer um outro pode manter a boca fechada, mas um advogado não. Ele sabe como fazer uma petição na corte, sabe como convencer e seduzir o juiz, sabe que se ficar em silêncio perderá a causa.

No mundo, as palavras são muito importantes. Um advogado vive das palavras, porque a corte é o próprio templo *desse* mundo. Você já viu os prédios das cortes supremas? São os templos de agora; muita coisa é desperdiçada neles. Por quê? Mesmo os templos se tornaram minúsculos, mas as cortes supremas estão ficando mais e mais altas e cada vez maiores. De fato, o poder está ali – o poder da violência e do assassínio, da lei, da linguagem e da lógica. Um advogado é um lógico.

Ele sabia muito bem que este homem tinha uma condição: se ficar silencioso, ele lhe dará; se pedir, não dará – "Mas mesmo assim, nem todos podiam guardar silêncio". É tão difícil ficar em silêncio! Você sabe, eu lhe digo repetidamente: mantenha silêncio! – mas é assim? Eu lhe digo sempre, mil e uma vezes, que Deus está pronto a lhe dar, mas através do seu silêncio mostre que você está pronto a receber. E você não mostra! Você gostaria de dizer a Deus que está realmente numa terrível miséria, em angústia e ansiedade, para que algo mais possa ser conseguido Dele.

Um dia era a vez dos advogados receberem sua parte da subvenção. Um deles não se conteve e fez o pedido mais completo possível.
Nada lhe foi concedido.
Mas esse não foi o fim de seus esforços.

É difícil ficar livre de um advogado; ele descobrirá outros meios. Porque, se não for possível, então ele descobrirá outros meios, outras brechas. Ele tentará entrar na casa por algum lugar, – talvez pela porta dos fundos...

Tenho um grande amigo advogado muito famoso. Ele me contou que uma vez estava na corte de um homem muito santo, defendendo uma causa – e eu conheço esse juiz também: era realmente um homem santo; e ele não recebia suborno algum, pelo contrário, se alguém tentasse suborná-lo, certamente perderia a causa. Então o que fez esse advogado? Tentou suborná-lo pelo lado oposto. Descobriu um outro jeito. Naturalmente, o lado oposto perdeu a causa.

Ele mandou um homem, agente seu, em nome da outra parte, tentar subornar o juiz. E o juiz ficou muito zangado – naturalmente a outra parte perdeu a causa, e a outra parte estava certa. Ninguém jamais conseguiu saber como perderam. Eles estavam também confusos; com um homem tão santo na corte, tinham certeza que ganhariam, era tão simples! Não havia nada envolvido nisso! Como puderam perder?

O advogado sempre encontra um jeito. Se ele pode entrar pela porta da frente, tudo bem; caso contrário, entra pela porta dos fundos. Se é durante o dia, tudo bem; se não, entra à noite.

Mas esse não foi o fim de seus esforços. No dia seguinte, os inválidos estavam sendo ajudados, assim ele fingiu que suas pernas haviam se quebrado.
Mas o Presidente o conhecia e ele nada obteve.

O Presidente é simbólico aqui. O "Presidente" significa a consciência mais alta, a qual sempre conhece a consciência inferior. Você não pode enganá-la, a menos que a própria consciência mais alta o queira, por certas razões; de outra forma, você não pode enganá-la. Como você pode enganar a consciência mais alta?

Mas o Presidente o conhecia e ele nada obteve.
Tentou outra e outra vez, até mesmo disfarçando-se de mulher...

Nos países islâmicos, você pode se disfarçar de mulher e ninguém será capaz de saber se você é homem ou mulher.

... mas sem resultado.

Você não pode enganar a consciência mais alta. Jamais tente enganar um Mestre. E você tenta, porque sua mente é lógica; o advogado tenta de todos os modos. Acontece comigo todos os dias. É raro você não me enganar, ou tentar me enganar.

Uma pessoa chega e está feliz. Eu vejo que está feliz, pela primeira vez plenificada com uma alegria desconhecida. E eu lhe pergunto: "Como está você?", e ela encolhe os ombros e diz: "Mais ou menos". Por que ela está tentando me enganar? Ela gostaria de receber mais comiseração de minha parte, isto é o que ela está fazendo. Se disser que está feliz e alegre, não terá necessidade de qualquer simpatia. E você é tão tolo na sua maneira de ser, que pede comiseração, quando poderia ter amor – mas você pede comiseração.

O amor pode ser dado a quem está feliz, a comiseração a quem está infeliz. O amor não pode ser dado a quem está infeliz, é impossível; ele não está na disposição certa. Você não pode dar amor a ele, apenas comiseração. O amor só pode ser dado quando alguém está feliz e fluindo; então está na sintonia certa e o amor é possível.

Eu iria dar amor, mas você tentou me enganar – e só obteve comiseração. Você não pode me enganar, e está enganando *a si mesmo*. Mas você ficou muito treinado no enganar, porque durante toda a sua vida esteve fazendo isso.

A mulher em casa está cantando, cantarolando feliz. No momento em que ouve o carro vindo pela rua e o marido chegando, seu rosto muda. Agora está ficando pronta a pedir comiseração; torna-se triste, cansada. Há apenas um instante estava absolutamente bem, nada havia de errado com ela. Apenas o barulho do carro e ela mudou. O marido está chegando – agora ela sabe o truque: se ela estiver infeliz, ele será complacente com ela. Se não estiver infeliz, ele irá ler seu jornal.

Você aprendeu os truques. E eles funcionam! Funcionam no mesmo nível de pessoas como você; elas também estão fazendo o mesmo. O marido pode ter estado cantarolando enquanto dirigia o carro; no momento em que chega em casa, ele faz pose – cansado, trabalhando o dia todo para a esposa e os filhos, morrendo de cansado, precisa de alguém que tenha pena dele.

Lembre-se: a comiseração é um substituto pobre para o amor. Nunca se contente com ela. A comiseração é *nada*. E ninguém se sente bem ao precisar dar comiseração. Parece uma carga: alguém precisar fazê-lo, é um dever. Alguém está doente e você tem que conversar com ele. Alguém está doente no hospital e você tem que visitá-lo e ser complacente. É um dever que se precisa cumprir.

Jamais peça compaixão. Seja feliz, e o amor estará fluindo em sua direção. O amor é a moeda certa, a compaixão, é a moeda errada. Ela parece o amor, mas não é amor.

Aí está o problema: você pede compaixão, e quando lhe é dada, você não se sente preenchido – ninguém pode ser preenchido pela compaixão. Você necessita de amor e pede compaixão. Você pediu o alimento errado, e se ele lhe for dado, fará mal ao estômago, e se não lhe for dado, perturbará seu estômago da mesma forma.

Quando você pede compaixão e ela não lhe é dada, você fica mais infeliz, porque ninguém liga para você. Se ela lhe é dada, não constitui um preenchimento, porque a compaixão é muito fraca, é nada. Você precisava de amor real, autêntico, um fluir do coração. Você precisava que seu marido corresse em sua direção, mas para isso você precisaria se tornar uma força magnética, uma felicidade. Ninguém corre impetuosamente para a infelicidade. A pessoa tenta se proteger e age com reservas.

Mas você aprendeu esses truques. E mesmo quando você vem a mim, continua usando-os. Você os aprendeu demais.

Mas o Presidente o conhecia e ele nada obteve.

Tentou outra e outra vez, até mesmo disfarçando-se de mulher, mas sem resultado.

Você não pode se disfarçar, porque uma consciência mais alta significa uma consciência penetrante. Ela não penetra somente através da roupa – a *burka* da mulher muçulmana. Ela penetra seu corpo; esse também é uma roupa, natural. Ela penetra sua mente; essa também é uma roupa, cultural. Ela penetra até a essência do seu ser, alcança você diretamente.

Seja verdadeiro, natural, solto. Sempre que encontrar uma consciência mais alta, seja natural, descontraído. Seja lá o que for, coloque tudo sobre a mesa, não guarde nem mesmo um trunfo. Ponha tudo, todas as suas cartas abertas na mesa. Você receberá muito amor, receberá tudo, porque quando você se põe completamente nu, está pronto a morrer. Desprotegido, você se abre – você se torna vulnerável.

E um Mestre é a morte.

De fato, nas antigas escrituras indianas, diz-se que um Mestre é a morte. Quando você vem a um Mestre, está vindo a uma morte muito profunda. Mesmo a morte comum não é tão profunda, porque ela não irá destruir muito. Você permanecerá intacto na mente e só o corpo será alterado. O corpo velho será substituído por um novo, mas não a mente. A mente velha continuará.

Um Mestre é uma grande morte. Se você conseguir passar por um Mestre, por seu amor e suas bênçãos, seu corpo morrerá, sua mente e seu ego também; *tudo que pode morrer, morrerá* – somente o que não pode morrer, o imortal, permanecerá; apenas o que não morre em você, o você imortal, o *Brahma*.

Finalmente, o advogado encontrou um coveiro e lhe pediu que o embrulhasse numa mortalha. "Quando o Presidente passar", disse o advogado, "talvez ele presuma que seja um cadáver e jogue algum dinheiro para o meu funeral – e eu lhe darei uma parte".

Agora se torna uma luta. O advogado está tentando, de todas as formas, enganar o Mestre, de maneira que possa dizer: "Sim – até você foi enganado". Ele está tentando ser superior ao Mestre, para que possa dizer: "Você não é uma consciência mais alta do que eu". Isto acontece com todos os discípulos. O discípulo tenta o Mestre de todos os modos, para ter certeza de que "ele é realmente maior do que eu?". O discípulo tenta de toda forma provar que "ele não é mais do que eu, é exatamente como eu". Então seu ego poderá crescer mais, se você chegar um ponto e verificar que "o Mestre não é mais alto do que eu – é exatamente como eu". Então seu ego se fortalece. Em lugar de morrer através do Mestre, você reviveu o ego agonizante, forneceu sangue novo a ele.

Todo discípulo, quando chega a um Mestre, entra em conflito. O Mestre tentará matar seu ego completamente, totalmente. E você tentará salvá-lo; não apenas salvá-lo, mas alimentá-lo, torná-lo mais vivo, mais forte. Um discípulo vem a um Mestre por certas razões e o Mestre existe por algumas outras razões. Um discípulo chega esfarrapado, triste, porque na vida não conseguiu satisfazer seu ego. Agora se encaminha para outro mundo; talvez ali ele possa satisfazer o ego; poderá se tornar um grande sannyasin, tornar a pessoa mais Iluminada do mundo, ser isto ou aquilo. O mundo falhou, agora ele tenta o outro mundo; talvez encontre alguma âncora e salve o ego.

Você vem por um motivo errado a um Mestre. Isto é natural – você está errado, como pode vir a um Mestre por razões certas? Você tem que vir por motivos errados. E o Mestre existe por razões absolutamente diferentes. Ele o atrai, ele o traz cada vez mais perto, exatamente para matá-lo – mas para matá-lo tão completamente que até a própria semente do ego seja destruída. Isso é o que Patanjali chama de *Nirbeej Samadhi*: quando a semente está tão completamente destruída que, mesmo que você faça qualquer coisa com ela, nada poderá brotar dali.

O Mestre é um fogo, uma morte.

Finalmente, o advogado encontrou um coveiro – seu último esforço para enganar – e lhe pediu que o embrulhasse numa mortalha.

"Quando o Presidente passar", disse o advogado, "talvez ele presuma que seja um cadáver e jogue algum dinheiro para o meu funeral – e eu lhe darei uma parte".

E assim foi feito. Uma peça de ouro caiu da mão do Presidente sobre a mortalha. O advogado a apanhou logo, com medo de que o coveiro a pegasse primeiro.

Então ele disse ao seu benfeitor: "Você me negou sua subvenção – veja como a consegui!".

Ele estava dizendo: "Eu o enganei. Onde está sua consciência mais alta? Senhor Presidente do Mundo, onde está sua consciência mais elevada? Finalmente eu o venci, sou vitorioso. Você não pôde julgar se eu estava morto ou vivo!".

"Você nada pode obter de mim", replicou o homem generoso, "antes que você morra".

O homem generoso usou isso – não que o advogado o enganasse – usou a situação para lhe dar uma mensagem sutil: *"Você nada pode obter de mim antes que você morra.* Claro: isto não é uma morte real, assim você não recebeu ouro verdadeiro – apenas uma peça de ouro irreal do mundo. Sua morte é falsa e o ouro que lhe dei também é falso. Mas guarde a mensagem no coração: Você nada pode obter de mim, antes que você morra".

Esta é toda a mensagem do caminho Sufi: Morra!

Morra como você está, para poder se tornar o que realmente é. Morra para o ego, para que o Divino possa nascer em você. Morra para o passado, para que possa se tornar aberto para o futuro. Morra para o conhecido, para que o desconhecido possa penetrá-lo. Morra para a mente, para que o coração comece a pulsar outra vez e você possa redescobrir seu próprio coração que você perdeu completamente.

Você não sabe o que é o coração! O pulsar que você ouve não é o coração verdadeiro; é apenas a parte física do coração. Existe uma parte-alma nele, escondida por trás desta. Essas batidas são da parte física do coração. Nessas batidas, ou *entre* essas batidas, nos intervalos, está a batida verdadeira do coração verdadeiro – a parte-alma. Essa é a parte principal. Você perdeu completamente o contato com a parte divina do seu coração, e vive uma vida sem amor, uma vida sem coração. Você é como rocha dura. Mesmo as rochas não são tão duras, elas podem ser quebradas – e digo isto baseado numa vasta e longa experiência. Quando tento quebrar sua rocha, é muito difícil, porque sua rocha tenta se proteger de todas as formas.

Você tenta proteger suas doenças, suas enfermidades, sua neurose, sua loucura – porque é com isso que você está identificado. Você pensa que é isso, mas você não é.

Antes que você morra, jamais saberá quem você é.

Agora mesmo você pode se sentar numa postura de yoga e repetir o mantra de Maharshi Ramana: "Quem sou eu? Quem sou eu? Quem sou eu?" – você não saberá. Esse mantra estará apenas na mente. Ramana conheceu através disso – ele passou pela morte. Aconteceu quando tinha dezessete anos de idade. Ele meditava continuamente desde a infância, deve ter trazido esse anseio de vidas passadas. Ele não era uma criança comum, desde o início não estava interessado neste mundo. Sempre que tinha oportunidade, ficava a esperar, de olhos fechados, mergulhando cada vez mais no silêncio. De súbito, quando tinha dezessete anos, durante a meditação, sentiu que ia morrer. E quando você está em meditação profunda e sente que vai morrer, isso não é apenas uma sensação ou uma divagação – ela o *agarra* em sua totalidade, porque não existe pensamento que possa lutar contra ela. Você não pode argumentar, numa mente silenciosa é muito autoevidente que você morrerá.

E acontece a todo aquele que medita – e abençoados são esses para quem acontece.

De repente ele sentiu que iria morrer – e nada pôde ser feito: a morte é absolutamente certa. Então, o que fazer? Ele estava sentado sob uma árvore. Deitou-se, pronto para morrer, e aceitou, e elaxou o corpo, nenhuma luta contra a morte. E percebeu, aos poucos, que o corpo ficara frio; era um cadáver. Mesmo que quisesse mover um braço, não poderia fazê-lo. O contato com o corpo estava rompido. Então, sentiu a mente desaparecendo, como água quando evapora. E logo não havia mente; o contato com ela estava perdido. E então esperou e esperou e esperou – quando aconteceria a morte? E jamais aconteceu. Ele chegara ao imortal, mas era um homem totalmente novo, o velho não estava mais ali. O filho de pai e de mãe já não estava mais ali, ele não era mais Ramana; de repente ele havia desaparecido. Um Bhagwan havia nascido; ele se tornara divino.

Quando você alcança a essência mais profunda do seu ser, a imortalidade, você é Deus. Deus não significa outra coisa – Deus significa o imortal, o eterno!

"Você nada pode obter de mim", replicou o homem generoso, "antes que você morra".

E você nada pode obter de mim, tampouco, antes que você morra.

E nada pode obter de Deus, tampouco, antes que você morra.

Na verdade, até que morra, você vive uma morte, você vive morto. Sua vida não é outra coisa senão um suicídio lento – distribuído em setenta ou oitenta anos, mas um suicídio lento, uma morte lenta. Desde o instante em que nasce, você está morrendo, morrendo, morrendo.

Até que morra, você viverá uma vida morta. E se você for corajoso e puder dar um salto para dentro da morte, de súbito, pela primeira vez, a vida desponta em você. Pela primeira vez, há a dança eterna dentro de você; pela primeira vez, aquilo que Jesus chama de vida abundante – você transborda! Agora você não é mais um pequenino riacho no verão, apenas alguma coisa conseguindo se manter com um vasto areal em volta, deserto. Você se torna um Ganges cheio na época das chuvas: transbordando, quebrando amarras, quebrando todas as limitações – vida abundante.

Mas isso jamais acontece antes que você morra.

Portanto, este é o paradoxo. Jesus diz que se você se apegar à vida, a perderá; se tentar salvá-la, não a terá. A única maneira de possuí-la será perdendo-a. E isto é o que chamo de *sânias*. É uma mutação interior, e um estar pronto para morrer, para morrer para o ego. Uma porta se fecha, a do ego; outra se abre, a do eterno.

Este é o significado da frase enigmática: "O homem precisa morrer antes que morra".

Você morreu muitas vezes, mas não estamos falando dessa morte. Essa aconteceu muitas vezes, e não causou nada em você, que permaneceu o mesmo; você sobreviveu. Você precisa de uma morte muito maior.

Há uma morte que acontece naturalmente, porque tudo que nasce, morre, tudo que é unido, ficará separado. Assim, seu corpo vai morrer, isso é natural. Aconteceu milhões de vezes e continuará acontecendo, enquanto você não se tornar alerta e consciente.

Há uma outra espécie de morte, e a qualidade é totalmente diferente: a morte voluntária, não a morte natural. Não que o corpo morra, mas *você* é que dá o salto – *você* morre. Você não espera pela morte; isso é sânias, isso é dar um salto voluntário para dentro da própria morte.

Através da morte, o eterno é alcançado.

Este é o significado da frase enigmática: "O homem precisa morrer antes que morra". O prêmio vem depois dessa "morte", e não antes. E mesmo essa "morte" não é possível sem ajuda.

Eis por que estou aqui. Sozinho, você não será capaz nem de morrer. Uma coisa tão simples como essa, e você não pode fazer sozinho. É tão simples, mas será difícil se o fizer sozinho. Será necessária uma grande ajuda de alguém, que morreu antes de você. Ele pode empurrá-lo e puxá-lo, pode criar uma situação na qual, sem perceber, você será pego. Um Mestre lança a rede e apanha muitos peixes; aqueles que estão prontos a morrer serão escolhidos. Os que ainda não estiverem, serão jogados de volta ao rio.

Vocês vieram a mim de muitas partes do mundo, e podem continuar pensando que vieram a mim – e isso é novamente uma ilusão do ego. Eu os apanhei, eis por que vocês estão aqui – não é que tenham vindo. Pensam que vieram, mas estão errados. Eu os estive chamando de muitas formas antes, atraindo-os em minha direção. E vocês vieram. Agora estão presos na rede, mas muitos ainda estão tentando escapar.

Sânias é justamente uma entrega de sua parte, que me permite fazer tudo que eu queira fazer. A *entrega* é uma confiança: "Eu permito – agora faça tudo que queira fazer. Agora não interfiro mais". É exatamente como quando você vai a um cirurgião e se abandona em confiança, porque se não o fizer e disser: "Tenho que vigiar o que você está fazendo", então a cirurgia não será possível. Você precisa ficar completamente inconsciente – e na inconsciência há uma entrega total. Mesmo que o cirurgião o mate, você não estará lá para contestar.

Confiança significa abandonar-se inteiramente às mãos de alguém – mesmo que ele o mate, você estará pronto a passar por isso. Sânias significa você se render inteiramente a mim, na mesa cirúrgica, permitindo que eu corte o que eu quiser cortar. É muito doloroso, muito, muito doloroso, porque essa cirurgia não pode ser feita na sua inconsciência – tenho que fazê-la enquanto você está consciente. Não posso lhe dar morfina, ou usar clorofórmio; ao contrário, eu lhe dou meditações, para que você fique mais alerta e mais consciente. Este é um tipo diferente de cirurgia, um tipo totalmente diferente: sua consciência é necessária. Você precisa ser uma perfeita testemunha, para que eu possa cortar aquela parte que não é de fato você, mas com a qual você se tornou identificado – assim, posso lhe mostrar um caminho onde você possa sentir seu ser autêntico. Ele estava ali antes de você nascer, está ali antes de você morrer, estará ali depois de sua morte.

A existência continua vivendo em muitas formas. Você precisa de ajuda, para que possa sentir o sem forma escondido atrás da forma. Você está preso à forma, seus olhos estão fechados por ela, e é necessária uma grande cirurgia.

Diz este ensinamento Sufi:

O prêmio vem depois dessa "morte", e não antes. E mesmo essa "morte" não é possível sem ajuda.

E a ajuda é possível, se você se entregar.

Aliás, se você se entrega, a própria morte de que estamos falando se torna possível. A entrega é igual à morte – eis por que você tem tanto medo da entrega. Você tenta se proteger, tenta arrancar algo de mim, permanecendo você mesmo – e isso não é possível.

Você precisa morrer, somente então algo lhe poderá ser dado. O prêmio está pronto, já embalado, com seu nome inscrito nele – mas você não está pronto.

Você nada pode obter de mim, antes que você morra.

Capítulo 2

Não Julgueis

Um jovem veio a Dhun-Nun e disse que os Sufis estavam errados, e muitas outras coisas.

O egípcio tirou um anel do dedo e lhe entregou: "Leve isto para os mascates e veja se pode conseguir uma peça de ouro por ele", disse.

Ninguém no mercado ofereceu mais do que uma só peça de prata pelo anel.

O jovem trouxe o anel de volta.

"Agora", disse Dhun-Nun, "leve o anel a um verdadeiro joalheiro e veja o que ele pagará".

O joalheiro ofereceu mil moedas de ouro pela pedra.

O jovem ficou assombrado.

"Então", disse Dhun-Nun, "seu conhecimento sobre os Sufis é tão vasto quanto o conhecimento dos mascates sobre joias. Se você quer avaliar pedras preciosas, torne-se um joalheiro".

JESUS DIZ: "Não julgueis", e este é um dos maiores ensinamentos jamais proferidos por qualquer homem no mundo. Isso é uma das coisas mais impossíveis para a mente. A mente julga de imediato; sem qualquer base, a mente faz um julgamento. Você fez muitos julgamentos, sem sequer ver se existia ou não alguma base para eles. E se olhar bem profundamente, verá que Jesus está certo.

Todo julgamento é errado, porque o mundo todo está tão profundamente interligado que, a menos que você conheça o todo, não poderá conhecer a parte. Uma coisa leva à outra, porque está interligada. O momento presente está interligado com todo o passado e com todo o futuro. Neste momento culmina toda a eternidade.

Tudo que aconteceu está aí; tudo que está acontecendo está aí; tudo que acontecerá está aí. Como você pode julgar? O mundo não está dividido. Se estivesse dividido, então um fragmento poderia ser conhecido, mas o mundo é uma totalidade. Todos os julgamentos são falsos, porque são parciais – e eles vão reivindicar como sendo o todo.

Sim, Jesus está absolutamente certo: "Não julgueis", porque o próprio julgamento vai fechar você, será uma morte interior. Sua sensibilidade estará perdida, e com ela a sua possibilidade de crescimento. No momento em que julga, você diminui, você para; quando julga, você não floresce mais.

Assim, a maior coisa é ser corajoso o bastante para não julgar. Na verdade, suspender um julgamento é a maior coragem, porque a mente está tão ansiosa para julgar, para dizer bom ou mau, certo ou errado. A mente é adolescente, pula de um julgamento para outro. Se você quiser algum dia sair da mente – e sem isso não há possibilidade de crescimento interior –, então: "Não julgueis".

Vou lhe contar uma pequena história. Aconteceu no tempo de Lao-Tzu, na China, e Lao-Tzu gostava muito dela. Durante gerações seus seguidores a têm repetido e encontrado mais e mais significado nela. A história cresceu, tornou-se um fato vivo.

A história é simples: Havia um velho muito pobre numa vila, mas mesmo os reis tinham inveja dele, porque ele possuía um belíssimo cavalo branco. Um cavalo como esse jamais havia sido visto antes – tal a beleza, a grandiosidade, a força. Os reis queriam o cavalo e ofereciam preços fabulosos, mas o velho dizia: "Este cavalo não é um cavalo para mim, é uma pessoa, e como posso vender uma pessoa? Ele é um amigo, não é uma propriedade. Como posso vender um amigo? Não, não é possível". O homem era pobre, a tentação era grande, mas ele nunca vendia o cavalo.

Certa manhã, ele verificou de repente que o cavalo não estava no estábulo. Toda a vila se reuniu e disse: "Seu velho tolo, nós já adivinhávamos que algum dia o cavalo iria ser roubado. E você é tão pobre – como pode proteger tal preciosidade? Teria sido melhor vendê-lo. Você poderia ter conseguido qualquer preço que pedisse, qualquer preço louco teria sido possível. Agora o cavalo se foi. É uma maldição, um azar".

O velho disse: "Não vão tão longe – digam simplesmente que o cavalo não está no estábulo. Este é o fato; todo o resto é julgamento. Se é um azar ou não, como podem saber? Como podem julgar?"

O povo contestou: "Não tente nos fazer de bobos. Podemos não ser grandes filósofos, mas nenhuma filosofia é necessária. É o simples fato de que um tesouro foi perdido e é um azar".

O velho disse: "Eu me prendo ao fato de que o estábulo está vazio e que o cavalo se foi. Todo o resto eu não sei – se é um azar ou uma bênção – porque isto é apenas um fragmento. Quem sabe o que vem depois?".

O povo riu. Eles pensaram que o velho tinha ficado louco. Eles sempre souberam que ele era um pouco doido; se não o fosse, teria vendido esse cavalo e vivido com fartura. Mas ele vivia como um lenhador, estava muito velho, ainda cortando lenha, trazendo madeira da floresta, vendendo-a. Vivia da mão para a boca, na miséria e na pobreza. Agora, estava mesmo comprovado que esse homem era louco.

Depois de quinze dias, subitamente numa noite o cavalo voltou. Ele não havia sido roubado, mas fugido para a floresta. E não só havia voltado, como trazido com ele uma dúzia de cavalos selvagens. Novamente o povo se reuniu e disse: "Velho, você estava certo e nós errados. Não foi um azar, ficou provado ter sido uma bênção. Pedimos desculpas pela nossa insistência".

O velho respondeu: "Mais uma vez vocês estão indo longe demais. Digam apenas de que o cavalo voltou e digam que doze cavalos vieram com ele – mas não julguem. Quem sabe se isto é uma bênção ou não? Trata-se apenas de um fragmento. A menos que vocês saibam toda a história, como podem julgar? Vocês leem uma página de um livro, como podem julgar o livro todo? Vocês leem uma frase numa página – como podem julgar a página inteira? Vocês leem uma única palavra em uma frase – como podem julgar a frase toda? E mesmo uma só palavra não é tudo – a vida é tão vasta –, um fragmento de uma palavra e vocês julgaram o todo! Não digam que isto é uma bênção, ninguém sabe. E estou feliz no meu não julgamento; não me perturbem".

Desta vez o povo não pôde falar muito; talvez o homem estivesse certo outra vez. Por isso ficaram quietos, mas, no fundo, sabiam muito bem que ele estava errado. Doze cavalos lindos tinham vindo com o cavalo. Com um pouco de adestramento, poderiam ser todos vendidos e renderiam muito dinheiro.

O velho tinha um filho jovem, um único filho. O jovem começou a adestrar os cavalos selvagens; uma semana depois, ele caiu de um dos cavalos selvagens e quebrou as pernas. O povo se reuniu de novo – povo é povo em todo lugar, assim como você é você onde – e julgaram outra vez. O julgamento vem tão depressa! E disseram: "Você estava certo, novamente provou que estava certo. Não era uma bênção, era outra vez uma maldição. Seu único filho perdeu as pernas e, na sua velhice, ele era seu único apoio. Agora você está mais pobre do que nunca".

O velho disse: "Vocês estão obcecados pelo julgamento. Não vão tão longe. Digam apenas que meu filho quebrou as pernas. Quem sabe se é uma maldição ou uma bênção? – ninguém sabe. Novamente um fragmento e nada mais lhes é dado. A vida vem em fragmentos, e o julgamento é sobre o total".

Aconteceu que, depois de algumas semanas, o país entrou em guerra com um país vizinho, e todos os jovens da vila foram forçados a se engajar no exército. Apenas o filho do velho foi dispensado, porque estava aleijado. O povo se reuniu, gritando e chorando, porque, de todas as casas os jovens foram tirados à força. E não havia possibilidade de eles voltarem, pois o país que havia atacado era um país grande e a luta era perdida. Eles não iriam voltar.

Toda a vila estava gritando e chorando; vieram até o velho e disseram: "Você estava certo, velho! Deus sabe, você estava certo – isto provou ser uma bênção. Seu filho pode estar aleijado, mas ainda está com você. Nossos filhos se foram para sempre. Pelo menos ele está vivo e com você, e aos poucos ele vai começar a andar. Talvez ainda fique um pouco manco, mas estará bem".

O velho disse outra vez: "É impossível falar com vocês, vocês continuam sempre e sempre – vocês continuam julgando. Ninguém sabe! Digam apenas isto: que seus filhos foram obrigados a entrar no exército, no serviço militar, e meu filho não foi obrigado. Mas ninguém sabe se é uma bênção ou um azar. Ninguém jamais será capaz de saber. Só Deus sabe".

E quando dizemos que só Deus sabe, significa que só o Total sabe. Não julgue, caso contrário você jamais será capaz de se tornar um com o Todo. Com os fragmentos, você ficará obcecado; pelas pequenas coisas, você vai tirar conclusões. E os Sufis são muito insistentes nisto: que você nunca se preocupe com as coisas que estão muito além de você; mas você julga até mesmo a respeito delas. Sua consciência está num degrau muito baixo da escada. Você vive no vale escuro da miséria, da angústia, e dos seus vales mais escuros de misérias você julga até um Buda. Mesmo um Buda não é deixado sem julgamento, mesmo um Jesus é julgado por você – não só julgado, mas crucificado; julgado e considerado culpado; julgado e punido.

Você vive no vale, escuro e úmido; você não vê os picos, nem mesmo em seus sonhos. Você nem pode imaginá-los sequer, porque mesmo a imaginação precisa de uma base na experiência. Você não pode sonhar com uma coisa completamente desconhecida, porque mesmo o sonho provém do seu conhecimento. Você não pode sonhar com Deus, não pode imaginar Deus, não pode imaginar os picos e a vida que existem em um Buda. Mas você julga, e diz: "Sim, este homem é um Buda, esse não é um Buda; esse é um Iluminado e este homem não é". A pessoa Iluminada não fica prejudicada por você, porque ela não fica prejudicada de modo algum, mas você fica prejudicado pelo seu próprio julgamento.

Uma vez que julgue, você para de crescer. Julgamento significa um estado estagnado da mente. Agora o movimentou parou, o esforço de saber mais parou, o esforço de crescer parou. Você já fez seu julgamento e terminou. E a mente sempre deseja julgar, porque o movimento a incomoda. Estar em processo é sempre arriscado. Chegar a uma conclusão significa que se alcançou a meta; agora não há jornada.

Uma pessoa que deseja chegar até o Supremo deveria fazer do não julgar o seu ponto básico. É muito difícil, quase impossível – porque, antes que você saiba, a mente julga. Antes mesmo que tome consciência disso, a mente julgou. Mas se tentar, pouco a pouco surge uma consciência sutil. E então você pode suspender o julgamento. E se suspender o julgamento, terá se tornado religioso. Então você não sabe o que é certo e o que é errado.

Mas, comumente, as pessoas que você chama de religiosas são pessoas que sabem tudo – o que é certo e o que é errado, o que fazer e o que não fazer. Elas têm consigo todos os mandamentos. Por isso é que as pessoas religiosas se tornam teimosas, insensíveis. Sua caminhada parou; elas não estão crescendo, em absoluto. O rio não está se movendo; ficou estagnado. Se você quer movimento, crescimento – e movimento e crescimento infinitos são possíveis porque Deus não é um ponto estático, mas o total movimento da vida, da existência

–, se você quer caminhar com Deus, então precisará se mover continuamente. Você precisa estar continuamente a caminho.

Aliás, a jornada jamais termina. Uma estrada termina, outra se abre; uma porta se fecha, outra se abre. Um pico mais alto sempre está lá. Você chega a um pico e já ia descansar, pensando que havia conquistado tudo – subitamente, um pico mais alto ainda aparece adiante. De pico em pico, nunca chega ao fim; é uma jornada sem fim. Deus é uma jornada sem fim. Por isso é que apenas aqueles que são muito, muito corajosos – tão corajosos que não se importam com a meta, mas ficam felizes com a própria jornada, apenas para se mover com a vida, fluir com o rio, apenas para viver o momento e crescer dentro dele –, apenas esses são capazes de caminhar com Deus.

As pessoas orientadas pela meta são medíocres. Todos os seus realizadores são medíocres. O que você pode alcançar? Pode alcançar o Supremo? Se você pode alcançar o Supremo só pela sua realização, não será o Supremo. Se *você* pôde alcançá-lo, como pode ser o Supremo? Você pode alcançar a meta? Você? Então a meta será menor do que você. Não, a meta não pode ser alcançada. Na verdade, não há meta e é bom que não haja. Eis por que a vida não morre jamais, pois cada meta seria uma morte e você não seria mais necessário.

Um homem que julga demais está impedindo seu crescimento de toda maneira. E uma vez que o julgamento se estabeleça dentro, você se torna incapaz de ver de novo. O julgamento não vai permiti-lo, porque ele fica perturbado pelo novo. Então, você viverá de olhos fechados. Você não é cego, ninguém é cego, mas todo mundo se comporta como se fosse – e precisa se comportar, pois os julgamentos estão ali. Se você abrir os olhos, o medo é que possa ter que ver alguma coisa, que alguma coisa possa ser encontrada e que você possa ter que mudar seu julgamento. E o julgamento é tão confortável! Você se estabeleceu numa casa e se esqueceu da estrada, da jornada, do esforço, do contínuo movimento e dos perigos e dificuldades. Você se esqueceu da aventura e se fechou numa casinha pequena, aconchegante, confortável. Agora você tem medo de olhar para fora da janela; você a mantém fechada. Agora você tem medo de abrir a porta. Quem sabe? – alguma coisa estranha pode entrar por ali e perturbar todo o seu conforto, seu aconchego e segurança.

Por isso é que você se comporta como um cego. Você não é cego – você é astuto. Através de sua astúcia, tornou-se cego. E a mente, de imediato, faz julgamentos. Eis como evitar a jornada; é um escape. As pessoas vêm a mim, todo o tipo de pessoas, mas, basicamente, podem ser divididas em dois tipos: as que estão prontas a abrir os olhos e as que não estão. Para aquele que está pronto, muita coisa será possível. Para aquele que não está, nada é possível. Ele já está no túmulo, não está mais vivo; não permite que novos ventos passem através de seu ser, que novas flores se abram dentro de seu ser; não permite nada desconhecido. Ele tem medo, move-se num curso estabelecido, num círculo, pois nada é mais estabilizado do que um círculo. Ele se depara com as mesmas coisas sempre, sempre e sempre. Ele vive como um disco de vitrola; outra e outra vez, sempre o mesmo. E então você diz que está entediado! Ninguém é responsável. Uma pessoa entediada é uma pessoa que se conservou de olhos fechados. O tédio é parte disso. Uma pessoa que vive de olhos abertos nunca se entedia.

A vida é tão encantadora, tão mágica, um tal milagre! A cada momento milhões de milagres estão acontecendo ao seu redor – mas você vive de olhos fechados, com seus julgamentos. Você passa por uma flor e, se alguém diz: "Que linda!", você olha, mas não vê. Você diz: "Sim, uma rosa, muito bonita", mas você está repetindo alguma coisa do passado – um disco de vitrola. Você já disse a mesma coisa muitas vezes, vezes demais. Para cada flor você disse isso. Ficou sendo uma bobagem sem significado. Você simplesmente diz isso porque o silêncio seria impróprio. Alguém diz: "Uma flor linda", e se você ficar quieto, poderá ser indelicado embaraçoso. Portanto, você diz algo: "Sim, a flor é bonita", mas não viu a flor e nem a beleza. É um clichê. E depois diz que está entediado?

Você ama uma mulher, e mesmo que poucas horas se passaram e que a lua de mel não tenha ainda terminado, já a poeira começa a se juntar em volta dela. Ela já não é mais tão bonita como costumava ser poucas horas antes; já não é tão significativa como costumava ser. O que aconteceu? Você acha que chegou a conhecê-la – você a julgou. Sente que agora ela já não é mais uma estranha – você a conhece. Como é que você conhece uma pessoa? Uma pessoa é um processo infinito. Você jamais pode conhecer uma pessoa.

Pela manhã a flor é diferente – porque a manhã é diferente! E o sol está nascendo, os pássaros cantando e a flor é uma parte do todo. Nas pétalas da flor você pode cantar a canção dos pássaros de manhã, pode ver os novos raios penetrando-a, uma nova vida pulsando nela. À tarde é uma flor diferente. Todo o clima mudou. O sol já não é o mesmo, os pássaros não estão cantando. Ela já está morrendo. O sol começou a se pôr, a noite vem chegando. A flor está ficando cada vez mais triste – é uma nova disposição de espírito. Não é a mesma flor que você viu de manhã. À noite a flor vai morrer; está triste demais. Mesmo que cante uma canção, será uma canção triste. Você pode ver sua própria morte na flor, se estiver atento. Pode ver, na flor morrendo, a vida e a morte se encontrando, a vida transformando-se em morte. É um estado de espírito totalmente diferente.

Você não pode conhecer nem mesmo uma flor em sua totalidade, devido a seus milhões de estados de espírito. Como você pode conhecer uma pessoa? Uma pessoa é uma consciência em florescimento, a maior das flores que foi possível existir através de milênios de evolução. Como você pode conhecer sua esposa? No momento que pensar que a conhece, você está acabado, fez um julgamento – e já está procurando outra mulher. Não, uma esposa permanece uma estranha, se seus olhos estão claros. E você vai atravessar muitas mudanças, muitas disposições de espírito, muitas faces no ser de sua esposa, do seu marido, do seu filho, do seu amigo e do seu inimigo.

Ninguém jamais vem a conhecer qualquer coisa que seja. Mas a mente é astuta. A mente quer o conhecimento, porque somente com o conhecimento você está seguro. Com um estranho, há insegurança. Com o desconhecido a rodeá-lo de todos os lados você sente medo, não sabe onde está. Quando você não conhece a situação – as pessoas, as flores, as árvores, aquilo que o rodeia –, quando você não conhece isso, não sabe quem você é, sua própria identidade fica perdida. Tendo certeza de que conhece sua esposa, seu filho, seus amigos, sua sociedade, isto e aquilo, que sabe a história e a geografia – com todo esse conhecimento que o está cercando, de repente você sente quem é: o conhecedor. O ego surge, se fortalece.

O conhecimento é alimento para o ego, a ignorância é morte para o ego. E a morte do ego é vida para você, e a vida do ego é morte para você.

Não se estabeleça. Este é o significado do sannyasin errante. Na Índia nós o tentamos. Uma pessoa se torna um errante, sem lar, sem apegos, sem raízes em parte alguma, sem identidade. A pessoa vive com o desconhecimento, momento a momento – tudo surpreende. Para você, nada surpreende. Você sabe tudo, como pode algo surpreendê-lo? Nada o assombra. Tudo surpreende quando você vive em ignorância. Quando você vive no não conhecido, tudo é novo – não há nada para comparar, para relacionar com o passado, para relacionar com o futuro – tudo é único. Nunca foi antes, jamais será outra vez. Se você perder este momento, o perderá para sempre. Não há volta.

Cada momento é uma nova disposição de espírito na existência. Ou você o desfruta, vive-o, ou o perde. Através do conhecimento você o perde, porque diz: "Eu sei". Se lhe digo: "Saia de sua casa – o sol nasceu, é lindo", você responde: "Eu sei; muitas vezes, muitas manhãs eu me levantei mais cedo e o vi. Eu sei – não me amole". Mas o sol de hoje jamais existiu antes, e o *você* de hoje jamais existiu antes, e o eu de hoje chamando-o para sair jamais existiu antes.

Tudo é absolutamente novo e original. Só sua mente é velha. Através do conhecimento a mente fica velha. Quando *você* está velho, tudo parece empoeirado, usado, de segunda mão. E você fica entediado. O fastio mostra que você não sabe viver em ignorância. Uma criança jamais fica entediada; tudo a surpreende e a espanta. Ela vive continuamente maravilhada, e esta é a qualidade da mente religiosa: viver continuamente maravilhada, constantemente maravilhada; fazer do maravilhar-se seu próprio estilo de ser. Então, repentinamente, você vê que o mundo todo é totalmente diferente; não é o mundo que você costumava ver. Porque você não é mais o mesmo, o mundo não pode ser mais o mesmo.

Não julgue e não faça do seu conhecimento uma prisão. Mantenha-se livre, desapegado, errante. Estes são símbolos. Um sannyasin sem lar significa que ele está desligado do passado; ele não tem raízes no passado. Não é que ele fique simplesmente vagando como um vadio; sua vadiagem é mais profunda: ele é um vadio espiritualmente. Só ir de um país para outro não vai ajudar muito; mais cedo ou mais tarde você vai se fixar em algum lugar, formará um lar. Mesmo os hippies cedo ou tarde se estabelecem. Você não vê hippies muito velhos – é uma fase. Uma pessoa se muda daqui para ali, externamente; depois fica saturada disso; então se estabelece. E lembre-se, quando um hippie se estabelece, ninguém se fixa tanto quanto ele.

Uma pessoa comum, correta, sempre sente um apelo para tornar-se um vadio; o apelo interno sempre está lá. Ela pode estar estabelecida, com mulher e filhos e um bom emprego, mas o apelo continua perseguindo-a em sonhos, em devaneios, em imaginação, e continuamente a convida a se tornar um vagabundo. Mas, quando um hippie se estabelece, se estabelece completamente. Ele soube o que é ser um vadio e acabou com isso. Outra vez o conhecimento: ele soube.

Quando dizemos, ou quando eu digo, torne-se um errante, não quero dizer literalmente. Quero dizer viver uma vida errante – interiormente não estabelecida, desapegada, sem passado; apenas este momento, este momento como o total, como se este momento fosse tudo. Então, de súbito, você se torna consciente: consciente do oculto, do invisível, do desconhecido que o cerca de todos os lados. É um imenso oceano de fatos absolutamente novos, surgindo e desaparecendo. A vida nunca foi velha, nunca foi de segunda mão. Ela é original – é da natureza dela ser original e nova. Só sua mente fica velha; então você sente falta da vida. E para viver continuamente no novo, você precisa parar de julgar – e então a consciência mais alta explodirá em você.

O julgamento é uma barreira. E você julga não somente coisas comuns; o julgar se torna um hábito que você não pode impedi-lo. No momento em que algo está aí, você imediatamente julga – não perde nem um instante. E quando encontra uma pessoa como Buda ou Dhun-Nun, o mestre Sufi, você está perto da fonte original de uma consciência constantemente renovada. Nada é velho, nada vem do passado. A mente vem do passado; a consciência jamais vem do passado – a consciência vem deste momento.

A mente é tempo e a consciência é eternidade.

A mente se move de um momento para outro em plano horizontal. É como um trem de ferro: muitos compartimentos unidos, passado e futuro, como um trem; muitos compartimentos unidos em um plano horizontal. A consciência é vertical; ela não vem do passado, não vai para o futuro. Neste momento ela mergulha verticalmente nas profundezas ou sobe verticalmente para as alturas.

Este é o significado de Cristo na cruz – e os cristãos perderam o significado completamente. A cruz não é senão uma representação, um símbolo de duas linhas que se encontram: a vertical e a horizontal. As mãos de Cristo estão espalmadas na horizontal. Seu ser interior, exceto as mãos, está na vertical. Qual é o significado? O significado é: a ação está no tempo, o ser está além do tempo. As mãos simbolizam ação. Jesus está crucificado com suas mãos na horizontal, no tempo.

A ação está no tempo. Pensar é uma ação é uma ação da mente. Isso também está no tempo. É bom saber que as mãos são a parte mais externa do cérebro. Elas são unas, a mente e as mãos; a cabeça está unida às mãos. A cabeça tem dois hemisférios: o direito está ligado à mão esquerda, e o esquerdo está unido à mão direita. As mãos são o alcance da mente dentro do mundo, o alcance da mente na matéria – porque a mente é também uma matéria sutil.

Toda ação, física ou mental, está no tempo.

Seu ser é vertical. Ele vai às profundezas e às alturas – não às laterais. Quando você julga, torna-se cada vez mais identificado com a horizontal, porque como é que você vai julgar? Para o julgamento, o passado será necessário. Você pode julgar algo sem trazer o passado? Como poderá julgar? Onde irá buscar o critério?

Você diz que este rosto é bonito. Como você julga? Você sabe o que é a beleza? Como pode julgar esse rosto como sendo bonito? Você conheceu muitos rostos; ouviu muita gente falar de rostos bonitos. Você leu a respeito em novelas, viu em filmes – acumulou uma noção, no passado, do que é a beleza. É uma noção muito vaga, e você não pode defini-la. Se alguém insistir, você vai ficar atrapalhado e confuso. É uma noção muito vaga, como uma nuvem. Então você diz: "Este rosto é bonito". Como você sabe? Você está trazendo à tona uma experiência do passado, comparando esse rosto com aquela vaga noção de beleza que acumulou através da experiência.

Se você não trouxer o passado à tona, então uma qualidade *totalmente* diferente de beleza acontecerá. *Não* vai ser um julgamento seu, não virá de sua mente, não será imposto, não será uma interpretação. Será simplesmente uma participação com esse rosto aqui e agora, uma participação profunda com esse mistério, com essa pessoa aqui e agora. Nesse momento a pessoa não é bonita nem feia; todos os julgamentos desapareceram. Um mistério desconhecido está ali, sem nome, sem julgamento – e somente nesse momento, fora de qualquer julgamento, o amor floresce.

Com a mente, o amor não é possível. Com a mente, o *sexo* é possível; com a mente, *a ação* é possível e a sexualidade é um ato. O amor não é um ato, mas sim um estado de ser – vertical.

Quando você olha para uma pessoa e se comunica sem julgamento – se bonita ou feia, boa ou má, pecadora ou santa –, quando você não julga, mas simplesmente olha dentro dos olhos, sem julgamento, de repente um encontro está ali, uma fusão de energias. E *essa* fusão é maravilhosa, e essa beleza é totalmente diferente de todas as belezas que você já conheceu.

Você conheceu a beleza da forma – esta é a beleza do amorfo. Você conheceu a beleza do corpo – esta é a beleza da alma. Você conheceu a beleza da periferia – esta é a beleza do centro. Esta é eterna.

E se isso acontece com uma pessoa, aos poucos o mesmo também se torna cada vez mais possível em relação às coisas. Você olha para uma flor, sem julgamento, e de repente o coração da flor se abre para você; há um convite. Quando você não julga, há um convite. Quando você julga, a flor também se fecha, porque no julgamento está o inimigo. No julgamento está o crítico, não o amante; no julgamento há lógica, não amor; no julgamento há superficialidade, não profundidade. A flor simplesmente se fecha. E quando digo que ela simplesmente se fecha, não é uma metáfora – acontece exatamente como eu digo que acontece.

Você chega perto de uma árvore; você a toca. Se a tocar com julgamento, a árvore não estará acessível. Se a tocar sem qualquer julgamento, simplesmente senti-la, sem nada de mente, abraçá-la e se sentar ao lado dela – de repente uma árvore muito comum se transforma na "Bodhi Tree", e uma infinita compaixão flui da árvore para você. Você será envolvido. A árvore vai partilhar muitos segredos com você.

É assim que mesmo as pedras podem penetrar em seu âmago. Quando um Buda toca uma pedra, ela não é mais uma pedra – é viva, tem um coração pulsando dentro dela. Quando você toca uma pessoa, ela é uma pedra, já morta. Seu toque entorpece tudo, porque no toque há o julgamento, o inimigo, não o amigo.

Se é assim com as coisas comuns, então não será ainda mais assim quando você se encontrar com estágios mais elevados de ser e consciência?

Não julgue.

Muitos perderam Buda, milhões perderam Jesus e Zaratustra – apenas por julgar. Não repita esse exemplo estúpido. Sempre que você for a alguém com uma consciência um pouquinho mais alta do que a sua, não julgue, mantenha-se aberto. E muita ajuda será possível. Se você for com um julgamento, não irá de forma alguma. Se chegar com um julgamento, já terá perdido a coisa. Ponha a mente de lado!

Agora, entre nesta história. Dhun-Nun era um egípcio místico Sufi, um dos maiores que já andaram por este mundo. Ele tem um grande discernimento, discernimento da estupidez humana – e ele pode ser útil. Mas como os Sufis sempre fazem, eles criam uma situação, porque sabem que você pode compreender intelectualmente, mas que a compreensão não é suficiente. Intelectualmente você pode estar convencido, mas essa convicção não vai transformá-lo. Eles criam uma situação, e na situação revelam algo. Eles não dizem – mostram.

Como chegou a acontecer com Dhun-Nun? Conta-se que quando ele próprio era um aspirante, e não um Mestre, um dia se aproximou de uma pequena vila. Vinha de uma longa viagem, do deserto – faminto, cansado, com sede, procurando um abrigo –, e viu uma mulher sobre o telhado de uma casa. Ela devia estar trabalhando no telhado; as chuvas estavam para chegar logo e ela devia estar consertando o telhado. Ele chegava cada vez mais perto, e quando se aproximou da mulher, bem perto da casa sobre a qual ela estava, a mulher deu uma gargalhada. Dhun-Nun ficou intrigado: "Qual é o problema? Por que está rindo? Por que me saúda com esta risada louca?".

A mulher respondeu: "Quando o vi entrando na vila, pensei que parecia ser um místico Sufi – porque eu não podia vê-lo, apenas sua roupa. Depois, à medida que se aproximava, vi que não era um místico, nem um Mestre, mas ainda um discípulo – porque pude ver um pouquinho do seu rosto. Mas você ainda estava longe e eu não podia perceber seus olhos. Depois que chegou mais perto, pude ver seus olhos e vi que nem discípulo você é, e nem mesmo está no Caminho. E agora que você chegou e posso vê-lo completamente, vejo que não é nem mesmo um aspirante – você nem sequer ouviu falar do Caminho! Por isso é que dei risada. Por fora, você parece um místico, mas seu rosto não combina com sua roupa, com seu manto Sufi".

A própria palavra "Sufi" vem de um certo tipo de manto. "Suf" significa lã, e "Sufi" significa alguém que veste uma camisa de lã, um manto de lã. No deserto isso é difícil – quente, queimando por todo lado – e os Sufis escolheram uma roupa de lã; e eles vivem nos desertos, os lugares mais quentes do mundo. Por quê? Porque eles dizem que quando você está frio por dentro, nada importa. Quando você está frio por dentro, *nada* importa. Na periferia – calor; no centro mais profundo – frescor.

E isto é um método, um artifício para fazer você voltar da periferia em direção ao centro. Quando o corpo está quente e queimando, você se dirige para o centro. Você tem que se mover, porque, para o corpo, na periferia está um fogo. O que você faz quando passa por uma estrada e está quente demais e o sol torrando? Você procura uma sombra, uma árvore, e você se senta ali, relaxado. Quando o corpo está queimando, os Sufis o usam como um artifício. O que você fará constantemente embaixo de um tecido de lã, fechado sob ele, transpirando? O que você fará num deserto? Você terá que achar um ponto onde calor algum jamais penetre, você terá que buscar a sombra.

A mulher disse: "Por fora você parece um Sufi, um Mestre, mas quando vi seu rosto, seu rosto não combinava com seu manto; o rosto diz outra coisa. Quando olhei em seus olhos, vi que eles dizem outra coisa também; eles nem combinavam com seu rosto. E quando eu o vi inteiramente, vi que você nem mesmo é um aspirante".

Conta-se que Dhun-Nun jogou seu manto, foi para o deserto e por muitos anos ninguém ouviu falar dele ou do que lhe aconteceu. Durante vinte anos ninguém soube onde ele estava e o que fazia.

Depois de vinte anos... uma explosão repentina. Dhun-Nun explodiu por toda a parte da terra egípcia. Milhares de buscadores de cada país Sufi começaram a viajar. Enquanto Dhun-Nun estava vivo, tornou-se uma Meca; as pessoas iam a ele e não a Meca. E costumavam lhe perguntar: "O que aconteceu nesses vinte anos, depois do encontro com aquela mulher? O que você fez? O que esteve praticando?" E ele dizia: "Nada, simplesmente sentei-me no deserto – porque qualquer coisa que eu faça, será parte de *mim*, parte do meu ego. Tudo que eu fizer não poderá ser maior do que eu; será sempre menor do que eu. E se eu estou errado, como posso fazer qualquer coisa certa? Assim, simplesmente parei de fazer qualquer coisa! Por vinte anos não pratiquei coisa alguma, ou melhor, só pratiquei nada. Não fiz nada, ou somente *fiz* nada – simplesmente permaneci com meu ser. Eu não era autor de nada".

O que acontecerá se, durante vinte anos, você se sentar sem ser autor de nada? O horizontal desaparecerá, apenas o vertical permanecerá – não fazendo coisa alguma, apenas sendo. Mas isso precisa de paciência; por outro lado, nenhum método é necessário. E porque você é impaciente e apressado, tenho que lhe dar métodos. Se você não tivesse pressa e pudesse dizer: "Eu posso esperar, posso esperar pela eternidade", nenhum método seria necessário. Então você simplesmente se senta; mesmo enquanto faz coisas, por dentro você permanece um não agente. Naturalmente você terá que fazer muitas coisas; terá que tomar banho, comer, dormir, arrumar sua cama e fazer certas coisas, mas sempre se mantendo um não autor. Isso é o suficiente.

Permanecendo silencioso consigo mesmo, sem fazer coisa alguma, o ego desaparece. Nem mesmo tentando se melhorar o ego desaparece. Não tentando se transformar, o ego desaparece – apenas se aceitando como é, seja lá o que você for.

Vejo que seu único problema é que você não consegue se aceitar. Você quer ser uma outra pessoa – e esse é o problema. De outro modo, nada está faltando; por outro lado, tudo está disponível. Fazendo nada por vinte anos, Dhun-Nun se tornou um dos mais perfeitos Mestres.

Agora esta história:

Um jovem veio a Dhun-Nun e disse que os Sufis estavam errados, e muitas outras coisas.

Como você pode saber se os Sufis estão errados, sem ser um Sufi? E alguém que foi um Sufi, algum dia disse que havia algo errado com eles? Nunca aconteceu. Aqueles que têm sido Sufis nunca disseram que havia algo errado com eles; e os que dizem que há algo errado nunca foram Sufis. Como é que você pode dizer?

Outro dia alguém estava dizendo que todos estes métodos meditativos que estou ensinando estão errados, porque Patanjali nunca os mencionou nos seus *Yoga Sutras*. E o homem disse: "Nunca ouvimos falar de tais métodos antes. Qual é a sua autoridade? De onde você cria estes métodos? Eles não são nem Hatha nem Raja e nem Bhakti".

Eu perguntei ao homem: "Você já meditou alguma vez?". E ele disse: "Não". Perguntei ao homem: "Você sabe o que é meditação?". Ele respondeu: "Não".

Quando você não sabe o que é meditação, como pode dizer o que está errado com um método de meditação? Você não sabe o que é meditação, como pode saber o que não é meditação? Você não sabe o que é bom e vai condenando: "Isto é mal". Você não sabe o que é moralidade e vai condenando: "Isto é imoral". Você *sabe* o que é Sufismo? Mas você pode condenar facilmente.

A condenação chega muito fácil à mente. É a coisa mais fácil do mundo dizer que alguma coisa está errada. Dizer não é a coisa mais fácil para a mente. O sim é a mais difícil.

Vigie sua mente, quantas vezes ela diz não. Mesmo quando algumas vezes ela tem que dizer sim, ela o faz de má vontade. Com o não, ela fica muito feliz. No momento em que você diz não para alguém, sente-se muito poderoso. Você gosta de dizer não, porque o não ajuda o ego – o sim o dissolve. E é fácil dizer não. É muito, muito difícil dizer sim, porque com o sim uma porta se abre – com o não, uma porta se fecha. Quando você diz não, vigie o que acontece no seu íntimo – de repente, todas as portas se fecham. Quando diz não, você fica fechado. Você se torna uma mônada de Leibnitz, sem janelas, sem portas, sem pontes. O não simplesmente corta todas as possibilidades de ligação entre você e o outro. Todas as possibilidades de amor, prece, entrega e meditação imediatamente são cortadas no momento em que você diz – não!

O não faz de você uma ilha, e *ninguém* é uma ilha. E sentir que você é uma ilha é a maior ilusão – você é parte do todo. Quando você diz não, fica cortado, quebrou todas as pontes. E o ego sempre quer e gosta de dizer não; isso lhe dá prazer.

Fique atento! A menos que seja absolutamente necessário, jamais diga não! Só abandonar a palavra já o tornará mais e mais alerta. Mesmo que precise dizer não, diga-o de tal modo que se torne positivo, que tome a forma do sim. Apenas por abandonar o não, você irá sentir muitas coisas novas acontecendo dentro de você, porque esta é uma palavra muito, muito poderosa. Estas duas palavras são muito poderosas: o sim e o não; elas mudam seu ser inteiro, porque não são palavras comuns. Elas não são palavras, mas gestos – é o seu jeito, seu próprio estilo de vida. Alguém que vive dizendo não, ficará cada vez mais triste e deprimido; a vida não baterá mais à sua porta. Se você continuamente diz não, como a vida pode continuar batendo à sua porta? Os ventos não soprarão em sua direção e as flores não se abrirão no seu caminho. Você está semeando espinhos ao dizer não.

Aquele que fala não é o único ateu. Dizer não a Deus é o máximo de sua total tendência de dizer não. Dizer sim para a vida é o que o teísmo significa para mim – dizer sim à vida, abrir as portas, relacionar-se, estar disponível. Diga sim e de repente você sente janelas abrindo dentro de você. Simplesmente se sente em silêncio sob uma árvore e diga em voz alta "Sim!", e sinta a mudança. Depois diga *não*, e sinta a mudança. Você cria um clima diferente; vibrações diferentes vêm com o não. Com o sim, você cria uma abertura, como se jogasse uma pedrinha num lago e os círculos aparecessem e continuassem cada vez mais e mais se espalhando; eles chegariam à própria margem oposta. Quando diz sim, você atira uma pedra de aceitação, de amor, de oração, de prontidão, de entrega – e então os círculos vão e vão e vão e chegam ao próprio infinito. Aquele que diz sim é compelido a ser um teísta algum dia, porque o sim, em última instância, culmina no Divino.

O sim se torna o Deus. O não, finalmente, torna-se a ausência de Deus.

Um jovem veio a Dhun-Nun e disse que os Sufis estavam errados, e muitas outras coisas.

Quanta tolice! – mas acontece. Eu sei; acontece comigo todos os dias. As pessoas, sem saberem coisa alguma, até mesmo vêm me aconselhar que isto deveria ser feito deste modo, que aquilo não deveria ser feito deste jeito. A estupidez do ser humano não tem limites.

Apenas duas coisas são infinitas: a estupidez do ser humano e a compaixão de Deus. De outro modo, como pode o ser humano existir? Isto é um milagre... tão estúpido, tão inflexível! Mas a compaixão de Deus é infinita. A existência segue doando – ela não se importa com sua estupidez. Um dia ou outro você voltará para casa e compreenderá.

Quanta tolice, chegar a um homem como Dhun-Nun e dizer que os Sufis estavam errados.

O egípcio tirou um anel do dedo e lhe entregou.

Esse egípcio, Dhun-Nun, estava certo. Era inútil falar a uma pessoa tão estúpida – ela não entenderia. E mesmo que entendesse intelectualmente, não seria um entendimento real. Dhun-Nun começou a criar uma situação. Entregou-lhe um anel e disse:

"Leve isto para os mascates e veja se pode conseguir uma peça de ouro por ele".

Ninguém no mercado ofereceu mais do que uma só peça de prata pelo anel.

O jovem trouxe o anel de volta.

"Agora", disse Dhun-Nun, "leve o anel a um verdadeiro joalheiro e veja o que ele pagará".

O joalheiro ofereceu mil moedas de ouro pela pedra.

O jovem ficou assombrado.

"Então", disse Dhun-Nun, "seu conhecimento sobre os Sufis é tão vasto quanto o conhecimento dos mascates sobre joias. Se você quer avaliar pedras preciosas, torne-se um joalheiro".

O que exatamente ele estava mostrando? Que o Sufismo não é um sistema de conhecimento. Você não pode ler a respeito. As escrituras e os professores não serão de nenhuma ajuda – porque eles podem explicar, mas a explicação não pode se tornar uma experiência. E é quase sempre justamente o oposto que acontece: as explicações se tornam barreiras para a experiência. Através de explicações, você começa a justificar as coisas por aí. Elas não o levam à experiência; em lugar disto, elas se tornam substitutos. É assim que nascem os pânditas e eruditos.

O Sufismo não é um conhecimento: você não pode obtê-lo de algum lugar, de alguém; você não pode pedi-lo emprestado, ele não é informação. Nenhum professor pode ensiná-lo. A verdade não pode ser ensinada – ele é uma experiência; não é conhecimento – é ser; não é algo que você aprende – é algo em que você se torna. Quem pode dá-la a você? Só você mesmo. Só você pode dá-la a si mesmo, só você pode conduzir-se a um ponto onde sabe o que é o Sufismo – não pelo conhecimento, mas pelo saber.

Lembre-se sempre da diferença entre conhecimento e sabedoria: o conhecimento é uma coisa morta, acumulada; o saber é um constante movimento. A sabedoria é viva; o conhecimento é morto. O saber é parte do seu ser; o conhecimento nunca é parte do seu ser. O conhecimento é só parte de sua memória, e a memória nada é senão um computador biológico.

Mais cedo ou mais tarde o ser humano vai desenvolver pequenos computadores que você poderá levar no bolso; eles carregarão consigo todo o conhecimento de todas as bibliotecas do mundo, e não será necessário ensiná-lo a você; você simplesmente aperta um botão e o computador pode fornecer-lhe o conhecimento – logo, para que perder vinte e cinco anos da vida em universidades, com professores tolos e exames tolos, apenas treinando a memória? Isso pode ser feito facilmente com um computador. E o computador é mais eficiente do que qualquer sistema de memória pode ser, porque um computador é completamente morto – e o conhecimento *é* morto. E o computador funciona melhor do que sua mente. Sua mente não é de tanta confiança; ela está de alguma forma ligada a um ser vivo, e a vida continua a fluir através dela – essa vida a perturba.

O conhecimento é parte do sistema da memória, não do seu ser. A sabedoria é parte do seu ser. Por conseguinte, sabedoria significa *ser aquilo* que você quer conhecer. Se você quiser conhecer Deus, Deus não está escondido em algum lugar para que você precise alcançá-lo...

Contaram-me que quando os *sputniks* soviéticos chegaram perto da Lua, mandaram uma mensagem à televisão soviética: "Até agora não encontramos nenhum Deus ou deuses".

Ele não está em nenhum lugar lá em cima! Deus não é uma coisa, não é uma pessoa escondida em algum lugar. Deus é o *seu* mais íntimo desabrochar. Vocês vêm e pedem: "Mostrem-nos Deus! Onde está Deus?" Ele não pode ser mostrado, porque está escondido dentro de vocês. É o seu destino máximo.

Seu Deus ainda não está lá, ainda está crescendo, ainda é uma potencialidade, uma possibilidade, ainda não atual. E eu não posso mostrar meu Deus para você – seus olhos não serão capazes de vê-lo. E seu Deus ainda é uma potencialidade; você precisa trabalhar para isso. Ele ainda é uma semente; você precisa regá-la, encontrar um solo para ela e ajudá-la a crescer. Não posso mostrar-lhe meu Deus, porque você ainda não tem o equipamento apropriado para vê-lo. E o equipamento apropriado estará disponível somente quando você tiver realizado a divindade em você – mas então não haverá necessidade de ver o meu Deus: você será capaz de ver o seu e o de todas as pessoas, mesmo o daquelas que ainda são potencialidades.

Eu posso ver o seu Deus – embaixo do solo, ainda lutando, como uma semente, tentando rompê-lo. O solo é duro. Algumas vezes existem também pedras e rochas. Tentando romper o solo duro, posso ver o seu Deus, o qual será um dia, e que ainda não é. Se *você* pode ver seu próprio Deus, pode ver Deus em toda parte, porque agora você tem olhos para ver. Eu não vejo você como você é. Sim, isso eu vejo também, mas é apenas uma fase passageira. Uma nuvem surgiu no céu, mas eu vejo o céu; a nuvem irá embora. Eu o vejo como você será, como pode vir a ser. Eu vejo neste instante, se você tivesse a coragem necessária, como você poderia subitamente se projetar.

"Então", disse Dhun-Nun, "seu conhecimento sobre os Sufis é tão vasto quanto o conhecimento dos mascates sobre joias".

Eles não podem apreciar um diamante, eles não sabem o que é um diamante. Eles podem ter pensado que esta linda pedra serviria para as crianças brincarem; ou eles podem medi-la – mas o diamante está escondido deles; e apenas uma pedra brilhante, colorida, talvez ótima para as crianças brincarem.

Você já ouviu a história do maior diamante, Kohinoor? Gostaria de lhe contar: Ele pertencia a um aldeão de Golconda, na Índia. Ele o achou em sua fazenda. Um rio corria pela fazenda e ali ele o achou. Parecia bom, e pensou que serviria para as crianças – elas poderiam brincar com ele. Assim, ele o trouxe para casa. As crianças brincaram com ele e, como fazem todas as crianças, saturaram-se do brinquedo. Por isso, elas o colocaram no peitoril da janela, e todos se esqueceram dele.

Um monge visitante, um sannyasin errante, estava passando pela cidade e queria um abrigo para a noite. Assim, esse aldeão o convidou. O sannyasin comeu e depois eles conversaram; o sannyasin era um homem errante, portanto tinha muitas novidades do mundo para contar e o que estava acontecendo, e onde. O aldeão escutava, e justamente falando dessas coisas, o sannyasin disse: "O que você está fazendo aqui? Sei de um lugar onde os diamantes são encontrados nas margens do rio. Com um pouco de esforço, você pode vir a ser um homem riquíssimo, e aqui, trabalhando com esta terra dura, você sempre será pobre. Sua vida inteira será perdida".

Na manhã seguinte, o sannyasin foi embora – mas deixou uma semente, um desejo, uma ambição na mente daquele pobre aldeão. Ele ficou obcecado. Não sabia onde era esse rio, mas ficou tão obcecado que vendeu a fazenda e saiu à procura. Disse à mulher e filhos: "Vocês terão que esperar por mim pelo menos cinco anos; e então eu voltarei".

Ele trabalhou duro em muitos lugares, mas depois de cinco anos ainda não encontrara o lugar onde os diamantes eram tantos que podiam ser apanhados facilmente. Mas nesses cinco anos ele aprendeu uma coisa: o que é um diamante. Ele voltou para casa, quando se aproximou de sua cabana, não podia acreditar no que via: o maior diamante que podia imaginar existir, ou ser visto no mercado, estava ali, no peitoril da janela. Então se lembrou que o rio corria dentro de sua própria fazenda, e agora ele a tinha vendido – e havia encontrado o maior diamante!

Essa parte da fazenda veio a ser a maior fonte de todos os diamantes do mundo, Golconda. E todos os maiores diamantes têm vindo de Golconda, das terras daquele fazendeiro. E esse diamante, com o qual as crianças brincaram e do qual ficaram saturadas e que ficou lá abandonado e descuidado, tornou-se o maior diamante do mundo.

Eis como é também na viagem interior. Não venda a fazenda! O maior diamante está esperando ali por você. Mas aprenda a ser um joalheiro – e o único aprendizado é de como morrer, porque se você morre como você é, renascerá como deveria ser.

Certo é o provérbio Sufi: "Nada lhe posso dar até que você morra".

Capítulo 3

Andar Sem Muletas

Uma vez um homem feriu a perna, e teve que andar de muletas. Essas muletas lhe eram muito úteis, tanto para andar como para muitas outras coisas. Ele ensinou toda a sua família a usar muletas, e elas se tornaram parte da vida normal. Ter uma muleta ficou sendo parte da ambição de cada um. Algumas eram feitas de marfim, outras enfeitadas com ouro. Escolas foram abertas para treinar o povo no seu uso, cadeiras de universidades receberam doações para tratar dos aspectos mais elevados desta ciência...

Umas poucas pessoas, muito poucas, começaram a andar sem muletas. Isto foi considerado escandaloso, absurdo. Além do mais, havia tantas utilidades para as muletas. Algumas replicaram e foram punidas. Tentaram mostrar que uma muleta poderia ser usada algumas vezes, quando necessário; ou que os muitos outros usos das muletas poderiam ser resolvidos de outra maneira. Poucos ouviram.

A fim de superar os preconceitos, algumas das pessoas que podiam andar sem esse suporte começaram a se comportar de forma totalmente diferente da sociedade estabelecida. Ainda assim, permaneceram poucas.

Quando foi descoberto que, tendo usado muletas por tantas gerações, poucas pessoas, de fato, podiam andar sem elas, a maioria "provou" que elas eram necessárias. "Aqui", disseram, "está um homem – tentem fazê-lo andar sem muletas. Veem? – ele não consegue!".

"Mas nós estamos andando sem muletas", lembraram os que andavam normalmente.

"Isto não é verdade; é meramente uma fantasia de vocês", disseram os aleijados, porque a essa altura eles estavam também ficando cegos – cegos porque não podiam ver.

A VIDA É um momento, um fluxo constante. A cada momento ela é nova. Mas e a mente? – a mente jamais é nova, mas é sempre atrasada. A própria natureza da mente é tal que ela não pode ser una com a vida. A vida continua: a mente fica para trás. Há sempre uma inconsistência entre a vida e a mente – tem que ser assim.

Você vê uma flor: no momento em que entende que a viu, ela já não é mais a mesma – a vida se moveu. Você vê um rio, mas não vê o mesmo rio outra vez; você não pode. Diz o velho Heráclito: "Você não pode pisar no mesmo rio duas vezes". E eu lhe digo que você não pode pisar no mesmo rio sequer uma vez – porque o rio está constantemente fluindo.

No momento em que a mente reconhece alguma coisa, essa coisa já não é a mesma. A mente segue acumulando pegadas mortas. A vida existiu ali uma vez, mas já não está mais ali.

E nós somos treinados como mentes; essa é a miséria. Você continua perdendo a vida e vai continuar perdendo-a – a menos que deixe de lado a mente, a menos que comece a viver em um estado de não mente. Então você é uno com a vida, e a inconsistência entre você e sua mente desaparece. Então você não vive mais de acordo com algumas ideias, porque as ideias pertencem à mente, não vive de acordo com qualquer ideologia, religião, escritura, tradição – você vive simplesmente do vazio do seu ser.

É difícil, no início, até mesmo conceber como alguém pode viver do vazio. Mas é do vazio que estão crescendo todas as árvores, do vazio é que as estrelas estão se movendo e do vazio toda a existência existe – e não há problemas. Somente o ser humano tem a ideia absurda de que sem a mente será difícil existir. Aliás, com a mente é difícil existir – porque existência e mente são duas dimensões separadas; não apenas separadas, mas contrárias.

Se você quiser ser coerente com a mente, será incoerente com a vida.

Aconteceu: Havia uma questão na corte contra Mulla Nasrudin, e o juiz lhe perguntou: "Que idade você tem, Nasrudin?".

E ele respondeu: "Naturalmente o senhor sabe e todos sabem que tenho quarenta anos".

O juiz ficou surpreso e falou: "Mas há cinco anos você esteve aqui na corte, eu lhe fiz a mesma pergunta e você disse também que tinha quarenta anos. Como é possível? Depois de cinco anos, você ainda tem quarenta?".

Nasrudin respondeu: "Eu sou um homem coerente, senhor. Uma vez que disse ter quarenta anos, vou me manter com quarenta anos para sempre – o senhor pode confiar em mim".

Se você for coerente com a mente, será um homem de confiança. Você será coerente – e absolutamente incoerente, pois a vida segue adiante. Ela nunca é estática. Nem por um só momento a vida para em algum lugar. A vida não conhece descanso, não tem tradições a seguir, nenhuma ideologia a imitar, nenhum padrão fixado pelo passado. A vida é sempre uma abertura para o desconhecido.

A vida se move em direção ao futuro, a mente se move em direção ao passado. A mente está sempre fechada na experiência que já aconteceu, e a vida está sempre aberta para a experiência que jamais aconteceu antes. Como elas podem se encontrar? Como pode haver alguma possibilidade de encontro entre elas? Então, aos poucos, a mente fica completamente fechada em si mesma. Não apenas isso, a mente até mesmo fica temerosa de ver o que a vida é.

O medo vem porque a mente sabe que se você olhar para a vida, você provará estar errado. Logo, é melhor ficar de olhos fechados, não olhar para ela. Interprete a vida sempre de acordo com a mente. Não a escute! Foi assim que você ficou surdo; é assim que você não consegue me ouvir e me compreender – porque aqui não existe pessoa alguma. Não estou lhe falando com a mente. Você só pode me encontrar no campo da vida, não no campo da mente.

Eis por que você sempre sentirá que sou incoerente. Eu sou. Você não pode comparar nada do que lhe vou afirmar hoje com qualquer coisa que lhe afirmei ontem. Você vai me achar incoerente. Mas o que posso fazer? Nesta manhã tudo é novo. Esta manhã nunca esteve aqui antes e jamais estará outra vez. Ela não pertence ao passado ou ao futuro. Ela pertence a si mesma – um fenômeno único. Os papagaios que matraqueiam nas árvores não estavam ali ontem. E quem sabe onde estarão amanhã? E a brisa – a brisa morna que passa através das árvores, suave e morna igual a uma mulher – não estará ali. Tudo será diferente! Tudo era diferente ontem, e já é diferente hoje.

E você não é o mesmo. Como pode ser? Se está vivo, você é um fenômeno parecido com um rio. Vinte e quatro horas se passaram; e vinte e quatro horas são como um milênio; milhões de segundos se passaram, como é que você pode ser o mesmo? Não o reconheço, jamais o vi antes, você é absolutamente novo. Como posso lhe dizer a mesma coisa que lhe disse ontem? Eu não estou mais ali, aquele que estava aqui ontem.

A vida é constantemente uma ressurreição. A cada momento ela morre, a cada momento nasce de novo. Mas você prossegue levando a mente velha. Você não se ajustará em lugar algum. E você o sabe: você nunca se ajusta em lugar algum, e jamais se ajusta a alguém. Onde você estiver, há algum problema. Algo está sempre faltando, falhando. A harmonia nunca vem dos seus relacionamentos – porque a harmonia só é possível se você for um fenômeno que flui, que muda, que se move, que se funde de novo.

Se você se torna um rio de consciência sem forma, então tudo se ajusta. Então você se ajusta com a vida e a vida se ajusta com você – de repente, tudo fica absolutamente certo. E esse sentimento absoluto de harmonia é o que as pessoas religiosas têm chamado de Deus.

Deus não é uma pessoa, mas é um estado de ser no qual tudo se ajusta. Quando você não tem queixas, repentinamente tudo é lindo. Mas a mente torna tudo feio, porque a mente vive como uma tradição – e a vida é momentânea.

Esta palavra "tradição" é muito, muito significativa. Você pode nem ter percebido, mas ela vem da mesma raiz que a palavra "traidor"; "tradição" vem da mesma raiz que a palavra "traidor". A tradição é uma traição à vida, é uma deslealdade.

Sua mente trai. Se você pode abandoná-la, tudo é alcançado. O abandono da mente é a essência de todas as religiões. O Sufismo não é outra coisa senão o como abandonar a mente, a tradição, o passado. É por isso que a religião sempre parece algo revolucionário – porque ela é sempre contra a tradição, contra o passado e contra palavras congeladas. Ela é sempre pela vida, pelo fluir.

Nenhuma religião pode ser uma tradição, mas todas elas se tornaram tradições. Isso significa que se tornaram falsas; não são mais religiões. Uma religião se mantém religião somente quando é verdadeira para com a existência e para com a vida – não verdadeira para com algum dogma nem para com alguma escritura: Veda, Alcorão, Bíblia. Eis por que o Sufismo não foi compreendido pelos muçulmanos. Eles são um dos povos mais fanáticos deste mundo; como podem entender o Sufismo? Orientados demais pelos livros, obcecados demais pelo Alcorão – nenhum outro povo é tão obcecado por um livro. Naturalmente, quando o Alcorão foi revelado a Maomé, ele era um momento vivo, um fenômeno adequado – de repente Maomé ficou em harmonia com o Universo, e o Universo começou a revelar seus segredos a ele. E a primeira palavra que lhe veio foi: Recite! "Recite em meu nome!". A palavra "Alcorão" significa recitar, porque foi a primeira palavra que veio a Maomé. É uma linda palavra – se você pode entendê-la *enquanto* está viva; caso contrário, é muito feia quando morta.

É exatamente como uma mulher bonita passando, andando. O próprio gesto, as curvas de seu corpo, a vida que flui através dela, a luminosidade do seu ser, é tão bonita. Você pode congelá-la e fazer dela uma estátua e colocá-la no jardim – não haverá mais beleza, porque a beleza estava na própria vida que havia nela. Como pode uma mulher congelada ser bonita? É um cadáver, e aquelas curvas, quando estavam andando e vivas, tinham algo do Divino. Agora nada restou; é só matéria, um corpo morto.

Quando pela primeira vez Maomé escutou isto no Monte Hira: "Recite! Recite em nome do teu Senhor!", foi como se ele tivesse acordado de um sono profundo. Ele olhou em volta. Quem havia falado? Não havia ninguém. A vida não é alguém – a vida é este Tudo, o Todo. E Maomé começou a recitar. Ele deve ter dançado, deve ter cantado em nome do Senhor.

Naquele momento havia música, dança, um coração, o canto, celebração... Maomé havia sido aceito, havia se fundido no Todo e o Todo se fundido em Maomé – a gota no oceano e o oceano na gota.

Era a culminância do ser, o ponto mais alto a que alguém pode subir. Mas quando outros começaram a escrever isso, já não tinha a mesma beleza; as palavras, então, estavam congeladas. O Alcorão é um livro como os Vedas, a Bíblia, os Upanixades – palavras muito significativas estão ali, porém mortas. E a menos que *você* sinta aquele momento do Monte Hira, quando toda a existência lhe diz: "Recite em nome do teu Senhor!", não será capaz de entender o Alcorão. Você não pode levá-lo com você, ele vai se tornar uma carga e não lhe dará vida. Pelo contrário, pode até tirar vidas de muitos outros. Uma carga é perigosa, e uma carga, em última instância, torna-se agressão; o indivíduo se sente irritado, destrutivo.

Os muçulmanos não podiam entender os Sufis. E Maomé nada mais é senão um Sufi. Nenhuma tradição pode entender os Sufis. Eles são sempre os marginais, expulsos da sociedade e do padrão preestabelecido, pois sempre trazem a revolução com eles. Vêm como tempestades e balançam os alicerces da sociedade estabelecida, da sociedade morta, da cultura e da civilização: as universidades, o governo, a igreja – todos mortos. Mas a maioria das pessoas também estão mortas.

Devido à maioria das pessoas também estarem mortas, uma sociedade morta e estabelecida é que serve. Uma vez que se torne vivo, que sua energia de vida surja, você percebe, de repente, que você se ajusta com a existência, mas não com a sociedade. E lhe digo: se você não se ajusta com a sociedade, não se incomode com isso, porque, em último caso, isso nada significa. A única coisa significativa, em última instância, será se você se ajusta ou não com a existência.

Tente ser harmonioso com a vida, por mais árduo que isso seja. Mesmo que algumas vezes pareça impossível, tente estar em harmonia com o Todo. Mesmo às custas de ser expulso da sociedade e ser forçado a se tornar um marginal, não se incomode com isso. Isso é o que significa sânias para mim.

Sânias significa um esforço para encontrar caminhos e meios de estar em harmonia com o Todo, *mesmo* que isso crie uma brecha entre você e sua sociedade – porque a sociedade é feita pelo homem. Mesmo que você se ajuste, nada é alcançado. Cada um tem que encontrar seu lar no Supremo. E todas as sociedades são contra Deus.

As pessoas pensam que existem sociedades que não são contra Deus. Não. Às vezes, muito raramente, por uns poucos momentos da história existiram alguns oásis no vasto deserto das sociedades – mas são exceções. Não existiu, realmente, sociedade alguma que fosse religiosa. Por exemplo, quando Buda estava vivo, um oásis existiu em torno dele: alguns poucos milhares de pessoas – nada, comparado ao mundo. Alguns milhares de pessoas se converteram, se transformaram, existiram com Buda. Mas no momento em que Buda desapareceu, aquele oásis desapareceu, as próprias fontes desapareceram – quanto tempo as árvores podem viver sem elas?

Alguns oásis aqui e ali raramente têm existido; a sociedade, de um modo geral, tem permanecido antirreligiosa. Mas as pessoas que dirigem o sistema são muito astutas. Elas dão à sociedade uma forma ritualística, religiosa; existem igrejas e templos, e as pessoas vão e rezam; e existem os dias santos, os feriados religiosos – mas tudo formal. Não se engane com a formalidade dela; *é* um engano. É apenas para lhe dar a sensação de que a sociedade é religiosa e que você não precisa ir além dela para procurar a religião. E a religião está sempre além da sociedade, porque a religião está sempre viva, não faz parte da mente. E a sociedade é sempre da mente; é uma ordem mantida pela mente. A religião não é uma ordem mantida pela mente – a religião é uma disciplina, livre e natural. Não é que *você* a mantém e manipula; em vez disso, muito ao contrário, você se abandona no fluxo e este se apodera de você.

A mente é a corruptora – mas ela corrompe muito diplomaticamente. Ela corrompe de maneiras tão sutis que é muito difícil para você até mesmo ter consciência do que está acontecendo.

Por exemplo: alguma coisa é verdadeira num certo momento, então a mente se prende a ela e diz: "Porque foi verdadeira nesse momento, deve ser verdadeira sempre, porque a verdade é eterna". E eu lhe digo: nada muda tanto quanto a verdade – eis por que ela é eterna. Porque se ela não mudar, morrerá um dia. Ela muda tão continuamente que não pode morrer, porque mudança significa uma renovação da energia da vida.

A verdade *é* eterna, mas não imutável. A verdade é eterna por causa de sua mudança eterna. Ela se renova constantemente, e não permite nada morto nela; simplesmente o expulsa. Ela nunca acumula partes mortas, porque através dessas partes mortas vem a morte.

A mente morrerá, terá que morrer, pois ela acumula a morte. A vida nunca morre, pois ela sempre muda.

Lembre-se disto: a verdade não é permanente, é eterna. E é eterna porque não é permanente, porque está continuamente mudando. Através da mudança, ela sobrevive. Pela mudança ela se torna nova; pela mudança constante, torna-se ardilosa para a morte. A morte não pode agarrá-la.

Mas a mente tem suas próprias formas lógicas, que são absurdas, se você sabe o que é a vida. Mas se você não conhece a vida, então a mente tem sua própria lógica. E a lógica parece absolutamente sólida, absolutamente à prova de dúvidas. Olhe para isto.

A mente diz que isto tem sido verdade, portanto deve ser verdade agora e para sempre. Sim, o Alcorão era a verdade; era verdade numa situação particular. A situação era a fusão da alma, da individualidade de Maomé com o Todo. Naquele momento nasceu uma canção. Ela era a verdade, tão verdade quanto os papagaios matraqueando, as árvores florescendo, o sol se movendo – mas tendo desaparecido esse momento, Maomé desapareceu. Essa unidade que existiu naquele momento não existe mais. Agora o Alcorão é um peso morto, assim como a Gita, os Vedas, a Bíblia.

Tudo que eu estou dizendo é verdadeiro neste momento. Amanhã se tornará um peso morto. Não o carregue. Viva-o, se puder vivê-lo neste exato momento. Aprecie-o, se puder apreciá-lo comigo agora mesmo. Celebre-o! Neste exato momento deixe sua consciência encontrar... deixe-o ir bem fundo em você, ele pode transformá-lo. Fique impregnado dele – mas neste exato momento! Não o adie para amanhã, porque amanhã poderá não ser mais válido. Nada pode ser válido depois de seu momento.

A mente diz que se algo é válido hoje, será válido amanhã. Assim nascem as tradições. É assim que tantas coisas significativas se tornam sem sentido, absurdas; é assim que a beleza é reduzida à feiura.

Krishna falando com Arjuna foi um dos ápices da consciência humana. Mas a Gita? A Gita é somente uma lembrança, e não vai ajudar você. Krishna tem que ser encontrado imediata e diretamente. Você terá que se tornar um Arjuna e terá que procurar o seu próprio Krishna. E lembre-se: você não será o mesmo Arjuna, porque como pode sê-lo? Você tem um ser totalmente diferente, uma qualidade totalmente diferente de ser – como pode ser o velho Arjuna outra vez? Não. Você nunca o será. E não encontrará jamais o Krishna que Arjuna pôde encontrar. Você terá que achar seu próprio Krishna, aquele que você pode encontrar e se fundir nele; aquele com quem você pode ter tal unidade que o discípulo já não sente que é o discípulo e o Mestre se esqueceu de que é o Mestre. Ninguém sabe quem é quem. Em tal participação profunda do ser, a canção nasce outra vez. "Gita" significa a canção; "Bhagavad Gita" significa a canção divina. A "Gita" nasce novamente. Mas as mesmas palavras não serão repetidas, porque desta vez Krishna é diferente e desta vez Arjuna é diferente – como podem ser repetidas as mesmas palavras outra vez? E Deus é infinito e não precisa se repetir. Ele ainda não está exaurido. Não precisa se repetir outra vez. Ele seria um Deus muito pobre se recitasse a Gita de novo, não seria nem mesmo um Deus que merecesse ser ouvido. Algo novo vai acontecer mais uma vez, e esse novo pode não ser coerente com o velho.

Surge assim o problema do verdadeiro religioso e do falso, do pseudorreligioso.

O pseudorreligioso se apegará ao passado, ao velho, e o realmente religioso sempre se moverá com o novo. E este é o paradoxo: movendo-se com o novo você alcançará tudo o que está no velho; e preso ao velho, perderá tudo o que está oculto no velho e oculto no novo. O novo é sempre a porta para Deus. Ele continua fazendo portas novas para você, à medida que você caminha adiante; Ele sempre continua lhe abrindo portas novas. Não peça por portas velhas.

A mente sempre requer as portas velhas. Se lhe digo alguma coisa, imediatamente você começa a comparar – se está escrito na Gita, no Alcorão, na Bíblia. Se está escrito, sua cabeça concorda; você diz: "Correto". Se não está escrito, você se fecha de repente; você não está concordando, não está dizendo sim. E eu lhe digo que qualquer coisa que esteja escrita é irrelevante, já passou, não é mais significativa.

O indivíduo tem que procurar o significado constantemente, porque a própria procura do significado é um crescimento para sua situação.

Agora, esta linda parábola. Cada palavra tem que ser compreendida. É uma parábola com muitos significados impregnados nela.

Uma vez um homem feriu a perna, e teve que andar de muletas.

Assim é que nascem as religiões. Conheço um homem, um amigo, um amigo de infância; ele era um ótimo médico, e um dia caiu de um trem, num acidente. Por acaso, algo mudou em sua cabeça. A cabeça havia ficado ferida; por três dias ele ficou inconsciente e, quando voltou a si, tornou-se uma personalidade totalmente diferente. Ele tinha sido sempre um homem muito zangado; essa zanga desapareceu. Algo havia se rompido no cérebro; alguma forma de energia havia sido mudada. Ele se tornou muito quieto, nada agressivo, muito amante da paz. E então as pessoas começaram a lhe perguntar como aconteceu isto. Ele respondia: "Aconteceu num trem muito veloz: você pula e bate com a cabeça no chão. Aconteceu-me desta forma – por que não pode acontecer com você?"

Quando ouvi isto, fui vê-lo e disse: "O que você está fazendo? O que está dizendo às pessoas?".

Ele respondeu: "Mas foi assim que aconteceu comigo – e eu tentava tanto *não* ser zangado, e nada acontecia. Inesperadamente, por acidente", disse-me ele, "foi-me dada uma chave".

Mas eu disse: "Mantenha esta chave secreta e escondida; não a dê para ninguém – porque acidentes não podem se repetir".

E é assim que nascem muitas tradições. Buda estava sentado numa certa postura: foi por acaso, porque a Iluminação não tem preferência por uma postura particular. Ela já aconteceu quando as pessoas estavam descansando, deitadas; já aconteceu quando as pessoas estavam andando; já aconteceu... as pessoas estavam carregando água e aconteceu. Aconteceu em todos os tipos de posturas. A Iluminação não tem preferência! Não depende da postura do corpo. Mas Buda estava sentado em *siddhasana*, a chamada postura de Buda, e agora os budistas a têm perseguido por dois mil anos: sentados nessa mesma postura, esperando que a Iluminação aconteça. São pessoas tolas, mas existem delas em abundância por toda parte.

Foi assim que nasceram todas as posturas de ioga: algo aconteceu em alguma postura particular – essa postura ficou sendo muito importante. Então as pessoas vão fazendo ginástica, forçando seus corpos desta ou daquela forma e pensam que numa certa postura uma certa coisa vai acontecer. Não há relevância nisso. Sentado numa simples cadeira, a Iluminação é possível. Não há necessidade de se colocar numa atitude propositada e significativa; caso contrário, você ficará obcecado por ela.

As pessoas vão para os Himalaias porque muita gente se iluminou lá – mas pode acontecer em qualquer lugar. Deus está em toda parte! Não há necessidade de ir até os Himalaias. Muitos instrutores no mundo continuam a prosperar simplesmente porque fizeram alguma coisa e algo aconteceu com eles. Pode não acontecer com um outro, porque os indivíduos são diferentes; são tão diferentes quanto é possível ser.

Insisto sempre que você precisa de procurar algo, algo que nenhuma tradição possa dar a você. Você precisará de procurar seu próprio caminho, seu próprio método. Você pode tentar muitos métodos só para sentir qual o mais apropriado a você; e também, nenhum método, nenhuma forma generalizada de qualquer método pode ser de muita ajuda. Pouco a pouco você terá que desenvolver seu próprio método individual.

É exatamente como sua impressão digital – é única. Ninguém tem esse tipo de polegar no mundo. Nem agora e nem mesmo no passado – ninguém jamais teve esse polegar. E ninguém jamais o terá no futuro.

Você é uma assinatura única do Divino.

Nenhum método geral pode ajudá-lo. As formas generalizadas são boas para começar, mas cada um precisa desenvolver seu próprio estilo, seu próprio método. Algo tem que ser acrescentado, algo tem que ser abandonado e, pouco a pouco, você tem que criar seu próprio sistema à sua volta. O caminho ainda não está ali. Você precisa andar e criá-lo.

É assim que um Mestre ajuda as pessoas. Ele lhes dará um esquema generalizado com o qual trabalhar, apenas para sentir seus seres, como se enquadram, quanto se enquadram; se se ajustam ou não. Por isso é que criei tantos métodos e continuarei criando muitos outros; dependerá das pessoas que vierem a mim. Cada vez que uma pessoa nova chega, começo a pensar em algo novo para ela. São necessários muitos métodos, para que você possa sentir cada método e criar um modelo individual próprio.

Uma vez um homem feriu a perna, e teve que andar de muletas.

Essas muletas lhe eram muito úteis, tanto para andar como para muitas outras coisas.

Você pode descansar nelas sempre que estiver cansado. Com elas, você pode espantar os cães vadios que o perseguem. Se necessário, você pode brigar; as muletas podem se tornar uma arma, e tantos outros usos, também. E o homem descobriu que a dor desaparecera, e ficou descansado. Descobrira um mantra, uma MT, uma meditação transcendental. Começou a ensiná-la, a ajudar as pessoas. As pessoas estão sofridas, machucadas, precisam de muletas, e há muitos outros usos também.

Ele ensinou toda a sua família a usar muletas, e elas se tornaram parte da vida normal. Ter uma muleta ficou sendo parte da ambição de cada um. Algumas eram feitas de marfim, outras enfeitadas com ouro. Escolas foram abertas para treinar o povo no seu uso, cadeiras de universidades receberam doações para tratar dos aspectos mais elevados desta ciência.

Há tolos em abundância – e eles estão sempre prontos a serem ensinados. E você não pode achar uma pessoa, por mais idiota que seja, que não encontre alguns poucos discípulos. As pessoas estão prontas, porque estão em miséria; elas querem alguma coisa, algum método, algum caminho, alguma técnica para superar suas misérias. É por isso que elas se tornam vítimas de tantas coisas desnecessárias, e não apenas desnecessárias, mas irrelevantes; não apenas irrelevantes, mas positivamente danosas.

Umas poucas pessoas, muito poucas, começaram a andar sem muletas.

Porque é muito difícil ir contra a sociedade. É muito, muito difícil, porque a sociedade irá criar muitos estorvos, muitos obstáculos. Ela lhe castigará se você for contra ela, e lhe apreciará, lhe honrará, se você a acompanhar. Ela ajudará seu ego, se você a acompanhar; se não a acompanhar, ela destruirá seu ego. Muitas pessoas, conscientemente, sabendo muito bem que isso é tolice, simplesmente continuam, pois, para que criar problemas desnecessários? Elas assumem compromissos.

Essa história parece um exagero; uma coisa tão absurda, pensa você. Mas não é. Isto já aconteceu. Você pensa: "Por que e como isto é possível? – pessoas que já andavam normalmente, como podem ser seduzidas a usar muletas?". Elas têm sido seduzidas. Vocês são essas pessoas. Tente esquecer esta história.

A ira é natural, porque você não a criou; você nasceu com ela, doada pela natureza. E a natureza *deve* ter algum uso para ela, pois, caso contrário, não lhe teria sido dada. Mas a sociedade é contra ela; manda que seja reprimida. E quando você suprime a ira, muitas outras coisas serão suprimidas também, porque tudo está inter-relacionado no seu ser interior. Você não pode suprimir uma coisa só, ou exprimir uma coisa só; quando você expressa uma coisa, milhões são expressas; suprimindo uma, milhões são suprimidas.

Alguém que suprime sua ira *presisará* suprimir seu amor. Então ele ficará temeroso do amor, porque sempre que o amor for expresso, a ira também o será. De fato, os amantes estão sempre zangados um com o outro; tão zangados como nenhum inimigo pode estar. São inimigos íntimos: eles amam e se zangam também. E eles sabem que o amor é tão profundo que a raiva não será destrutiva para o amor – nunca o é. Ela é destrutiva somente se o amor não estiver em primeiro lugar; de outra forma, não. E se o amor não estiver ali, por que chamá-la de destrutiva? Ela simplesmente revela a verdade.

Se o amor está em primeiro lugar, nada pode destruí-lo, tudo ajuda – mesmo a ira fica sendo parte da harmonia. E quando você ama alguém e fica zangado, depois da raiva, quando a tempestade já passou, vem o silêncio. Você fica mais amoroso depois do momento de raiva; depois desse estado de espírito de raiva, mais amor vem à superfície. Você tem que compensar; você estava zangado, o amor flui e isto é um ritmo. Os amantes brigam e depois se amam. Aliás, o amor é uma briga muito, muito íntima.

Uma vez eu estava passando por uma rua e três garotos malandros estavam olhando por um buraco de fechadura. O primeiro olhou e disse: "Eles estão brigando, o marido e a mulher".

O outro olhou, rindo, e disse: "Seu bobo! Eles não estão brigando – estão fazendo amor".

E o terceiro olhou e disse: "É, estão fazendo amor – e muito mal".

O amor é uma briga e um ritmo. Na raiva você se separa; quanto mais se afasta da sua amada ou amante, mais necessidade tem de se aproximar. É exatamente como a fome; quando você sente fome, come; então sente-se saciado. Sem fome, você pode comer – todos os ricos o fazem –, mas então não há saciedade. Pelo contrário, quando eles terminam de comer sentem-se cheios, pesados, mortos. O mesmo pode acontecer com o amor: se você nunca fica zangado com seu amante, você estará comendo sem fome; cedo ou tarde vai ficar enjoado.

Ninguém se separa pela raiva. É um ritmo: a pessoa vai e volta, e repetidamente redescobre o bem-amado. Outra e outra vez uma mini lua de mel, todos os dias. E o amor cresce através disto.

Se você suprimir a raiva, o amor será suprimido. Se expressar o amor, a raiva será expressa. Mas a sociedade é contra a ira. E é por isso que a sociedade também é contra o amor. Nenhuma sociedade é a favor do amor. Elas são a favor do casamento – casamento não é amor. O casamento é uma instituição criada pela mente. O amor – o amor é uma tempestade criada pela natureza. E você não pode institucionalizar uma tempestade.

E as pessoas que vivem no casamento, vivem numa instituição assim como a prisão – nada do coração; outras considerações, mas nada do coração. O dinheiro terá sido considerado, a família terá sido considerada; aliás, as sociedades estabelecem que os próprios amantes não deveriam se escolher e decidir, porque os jovens não são confiáveis. Somente os velhos são de confiança, porque quando são velhos possuem uma mente, uma mente experiente, calculista, astuta, esperta; assim, o pai deve decidir. Ou, se tiver um avô, tanto melhor. As estrelas também podem decidir, não há nada de mau nisso; você pode ir ao astrólogo e as estrelas podem decidir. Tudo bem – mas você não deve decidir sozinho, porque se *você* o fizer, então, pelo próprio ato de se apaixonar, você estará se colocando fora da sociedade.

Os amantes não fazem mais parte da sociedade. Você já prestou atenção neles? Se um está apaixonado pelo outro, movem-se como uma sociedade neles mesmos. Eles não se incomodam com você; querem ficar sozinhos. Não querem ir ao clube, ao templo, à igreja – não. Eles encontraram sua igreja, seu templo, o clube – ambos estão satisfeitos um com o outro. Na verdade, eles gostaria que o mundo desaparecesse e que fossem deixados sozinhos, no mundo vazio de tudo.

O amor é contra a sociedade.

A sociedade é contra o amor.

E o amor é tão natural – o casamento é uma muleta. O amor é andar com suas próprias pernas – o casamento é uma muleta. O casamento o faz aleijado; você não é mais independente, sua individualidade é perdida. Você é um membro da sociedade, mas não mais um indivíduo. Um indivíduo não é um membro de coisa alguma. Um indivíduo existe como um indivíduo.

Você ficará surpreso com o porquê de esses Sufis criarem essa parábola – eles a criaram muito deliberadamente.

Toda a natureza tem sido mutilada. Tudo que é natural, a sociedade vai contra. Tudo que é natural, eles condenam e dizem que é animalesco. Eles o tornam culto, condicionado, superficial. Eles lhe dão um ser de plástico, uma flor de plástico; e a flor de plástico tem seu próprio atrativo – o atrativo é que a flor verdadeira está sempre em perigo e a flor de plástico nunca está. O casamento tem um atrativo. Se você insistir para que haja amor, então haverá mais e mais divórcio no mundo. Se há casamento, não há divórcio, porque, quando você nunca amou, como pode sair dele?

Casamento é segurança. Uma flor verdadeira está viva pela manhã, mas à noite terá desaparecido. Uma flor de plástico permanece sempre ali, ela parece permanente. E a permanência não deveria reger sua mente, não deveria ser um valor; desta forma, você nunca poderá se mover em direção à existência. Desfrute da coisa enquanto ela estiver ali; quando não estiver mais ali, perdoe, esqueça e siga em frente. É assim que se cresce.

Umas poucas pessoas, muito poucas, começaram a andar sem muletas. Isto foi considerado escandaloso, absurdo. Além do mais, havia tantas utilidades para as muletas...

E as pessoas que insistem em padrões antinaturais, artificiais de vida, sempre insistem que eles têm utilidade. Sempre dizem que o casamento é útil: útil para a família, para as crianças, para a sociedade, útil para todos – o amor é perigoso. E qual é a utilidade do amor? O que você fará dele? Ele não tem utilidade. Para elas, é apenas um romance, um emocionalismo e sentimentalismo. *Não* tem utilidade! Ele não é um bem de consumo; não se pode vendê-lo no mercado; você não pode lucrar com ele. Ao contrário, perderá muito por causa dele. Eis por que as pessoas astutas dizem que o amor é cego, é louco – ele não tem utilidade!

Mas isto precisa ser compreendido: a vida não tem utilidade.

E lembre-se sempre de que cada vez que você começa a pensar na utilidade de uma coisa, você está perdendo – porque a utilidade é necessária, mas não pode ser a meta. A utilidade pode ser sacrificada, mas o não utilitário não pode ser sacrificado. As coisas que não têm utilidade – o amor, a meditação, a prece – são as metas verdadeiras. Através delas você alcança o Divino.

Qual é a utilidade da meditação? O que você pode tirar de proveito com ela? Nada. Qual é a utilidade da dança? Nenhuma. Você não pode comê-la, bebê-la, não pode fazer da dança um refúgio; ela parece não utilitária. Tudo que é belo e verdadeiro é não utilitário.

Uns poucos tentaram se revoltar – uns poucos Budas, uns poucos Cristos, eles se revoltam e querem trazê-lo de volta à natureza. Mas as pessoas que mantêm o sistema dizem sempre: "Qual é a utilidade disto?" As pessoas vêm a mim e perguntam: "Para que serve a meditação? Mesmo se meditarmos, mesmo se conseguirmos, qual é o lucro? O que pode uma pessoa ganhar com ela?". Você perderá Deus, porque Deus não pode se tornar uma utilidade. Deus não é um bem de consumo, mas uma celebração! E o que é uma vida, se você não tem nenhuma celebração nela? Que vida é essa? Ela será um deserto.

A fim de superar os preconceitos, algumas das pessoas que podiam andar sem esse suporte começaram a se comportar de forma totalmente diferente da sociedade estabelecida.

Elas começaram a ser naturais, começaram a andar sobre seus próprios pés. E quando você começa uma revolução, milhões começam. Se você pode se revoltar de uma forma contra a sociedade, subitamente vai perceber que muitas outras coisas que estão ali precisam ser jogadas fora. A sociedade fez de você um depósito de lixo. Uma vez que saiba que algo está errado, será capaz de saber que muitas coisas estão erradas. O indivíduo começa uma reação em cadeia.

A meditação é minha maneira de criar a reação em cadeia. Uma vez que comece a meditar, seguir-se-ão muitas coisas, porque quanto mais você se tornar consciente e silencioso, mais será capaz de ver como a sociedade o está matando e envenenando, como a sociedade tem sido assassina. E todos eles dizem que querem ajudá-lo. De fato, eles o matam só para salvá-lo. É para seu benefício que a sociedade existe – e ela tem simplesmente envenenado todo o seu ser. A própria fonte do seu ser foi envenenada.

A fim de superar os preconceitos, algumas das pessoas que podiam andar sem esse suporte começaram a se comportar de forma totalmente diferente da sociedade estabelecida.
Ainda assim, permaneceram poucas.
Quando foi descoberto que, tendo usado muletas por tantas gerações, poucas pessoas, de fato, podiam andar sem elas, a maioria "provou" que elas eram necessárias.

É assim que se move o círculo vicioso no mundo. Primeiro você cria um padrão, você força o padrão, e então, no final, a vítima não pode viver sem ele. Então você "prova": "Olhem! – ninguém pode andar sem muletas". Você nunca permite que alguém ande sem muletas. A toda criança são dados muitos, muitos preconceitos. E sempre que ela tentar viver sem preconceitos, descobrirá que é muito difícil, porque eles ficaram enraizados, inerentes, atingiram até a própria essência do seu ser. Ela sentirá dificuldades; ela própria dirá que é impossível andar. Tente usar muletas por três anos e não será mais capaz de andar sem elas; então você se tornará uma "prova" de que ninguém pode fazê-lo.

Eis como os preconceitos continuam, porque eles têm sido implantados por milhares de anos e já entraram no seu sangue e ossos.

Sempre que você sente um impulso sexual, imediatamente uma sensação de culpa surge; ela se tornou inerente. Se você olha para uma linda mulher ou belo um homem e sente uma onda de energia, nada está errado nisso. É uma resposta! É natural: uma pessoa bonita está ali – será muito insultante se nenhuma energia surgir em você. Se a sociedade fosse natural, aceitaria o fato e a mulher lhe agradeceria por sua face ter ficado vermelha – um lindo cumprimento, e você estava tremendo. Mas não. Você esconderá o fato; você não olhará para a mulher. E quanto mais você tenta não olhar, mais a natureza se revolta contra isso, e então surge um sentimento de culpa de que você é imoral.

Quando você vê uma flor e diz que é bonita, você não é imoral. Mas quando vê um rosto humano e diz que é bonito, por que de repente você fica imoral? O que há de imoral nisso? Por que não pode apreciá-lo?

Durante séculos, o sexo tem sido condenado – e o sexo é a fonte de todas as suas energias. Porque o sexo foi condenado, todas as suas energias foram condenadas – pois se você se torna ativo em uma parte de sua energia, então as outras partes também estarão sendo ativadas com ela. Assim, você tem sido forçado a viver com a energia em nível baixo. Então, você diz que a vida parece uma letargia, sem alegria, sem vitalidade. Você parece estar sendo continuamente explorado e não tem energia alguma para viver. A vida deveria ser radiante, transbordante – mas a verdadeira fonte é o sexo.

A menos que você aceite sua sexualidade, você jamais estará bem com você mesmo, porque sua sexualidade é uma força muito profunda. Você nasce dela, cada célula sua pertence a ela; sua verdadeira energia é sexual. E sempre que você permitir, essa mesma energia se transformará em amor. A mesma energia subirá mais alto e se transformará em emoção. *Uma vez* suprimida, então não há possibilidade de meditação, nem de oração – pois o que será transformado? Você estará sempre com medo.

Acontece todos os dias: as pessoas vêm a mim – no momento em que começam as meditações, sentem um ressurgimento da energia sexual e ficam muito receosas e assustadas, e dizem: "Nunca fomos assim. O que está acontecendo? O que houve de errado? Estamos fazendo alguma coisa errada na meditação? – porque nos sentimos tão sexuais!" Isto deveria ser uma boa e bonita indicação – de que a vida está voltando, surgindo outra vez, fluindo outra vez pelas fontes que estavam congeladas!

É claro, o sexo será o centro básico a ser atingido primeiro, porque você o havia reprimido. Ele está se desenrolando: como se fosse uma mola comprimida sob um peso – agora que o peso é removido, a mola salta. E isto é lindo! Isto mostra que a meditação *está* funcionando.

Mas você queria diferente: você queria que a meditação suprimisse o sexo. Então você veio à pessoa errada. Vá aos velhos envenenadores então, aos velhos negadores da vida – eles lhe darão meditações para que você possa suprimir ainda mais. Mas você permanecerá dividido e estará sempre em discordância, e a harmonia máxima jamais será possível.

Estou tentando criar uma unidade dentro de você, de forma que a parte reprimida seja novamente aceita, novamente reabsorvida no ser total, porque sem ela você não poderá prosseguir. O sexo é suas pernas – as mais baixas, sim, eu sei –, mas sem as pernas, sua cabeça não pode andar. A parte mais baixa, eu sei, porém a mais alta depende da mais baixa. Se a mais baixa estiver se movendo, a mais alta logo se moverá também; com o sexo, logo o amor despontará. E quando o amor surge, o sexo desaparece – porque a mesma energia se torna amor. Então, pela primeira vez, o real *brahmacharya*, a virgindade autêntica, acontece a você.

O sexo simplesmente desaparece – torna-se amor. E então o amor eleva-se mais alto, torna-se oração; e o amor também desaparece, pois tornou-se oração. E a oração é o ápice. Na oração você está realizado. Mas você tem que começar da própria base, do natural. Do natural para o sobrenatural, mas *nunca* contra o natural.

Quando foi descoberto que, tendo usado muletas por muitas gerações, poucas pessoas, de fato, podiam andar sem elas, a maioria "provou" que elas eram necessárias. "Aqui" – disseram –, "está um homem – tentem fazê-lo andar sem muletas. Veem? – ele não consegue!".

"Mas nós estamos andando sem muletas", lembraram os que andavam normalmente.

"Isto não é verdade; é meramente uma fantasia de vocês", disseram os aleijados, porque a essa altura eles estavam também ficando cegos – cegos porque não podiam ver.

Eu tenho dito às pessoas: aceitem sua natureza e a própria aceitação se torna uma profunda transformação, vocês serão transfigurados. Às vezes, velhos sannyasins vêm a mim, sannyasins tradicionais, pertencentes à fé jainista, budista ou hindu; eles me ouvem e dizem: "Não é possível! Temos reprimido o sexo e ele não desapareceu – e você diz para aceitá-lo que ele desaparecerá?". A lógica deles aparentemente é clara. Eles dizem: "Temos reprimido e lutado por toda a nossa vida e ele não desapareceu. E vem você e diz: Não o reprima. Aceite-o e ele ir-se-á.

A lógica deles é clara. Eles dizem: "Como ele pode nos abandonar sem combate, quando não o fez com tanta luta?". E dizem: "Não, não é possível! Nós tentamos e ele não se moveu um milímetro sequer. E colocamos toda a nossa vida em jogo! E agora você ensina uma coisa tão simples. Será que somos tolos? Não vai funcionar".

E eu lhe digo: "Olhem para mim: ele já se foi!". E isto é o que – quer digam ou não – eles sentem: "Deve ser fantasia sua. Você deve ter estado imaginando... *Isto não é verdade; é meramente uma fantasia sua".*

O ego é difícil de morrer.

E eles não podem ver. Eu lhes digo: "Fiquem comigo, vejam-me, observem-me – tudo o que vocês estão procurando aconteceu".

Eles dizem: "Deve ser uma fantasia sua. A realização não é possível nesta e era nesta época. Está escrito nas escrituras que ninguém pode obter Iluminação durante a Kali-Yuga; nesta era da tecnologia, ninguém pode se iluminar. Então, como é que você pode se tornar um Iluminado?"

Eu respondo: "Olhem-me, observem-me fiquem; próximos e íntimos e sintam". Eles não estão prontos para isto. As escrituras deles dizem algo diferente; logo, devo estar me iludindo, estar num sonho, fantasiando.

E isso não acontece se comigo – sempre foi assim. Quando Buda se iluminou, as mesmas pessoas vieram a ele e disseram: "Não, não é possível. *Não* é possível! Como você pode se tornar Iluminado? Milhões de vidas são necessárias para isso, está escrito nas escrituras. E o que fez você? Que disciplinas? Que *tapascharya*? Que ioga você seguiu? Sentado sob a Bodhi Tree, de repente você declara que se tornou Iluminado! Que prova você nos dá? Você deve estar fantasiando". Eles não tomaram conhecimento de muitas pessoas Iluminadas. As escrituras hindus jamais mencionam Mahavira, porque eles nunca acreditaram que ele tivesse se Iluminado. O ego é difícil de morrer.

E quando você vive num mundo de plástico, artificial, forçado, de alguma forma disciplinado, imposto, pouco a pouco você se torna cego também – porque quando você não usa os olhos, eles perdem a capacidade de ver. E um homem de preconceitos evita usar seus olhos, porque, quem sabe? – o fato pode não provar seu preconceito. Assim, ele evita; ele não olhará. Ou, se olhar, interpretará de tal maneira que o fato já não estará mais ali; ele criou uma ficção em torno dele.

As pessoas que têm muito preconceito... e todas as pessoas têm. Alguém é hindu, alguém é muçulmano, alguém é cristão – elas são todas pessoas preconceituosas. Sem saber, já decidiram o que é verdade. Sem experimentar, já chegaram às conclusões. Elas evitam olhar diretamente. E quando você evita continuamente, é claro que perde a capacidade de ver, você fica cego.

"Isto não é verdade; é meramente uma fantasia de vocês", disseram os aleijados, porque a essa altura eles estavam também ficando cegos – cegos porque não podiam ver.

Se você quiser ver, precisará morrer para o seu ego – pois esse ego não lhe permitirá ver ou ser natural, não permitirá ao fato vir à tona.

Morra para o ego.

Morra para o passado.

E o provérbio Sufi está correto: "Você nada pode ter de mim antes que você morra".

Morra! É difícil, mas é o único caminho.

Você nada pode ter de mim antes que você morra.

Capítulo 4

Direto à Liberdade

Um homem veio ao grande professor Bahaudin e pediu ajuda para seus problemas e orientação no caminho da Doutrina.

Bahaudin lhe disse para abandonar os estudos espirituais e retirar-se de sua corte imediatamente.

Um visitante de bom coração começou a argumentar com Bahaudin.

"Você terá uma demonstração", disse o sábio.

Nesse momento um pássaro voou para dentro da sala, debatendo-se aqui e ali, sem saber para onde ir, a fim de escapar.

O Sufi esperou até que o pássaro pousasse perto da única janela aberta da sala e, de repente, bateu palmas.

Assustado, o pássaro voou pela abertura da janela, direto à liberdade.

Então Bahaudin disse:

"Para ele, este som deve ter sido algo assim como um choque, até mesmo uma agressão, você não concorda?"

HÁ uma velha história: existe um templo muito antigo na Tailândia, e a lenda diz que, no início da Criação, Deus ficou muito zangado com um anjo. O anjo havia cometido alguma desobediência, e tinha sido algo tão grave que Deus o jogou na Terra e lhe disse que deveria viver como uma serpente invisível nesse templo antigo.

O templo tem uma torre com cem degraus, e todo peregrino que chega ao templo tem que ir à torre – isso é parte da peregrinação. E Deus disse ao anjo: "Você terá que viver no primeiro degrau da torre e precisará acompanhar cada peregrino que chegar". Na Tailândia eles dividem a consciência humana em cem degraus, e a serpente seria capaz de acompanhar o peregrino somente até o ponto onde a consciência dele existisse. Se ele tivesse chegado até o vigésimo degrau de consciência, então a serpente o seguiria até o vigésimo; se fosse até o quinquagésimo, então, ao quinquagésimo. E Deus disse: "Se você conseguir chegar ao último degrau três vezes, estará livre do seu pecado".

A lenda conta que, até agora, só uma vez a serpente conseguiu atingir o centésimo degrau.

Pelo menos dez mil peregrinos vêm todos os dias ao antigo templo. Milênios se passaram – peregrinos e mais peregrinos. E a serpente precisa seguir cada um. Às vezes, raramente, ela consegue chegar até o vigésimo quinto degrau; mas muito, muito raramente, ao quinquagésimo, e apenas uma vez chegou ao centésimo. E retorna outra vez ao primeiro degrau. E agora, até mesmo a serpente está muito, muito deprimida – parece não haver esperanças. Apenas uma vez, até agora... e três vezes ela precisa chegar ao centésimo, somente então será libertada do pecado.

A lenda é muito bonita, e diz muitas coisas. Uma: entre milhões de pessoas, acontece apenas uma vez de alguém se iluminar. Tornar-se um Iluminado é difícil, mas existe uma dificuldade ainda maior, a respeito da qual eu gostaria de lhe falar. Entre milhões, uma pessoa se torna Iluminada, e entre milhares de pessoas Iluminadas, uma se torna Mestre. E tornar-se um Mestre é quase impossível. Para vir a ser um Iluminado, você precisa trabalhar consigo mesmo, com suas barreiras e dificuldades – mas com as suas próprias. Para transformar-se em Mestre, você precisa trabalhar com as barreiras e dificuldades dos outros. Trabalhar consigo mesmo é tão difícil. Trabalhar com os outros é quase impossível.

Muitos Budas existiram, mas só de vez em quando um Buda se torna um Mestre. O nome de Gautama, o Buda, é famoso justamente pelo fato de ele ser um Mestre. Milhões de Budas o precederam, mas não eram Mestres.

Aconteceu: Um dia alguém perguntou a Buda: "Você tem quase cinquenta mil sannyasins à sua volta – quantos deles se tornaram como você?" Dizem que Buda respondeu que havia muitos. Mas o inquiridor estava intrigado, e disse: "Se tantos deles ficaram como você, como é que ninguém sabe a respeito deles?"

Buda respondeu: "Eles se tornaram Iluminados, mas não são Mestres. São como eu, estão no mesmo plano de ser – isso é uma coisa. Mas persuadir alguém a elevar sua consciência ao mesmo plano é uma arte difícil".

É quase impossível persuadir o outro em direção a picos mais altos de existência, porque o outro criará toda sorte de resistência. E quanto mais você tentar ajudá-lo a subir, mais o ego dele estará ali para resistir. E o ego vai gostar muito de cair cada vez mais. O ego será o inimigo. E o outro está identificado com seu próprio ego, pensa que é o ego. Por isso, quando um Mestre tenta transformá-lo ou ajudá-lo, você cria toda sorte de barreiras para não ser ajudado.

Professores existem muitos; Mestres, muito poucos.

Os professores são muito baratos; você pode obtê-los a uma rúpia a dúzia – porque ser um professor não é nada. Você precisa de um pouco de capacidade intelectual para entender as coisas, um pouco de capacidade para explicar as coisas – se você for um tanto capaz, poderá se tornar um professor. As escrituras estão aí, você pode memorizá-las. Com um pouco de prática, você poderá atingir uma certa penetração lógica nas coisas. Poderá fazer as pessoas se calarem, poderá provar coisas. E muitas ficarão atraídas, porque as pessoas vivem em seus centros intelectuais, em suas cabeças.

Um professor é uma pessoa orientada racionalmente, mais racional do que você. Ele pode impressioná-lo, mas essa impressão não o levará a parte alguma; você vai ficar no mesmo lugar. Ele próprio não está em parte alguma. Um professor é alguém que ensina sem saber o que está ensinando, que fala de coisas que não conheceu, de mundos sem qualquer experiência. Ele não saboreou coisa alguma do Desconhecido. Ele pode ter experimentado muitas coisas dos Vedas, do Alcorão, da Bíblia e dos Upanixades; pode ter reunido muitos conhecimentos, mas não tem sabedoria alguma. Mas você consegue se adaptar a um professor muito facilmente, porque ele é do mesmo tipo, pertence ao mesmo nível de ser que você, ao mesmo plano. Os professores se tornaram por demais influentes; eles dirigem grandes movimentos, milhões são atraídos por eles – porque falam a mesma linguagem que *você* pode entender.

Os Mestres não podem liderar grandes movimentos – é quase impossível. Aliás, quando eles se tornam conhecidos, já não estão mais aqui; quando as pessoas começam a ouvir falar deles, eles já se foram. Então são venerados por milhares de anos, mas essa veneração não ajuda muito. Ser tocado por um Mestre é difícil, porque isso significa morrer para o seu próprio ego. Permitir que um Mestre trabalhe em você é algo muito corajoso: você abre seu coração, fica vulnerável; e ninguém sabe para onde ele o está levando – você precisa confiar. A lógica não ajuda, apenas o amor, e o amor é raro. Todo mundo é lógico; quem é amoroso? Todos têm um intelecto astuto, mas quem tem um coração confiante?

Essa é a primeira coisa a ser compreendida antes de entrarmos nesta história.

Os Sufis não acreditam em ensinamentos e em professores. Esse homem, Bahaudin, é um dos grandes Mestres. O Mestre não ensina, ele demonstra; todo o seu ser é uma demonstração. Ele abre novas dimensões e o convida a olhar através dessas novas dimensões, novas vistas, novas janelas. Ele demonstra, não ensina. E mesmo se ensina, é apenas para persuadir seu intelecto a vir à *sua* janela, de onde as coisas têm uma visão totalmente diferente.

E o Mestre precisa ser hábil na maior das artes: a arte do coração humano – porque os problemas são sutis, muito complicados e complexos.

Por exemplo: alguém vem a mim, está pronto a dar o salto – *ele* pensa que está pronto para isso, mas não está. E eu vejo que este não é o momento propício para ele: se saltar, vai se perder. Tenho que persuadi-lo a esperar, que convencê-lo a esperar pelo momento propício, que distrair sua mente, que lhe dar alguma outra ocupação, para que ele se esqueça, pelo menos no presente, do salto final. Ele estará pronto um dia – e cada coisa vem na hora certa.

Você não pode forçar um fenômeno como o da Iluminação, não pode manipulá-lo. Você tem que esperar por ele: ele vem quando vem, por si só. Na verdade, não há meio de forçá-lo, não se pode controlá-lo. Tudo o que você tem a fazer é aprender como esperar com amor – como esperar, como confiar. Acontecerá quando o momento certo chegar.

Alguém vem e diz que está pronto. Ele *pensa* que está pronto, mas eu vejo que não está. Assim, precisa distrair sua mente, dar-lhe algo com o que brincar, para que o tempo passe e ele se torne amadurecido. Ele pensa que está pronto. Não é realmente o pensamento:

é o ego. Ele diz: "Ajude-me, agora mesmo". E há um outro alguém que pensa que não está pronto – o pensar não é de muita valia no mundo do mais íntimo. Alguém está ali, que não está pronto e pensa que está. E um outro, que está pronto e pensa que não está. Eu preciso persuadi-lo, aliás, seduzi-lo a dar o salto. Ele hesita, tem medo, diz que não está pronto. "O que você está fazendo? Por que está me forçando? Por que está me empurrando?". Mas eu sei que ele está pronto – e se este momento se perder, poderá levar anos até que outro momento venha de novo, poderá levar muitas vidas.

Num certo ponto, a existência inteira está pronta a aceitá-lo, mas você hesita. Este momento poderá não estar aí outra vez tão cedo. Talvez passe uma vida, ou muitas vidas, e então um momento virá outra vez. Tenho que observar. Não o ouço e não posso fazê-lo; preciso continuar fazendo minhas próprias coisas. Não posso ouvi--lo, porque você não sabe o que está dizendo. Você não sabe o que está lhe acontecendo, você está confuso. Se eu o ouvir, não lhe serei de nenhuma ajuda. Tenho que ir por mim e criar um sentimento em você de que o estou ouvindo; e tenho que continuar a persuadi-lo de que tudo está sendo feito de acordo com você.

Algumas vezes vejo que será bom para você parar com todas as meditações porque, com a sua mente, até mesmo a meditação pode significar um esforço e *ela* pode se tornar a barreira. Algumas vezes preciso forçá-lo à meditação, contra você mesmo, porque a menos que haja um certo esforço, em você, uma tensão, a transformação não será possível. A arte é muito sutil. Você precisa de uma certa tensão – assim como ela é necessária quando a flecha é colocada num arco, pois caso contrário a flecha não será atirada. Mas tensão em excesso também pode quebrar o arco.

A meditação é necessária, com esforço vigoroso, mas você não sabe onde começar e onde terminar – isso eu tenho que vigiar. Por isso, algumas vezes direi a você: "Pare com as meditações", e você não poderá compreender, porque estou sempre ensinando: "Medite!". E, às vezes, tenho que dizer: "Pratique meditações, e você também não pode compreender, porque sempre ensino que nenhum esforço é necessário – ela virá quando tiver de vir, é um acontecimento.

Tente entender minha situação. É preciso trabalhar com muitos, assim estarei fazendo muitas declarações contraditórias. Direi algo para um e justamente o oposto para outro – porque ambos são diferentes. Por isso, tudo o que eu disser, é pessoal. Quando me dirijo a você, é só a você e a mais ninguém. E quando falo algo para você, não só é pessoal como também momentâneo – porque amanhã você terá mudado e então outra coisa será dita. É uma resposta contínua, viva.

Um professor é morto, tem um ensinamento morto. Ele não se incomoda com você, você não tem importância. Ele tem um ensinamento e continua assim. Ele está mais focalizado no que ensina e menos em você – na verdade, nem um pouco focalizado em você. Um professor é um louco – o ensinamento é importante: o ensinamento existe, não para o homem; o homem é que existe para o ensinamento, para a doutrina. Mas, para um Mestre, os ensinamentos são brinquedos. As doutrinas são boas se ajudam, e ruins se não ajudam. E algumas vezes elas ajudam e outras não. Para alguns, elas se tornam uma ponte; para outros, barreiras. A pessoa é importante.

Para um Mestre, a pessoa é a medida de todas as coisas – individual, pessoal; não os homens, os seres humanos, a humanidade, mas *você*, na sua personalidade total, e única. E tudo aquilo que um Mestre diz é endereçado a uma pessoa, é uma carta. Você não pode criar um critério disso, não pode fazer uma generalização disso. Todas as generalizações são falsas – mesmo esta generalização de que todas as generalizações são falsas.

É muito sutil esta arte, precisa ser – pois é um esforço transformar o coração humano, a coisa maior da evolução, o ponto máximo a que chegou a existência.

Um professor continua a lhe dar informações sobre Deus, a Verdade, o céu e o inferno. Um Mestre simplesmente abre seu ser para você, demonstra-lhe o que a Verdade é.

O que estou fazendo aqui? Estou embriagado com a existência – sou um ébrio. E lhe permito chegar mais perto de mim, para se embriagar comigo, para participar. E quanto mais perto você vier, mais bêbado vai ficar. E chega um momento em que o discípulo e o Mestre se sentam silenciosamente – ninguém sabe quem é o discípulo e quem é o Mestre. Eles se aproximaram tanto, como duas chamas que vão ficando mais e mais e mais perto, e num salto súbito as duas se tornam uma.

Para entender um Mestre, você precisa se aproximar. Com um professor, você pode ficar tão distante quanto possível. Não há problema: a aproximação não é necessária, a intimidade não está envolvida. Com um professor, você se mantém descompromissado. Com um Mestre, o compromisso total, o compromisso absolutamente final, é necessário. Este é o significado: "Você nada pode obter de mim, antes que você morra". Esse é o significado desse provérbio Sufi, porque quando você morre, está totalmente comprometido. Agora não há volta, não há ninguém a quem recorrer.

Um compromisso é um ponto sem retorno. Para onde você retornará? Você queimou a casa. Alguém, de mente astuta, gostaria de ficar de longe, não participando, como um observador. Mantendo distância, ele mantém sua casa intacta, porque se algo de errado acontece, ele pode voltar, pode recuar. Mas tudo o que é lindo na vida vem através do compromisso.

No Ocidente, em particular, "compromisso" se tornou uma palavra condenada, uma palavra tabu. No momento em que você ouve "compromisso" fica com medo. Eis por que, no Ocidente, tudo o que é belo *e* profundo está desaparecendo. O amor não é mais possível, apenas o sexo. O sexo é sem envolvimento, mas o amor é um compromisso. O sexo é feito entre dois estranhos, o amor é entre duas pessoas íntimas, não estranhas, que sentem uma afinidade – que não estão ali só para explorar um ao outro, mas para crescer um com o outro. No amor é necessário o compromisso. E sem amor, o sexo se tornará fútil. Ficou assim no Ocidente.

Se você não estiver comprometido, a meditação não será possível. Você poderá permanecer um espectador. Se você quer ser um espectador, então permanecerá na periferia. O comprometimento o leva ao próprio centro das coisas.

Estar com um Mestre é um comprometimento. É a mais alta forma de amor, de meditação e de oração. No Ocidente, só têm existido professores. No Ocidente, "professor" e "mestre" não são duas palavras totalmente diferentes; são sinônimas, significam o mesmo. É por isso que, nesta história, "mestre" está traduzido como "professor". Bahaudin não é um professor, ele é um Mestre. Mas em inglês não há diferença entre Mestre e professor. Em inglês não existe uma palavra como *"guru"* – é um profundo envolvimento com uma pessoa, tão profundo que você fica pronto a morrer por ela.

Amor, meditação, oração, tudo isso são compromissos profundos.

E quem tem medo do comprometimento? O ego é que tem medo do compromisso – porque compromisso significa que agora não há mais volta. A ponte se quebrou e você sente medo. Apenas o futuro, o futuro desconhecido está ali, e não há mais passado. Você se sentirá atordoado. E se olhar nos olhos de um Mestre, se sentirá atordoado – pois ele está vazio; é como um abismo sem fim. Você gostaria de se apegar a algo, porque há perigo; você se perderá para sempre.

Isto é assim! Você não pode se encontrar, a não ser que se perca. E não pode renascer, a não ser que morra. Um Mestre é uma morte e uma vida, uma morte e uma ressurreição.

Agora vamos entrar lentamente nesta história.

Um homem veio ao grande Mestre Bahaudin e pediu ajuda para seus problemas e orientação no caminho da Doutrina.

Bahaudin lhe disse para abandonar os estudos espirituais e retirar-se de sua corte imediatamente.

Parece muito cruel, muito duro. Não combina com o ideal de um Mestre. O homem veio como um buscador, queria ajuda; veio como um mendigo – e não deveria ser do comportamento de Bahaudin dizer: "Abandone os estudos espirituais e saia desta corte imediatamente, agora mesmo!".

Por que Bahaudin o expulsa? Um Mestre existe para ajudar, convida pessoas, saúda quem vem; ele existe para essa finalidade – então por que Bahaudin se comporta assim tão mal? Ninguém espera tal atitude de um Mestre. E o homem pediu apenas alguma ajuda para seus problemas e orientação no Caminho.

Um visitante de bom coração começou a argumentar com Bahaudin.

Um homem bondoso devia estar lá, e disse: "O que é isso? Explique-me por que você se comporta assim. Esse homem não fez nada de errado, é um buscador inocente e você o expulsa – então qual é o propósito de você estar aqui? Ele pede ajuda e você fecha a porta. Ele pede e você é tão duro!".

"Você terá uma demonstração", disse o sábio.

Disse Bahaudin: "Espere! Há coisas que não podem ser explicadas. Espere – você terá uma demonstração". Apenas uma situação pode explicar certas coisas, porque elas se tornam aparentes somente numa situação viva – uma explicação não ajudaria. E como você pode explicar? – porque Bahaudin vê qualquer coisa no buscador que o homem bondoso não consegue ver. Como você pode explicar a luz para um cego? Nenhuma explicação seria suficiente. E tudo que disser vai parecer uma racionalização, vai parecer que você é duro e cruel e que agora está tentando racionalizar seu comportamento. Bahaudin disse: "Espere – você terá uma demonstração".

Nesse momento um pássaro voou para dentro da sala, debatendo-se aqui e ali, sem saber para onde ir, a fim de escapar.

O Sufi esperou até que o pássaro pousasse perto da única janela aberta da sala e, de repente, bateu palmas.

Assustado, o pássaro voou pela abertura da janela, direto à liberdade.

Então Bahaudin disse: "Para ele, este som deve ter sido algo assim como um choque, até mesmo uma agressão, você não concorda?".

Realmente é uma bela situação. Bahaudin está dizendo muitas coisas sem pronunciá-las. Está dizendo: "O homem que se aproximou estava exatamente no limiar da liberdade total. Ele não precisa de qualquer ajuda. A ajuda se tornaria uma escravidão para ele, seria uma carga. Ele não precisa mais de ensinamentos, essa fase passou. Ele está quase pronto para voar para o céu, e não precisa de qualquer treinamento; ele precisava ser empurrado, e foi isso que fiz. Se eu lhe permitisse ficar, não teria sido compaixão. Expulsando-o pela porta e fechando-a é que foi compaixão". Bahaudin está querendo dizer: "Conheço este homem, seu coração está absolutamente pronto. A qualquer momento, o pássaro estará voando – agora sem apego às palavras, sem qualquer ensinamento, sem necessidade de entender o caminho!".

É uma necessidade: numa certa fase do crescimento espiritual, você precisa de ensinamento e tudo o mais, precisa ser ensinado a respeito do caminho, precisa ter certeza dele, precisa de muito treinamento, mas chega uma hora em que a pessoa tem que crescer para além deles. Primeiro tem que aprender muitas coisas, depois desaprender. Primeiro tem que ser ensinada a fazer meditação, depois a jogá-la na lata de lixo. Primeiro a pessoa tem que ser libertada de conceitos, de palavras, e lhe ser ensinado o silêncio. E então chega um momento em que precisa de abandonar também esse silêncio; de outro modo, isto também pode ser uma amarra. Você pode se prender a um pensamento, pode se ligar ao silêncio – porque então o silêncio não é outra coisa senão um pensamento no silêncio. Como você sabe que se tornou silencioso? É outra vez um pensamento. Como você sabe que agora está feliz? É novamente um pensamento. E se existe a felicidade, a sensação de ser feliz e o pensamento, então, em algum lugar, no pano de fundo, deve haver a infelicidade emboscada, esperando, assim como uma sombra.

Primeiro a pessoa precisa largar a infelicidade e depois também a felicidade, caso contrário a própria felicidade se tornará uma prisão. E você é tão habilidoso em criar prisões: você pode criar prisões às custas de qualquer coisa – até de Deus. Do Divino você criou suas cadeias: suas igrejas, templos, mesquitas, *gurudwaras* – do Divino você criou escravidões para si mesmo. Das belas escrituras... os Upanixades são lindos, sua poesia é da maior pureza, mas ninguém lê os Upanixades pela sua poesia. Você lê os Upanixades pela doutrina – eles se tornaram também uma prisão. Como poesia eles são belíssimos, maravilhosos, incomparáveis, não há nada que lhes possa comparar.

Agora mesmo eu estava lendo uma entrevista de J. Krishnamurti, feita por um jornalista. Não acredito que o jornalista pudesse segui-lo no que estava dizendo. Krishnamurti dizia: "Li o Novo Testamento. É uma linda poesia e gostei muito, mas, como escritura, fiquei entediado". E ele está absolutamente certo. Devia-se ler a Bíblia, é realmente uma das maiores obras literárias de todos os tempos. E o Novo Testamento é simplesmente soberbo. Em nenhum lugar você encontra palavras tão fecundas em significado – mas sem sentido, porque no momento em que o sentido entra, a poesia se perde: tornou-se uma doutrina. Com significado, mas sem sentido. Grandeza, beleza, mas não um dogma.

Dos Upanixades, do Novo Testamento, do Alcorão – tanta beleza! Se você pode cantar – lindo! Se você pensa – perde a trilha. Se você consegue cantar o Alcorão, nada é tão bonito. Você já viu alguém recitando o Alcorão? É algo para ser recitado, cantado, apreciado. Você pode dançar, tudo bem, mas não pense nele. No momento em que pensar, nascerá um muçulmano fanático. Se você ama, aprecia, dança, canta, nasce um Sufi. E o Sufi está distante do muçulmano, tão distante quanto possível. Se você canta os Upanixades, nasce um Sufi; se você acredita nos Upanixades, nasce um hindu, um hindu morto, apodrecido até a raiz.

Você é tão perito em criar prisões para você mesmo, que tudo que cai nas suas mãos se torna uma cadeia. Mesmo um Buda, um Jesus, eles vêm libertar você, tentam libertá-lo e finalmente se tornam uma prisão – por causa... por causa de você.

Esse homem que chegou a Bahaudin estava pronto, maduro para cair da árvore. Nem mesmo uma pequena ajuda era necessária. Bahaudin podia ter deixado esse homem sentar-se em sua corte, fazer parte dela, tornar-se um discípulo – isso não teria sido compaixão, e *nenhum* Bahaudin pode permitir isso. Mas, superficialmente, ele parece ser mau; parece que não tem compaixão alguma; um aspirante vem e você fecha a porta em seu rosto. Lembre-se: essa é a diferença entre bondade e compaixão. A bondade é algo que pode ser compreendido na superfície. Mesmo um ignorante, um tolo, um criminoso, um pecador podem ser bons – a bondade é apenas um valor na superfície da mente –, mas um homem ignorante não pode ser compassivo. Não é possível. Essa é uma qualidade que acontece quando o centro foi alcançado. Quando você está centralizado, então acontece a compaixão. E ela nem sempre pode se parecer com a bondade, lembre-se disso; a compaixão pode, algumas vezes, parecer *muito* cruel.

O homem bondoso, o visitante de bom coração, argumentou com Bahaudin: "Que fez você?". Bahaudin enxerga alguma coisa que o homem bom não pode ver. Ele tinha visto o homem bem na beira do abismo. Se fosse atirado, seria libertado. Se fosse aceito... e ele estava pronto, ele tinha vindo buscar uma condição de discípulo. Se tivesse ido a um professor, este teria sido muito bondoso e o teria recebido. Ele o teria iniciado, mas não um Mestre, pois um Mestre existe para ajudá-lo a ser totalmente livre. Se ele dá iniciação, é apenas um degrau, não um fim. No final, eventualmente, ele vai jogá-lo em pleno céu aberto.

Uma vez que você esteja pronto, será jogado a céu aberto. A casa de um Mestre é apenas um lugar de treinamento, onde você se prepara, mas não é o retiro final. É onde você se prepara, e depois o

Mestre o atira nos céus, porque ali é o retiro final, em total liberdade, em *moksha*. Um Mestre é útil apenas no caminho. Diante do templo do Divino ele o deixará de repente. Diante do templo do Divino ele o empurrará para dentro, e se você olhar para trás, não o encontrará mais, ele já não estará lá – porque com o divino você precisa estar só. O trabalho do Mestre está completo.

Mas esse homem já estava no limiar, e não podia sabê-lo. Como você pode saber que está no limiar? Você nunca esteve antes, como a mente pode entender? Esse homem estava no limiar e não sabia; nunca estivera nesse estado antes, como poderia reconhecê-lo? Ele está procurando apoio, sem saber que agora não há necessidade disso. E se lhe fosse permitido sentar-se, muitas outras coisas aconteceriam e poderiam ser perigosas. Sei que se Bahaudin lhe permitisse sentar, esse homem se apaixonaria por Bahaudin – é difícil não se apaixonar por Bahaudin – e esse amor se tornaria uma escravidão. Você é tão hábil, tão eficiente. Assim, é melhor ser duro desde o início. Se apenas por um momento esse homem fosse aceito, ser-lhe-ia difícil deixar Bahaudin. Para ele, não deveria ser permitido nenhum vislumbre do coração de Bahaudin, nem seu amor, nem sua compaixão. Bahaudin devia lhe mostrar uma face dura, para que ele jamais pensasse em Bahaudin outra vez.

Isso era o que Gurdjieff estava fazendo com muitos discípulos, e eles não podiam entender, porque no Ocidente é difícil entender. O Oriente tem seus próprios caminhos. Gurdjieff era um Sufi: ele foi ensinado por muitos Mestres Sufis, andou em muitos dos seus monastérios, viveu com muitos deles e tinha a atitude de um Sufi. Mas no Ocidente não existe compreensão; os símbolos Sufis, suas demonstrações, não têm significado.

Eu estava lendo um livro escrito por uma discípula de Gurdjieff – uma mulher, uma musicista talentosa – e ela escreve que Gurdjieff estava zangado com alguma coisa que ela havia feito e que tinha sido avisada para não fazer. Ele estava muito zangado e lhe disse: "Isso é o fim – não volte nunca mais e nunca mais venha me ver". Naturalmente a mulher o deixou, mas deixou como uma ocidental, e por isso não entendeu. Pensou: "Esse homem não é ainda Iluminado; de outro modo, por que está tão zangado?". Você julga de acordo com seu critério. "Por que ele está tão zangado? Por uma coisa tão simples. Se eu o desobedeci em coisa tão simples, ele poderia ter-me perdoado! Os grandes Mestres são condescendentes, o perdão personificado. Buda é a própria compaixão, e Jesus perdoa até seus inimigos, os assassinos que o mataram – ele os perdoa! E eu não fiz nada parecido com isto. Apenas uma coisinha que ele disse e eu não segui – isso não me parece razão para ficar tão zangado". E ela tinha vivido quase vinte anos com Gurdjieff; uma discípula de vinte anos ali, simplesmente expulsa, de portas fechadas... E Gurdjieff disse: "Nunca mais venha me ver. Se quiser me ver, só depois de morto". O ego ficou ferido e ela nunca mais foi ver Gurdjieff outra vez; só foi quando ele morreu – mas ela não entendeu.

O que Gurdjieff estava dizendo? Se isto tivesse acontecido no Oriente, através de uma disciplina interna muito longa ... uma disciplina interna de muitas pessoas... teria sido totalmente diferente. O que estava Gurdjieff de fato dizendo? Estava dizendo: "Ou você vem me ver morta ou vem me ver quando eu morrer; caso contrário, não tem sentido". Mas isso estava implícito. Assim, ela esperou por mais vinte anos, quando Gurdjieff morreu, para então prestar sua homenagem. Ela própria poderia estar morta. Esta era a situação. Gurdjieff não estava zangado porque ela havia desobedecido; essa atitude de zanga estava criando uma situação; essa desobediência era apenas uma desculpa. Ele teria ficado zangado se ela tivesse obedecido ou desobedecido, isso era irrelevante. Teria achado um outro motivo e teria ficado zangado. Isso era necessário: um rosto duro, zangado, porque uma pessoa que viveu com ele por vinte anos não deveria ter-se deixado enganar pelas aparências, deveria ser capaz de penetrar mais profundamente, olhando o coração. E no coração, Gurdjieff era muito compassivo, muito amoroso, mas tinha uma concha muito dura em sua volta.

Essa mulher que foi expulsa, se tivesse uma atitude ocidental... nós não sabemos, a história nada fala a respeito e o que aconteceu, mas será bom saber, na verdade, o que teria sido possível. Se ela tivesse uma atitude ocidental – uma atitude ocidental quer dizer uma atitude egotista – se ela pensasse ter sido expulsa porque não tinha merecimento, se seu ego estivesse ferido, ela se enganaria. Mas se ela tivesse uma atitude oriental: se o Mestre está zangado, é porque deve haver compaixão nisso, de outro modo, por que haveria ele de estar zangado? Se o Mestre fechou a porta, deve haver algum sentido nisso, porque fechando uma porta, alguma outra foi aberta. Se o Mestre disse para abandonar todo estudo espiritual e sair imediatamente do seu convívio, nenhum momento sequer deve ser perdido; significa que há alguma urgência em deixar todos os estudos espirituais, o caminho espiritual, a busca, tudo; há uma urgência. Se a atitude fosse do oriental, aquela de um discípulo, de uma pessoa humilde, de alguém que está pronto a morrer, essa mulher teria se tornado Iluminada – justo naquela porta, naquele momento. Mas isso depende. Não depende só do Mestre; também depende do discípulo. É uma cooperação sutil, a harmonia mais sutil que há.

Um visitante de bom coração começou a argumentar com Bahaudin.
"Você terá uma demonstração", disse o sábio.
Nesse momento um pássaro voou para dentro da sala...

E a cada momento os pássaros estão voando para dentro da sala, porque a cada momento as situações estão entrando no ambiente. As situações nunca faltam. Se você tem o toque do Mestre, a chave do Mestre, tudo se torna uma situação. Você pode transformar tudo em uma oportunidade – ela se torna uma demonstração. Um pássaro voou para dentro. E como acontece não só com os pássaros, mas com você também, como acontece com todos os tipos de mente... Você deve ter observado algumas vezes: um pássaro entra na sala – se ele entrou pela janela, deve saber por onde entrou, mas no momento em que entra, ele se esquece da janela; então se debate aqui e ali. Ele parece muito tolo, porque entrou e sabia; por que não volta pela mesma janela? Por que se debater aqui e ali? E quanto mais agitado e assustado o pássaro fica, mais a lembrança da entrada se perde. Então acontece um milagre: o pássaro voará para todas as paredes, baterá a cabeça, mas não se dirigirá à janela. Não ria do pássaro. Ele é um coitado – pobre pássaro! Mas o seu caso é o mesmo.

Todos os dias eu me encontro com pessoas que sabem como entrar numa situação, mas não sabem como sair. Você entra num casamento, depois é difícil – como sair? Você conhece a janela – como é que entrou, em primeiro lugar? –, então por que não voltar atrás? Desiludido, você quer sair. Por que é tão complicado? Por que você não pode entender a coisa e sair? É muito fácil entrar num casamento; é muito, muitíssimo difícil sair. Todo mundo sabe como entrar e ninguém sabe como sair. E você fica zangado – mas nunca vai a alguém perguntar como ficar zangado – e então vem a mim e pergunta: "Como deixar de ficar zangado?". Mas como é que você entrou? O mesmo fenômeno acontece: o pássaro sabe como entrar na sala e se esquece completamente...

Parece que em algum lugar na mente existe um mecanismo que engana; de outro modo, por que existe o problema? É tão claro. A janela está aberta, o pássaro entrou – saia pela mesma janela! Mas parece que existe uma ideia na mente, em algum lugar no inconsciente, de que é necessário entrar por um caminho e sair por outro diferente. Esse é o problema. Você fica ansioso e então pergunta como sair. Você está angustiado e então quer saber como sair disso. Mas como entrou nessa?

Aconteceu: Mulla Nasrudin estava andando com seu filho e a criança viu um ovo esquisito ao lado da estrada. E como as crianças perguntam, ela perguntou ao pai: "Eu sempre quis saber, como é que os pássaros entram nos ovos?".

Mulla Nasrudin respondeu: "Eu também fico curioso – mas eu queria saber como eles saem deles. E eu não sei a resposta. Tenho sempre pensado, por toda a minha vida, e agora você criou uma nova questão. Eu ainda não encontrei resposta para como eles saem do ovo e agora você criou um novo problema: como é que eles entram".

Em algum lugar, no inconsciente, a mente tem um mecanismo profundo. Ela sente que deve existir dois caminhos; como entrar e como sair. Não, não existem dois caminhos. É o mesmo: pela mesma porta você entra e pela mesma porta você sai. E se compreender como entrou, poderá compreender como sair. Assim, quando você ficar zangado, apenas preste atenção como está entrando nisso. Passo a passo, devagar, preste atenção – e, de repente, ficará iluminado! Vai sentir uma luz súbita e essa é a maneira como você tem que recuar.

O pássaro entrou.

Nesse momento – quando Bahaudin disse: "Vou demonstrar imediatamente" – um pássaro voou para dentro da sala, debatendo-se aqui e ali, sem saber para onde ir, a fim de escapar.

Essa é a situação de todos. Você entrou na vida. Agora está se debatendo aqui e ali, sem saber como escapar, para onde escapar.

Todas as técnicas de meditação nada mais são do que auxílios para fazê-lo consciente de como entrou. Isso é recuar. Quando sua mente se tornar silenciosa, você será capaz de recuar. Você pode reviver todo o filme para trás, pode recuar até a infância e depois recuar até o útero materno. E então chega um momento em que você vê a primeira coisa: como entrou no útero. Seu pai e sua mãe apenas criaram uma situação, e nessa situação, você entrou. A janela estava aberta – você entrou. E é a mesma para sair. Meditações mais profundas vão lhe revelar todo o seu passado, não só desta vida, como de outras também. Buda fala de suas muitas vidas: como foi um elefante e como morreu, como se tornou uma lebre e como morreu, e como se tornou um leão e como morreu, e ele conta como se tornou Sidarta.

Recuando para trás, você chega à verdadeira porta pela qual entrou na existência, e essa é a porta pela qual você pode voar para fora. Mas vai ser preciso ter uma mente muito, muito silenciosa, alerta, atenta e inteligente.

O Sufi esperou até que o pássaro pousasse...

Em histórias como esta, cada palavra é significativa.

O Sufi esperou até que o pássaro pousasse...

Você não pode ajudar um pássaro a sair enquanto ele próprio está tentando achar a saída., você não consegue. Sua ajuda vai ser mais uma perturbação para ele, vai deixá-lo mais perturbado e tonto. Ele perderá toda a consciência, se você tentar ajudá-lo nesse momento. E é assim que eu preciso vigiar. Muitas vezes você vem a mim e está tão instável, tão confuso, que se eu começar a ajudá-lo imediatamente, isto vai confundi-lo mais. Tenho que esperar – quando você se acalma, a confusão se assenta um pouco e as coisas caem de volta no inconsciente.

Vindo a mim, todos se tornam instáveis. Preciso ser assim – hum? – porque você está entrando num novo estilo de vida totalmente diferente. É como se uma casa estivesse fechada por muitos anos e então você abre a porta. Durante anos a poeira se acumulou na casa; você entra pela porta e a poeira é agitada, tudo fica nebuloso e confuso. Quando você vem a mim, abre uma porta na sua própria casa, a qual você fechou por muitos anos ou muitas vidas; muita poeira se ajuntou ali. Quando você abre a porta e um novo vento começa a soprar, tudo fica agitado. Todos que vêm a mim ficam confusos, mais confusos do que nunca. Mas isso é natural.

E nessa confusão, se você escapar de mim, terá fugido de uma situação muito poderosa. Muitos escapam, pensam que por minha causa ficaram desorientados. Não. Por minha causa, entraram em seu próprio inconsciente. Claro, a poeira foi levantada, a mente ficou nebulosa, a pessoa não sabe onde está nem o que é. A velha identidade é perdida. Um estado febril e trêmulo – e você deseja que eu o ajude imediatamente: naturalmente você imagina que precisa de auxílio imediato. Mas se eu fizer alguma coisa nesse momento, isso vai agitar mais poeira em você. Terei que adiar um pouco. Eu o consolarei, mas nada farei. Vou lhe prometer, mas nada farei. Preciso ser mentiroso muitas vezes – por sua causa –, de outro modo você não será capaz de compreender. Só posso ajudá-lo quando o pássaro tiver pousado, só então alguma coisa pode ser feita. Agora o pássaro fica numa situação onde algo pode ajudar.

O Sufi esperou até que o pássaro pousasse perto da única janela aberta da sala e, de repente, bateu palmas.

O pássaro pousou perto da janela. Agora ele não está tão desesperado para sair; quando você fica muito desesperado pela Iluminação, ela não é possível; quando você fica obcecado pela meditação, ela não acontece. Quando você para um pouco, tudo se torna possível. Quando você tem febre, a primeira coisa a fazer é tirá-lo desse estado. Enquanto isso, nada pode ser feito. Nenhum outro treinamento, ou disciplina é possível nesse momento.

Por isso, quando as pessoas vêm a mim, eu lhes digo: "Descansem alguns dias, acomodem-se, sintam-se em casa", então – *então* eu posso bater palmas. O Sufi – que fez ele? – de repente bateu palmas. Temeroso, assustado, chocado, o pássaro voou para fora da janela.

Assustado, o pássaro voou pela abertura da janela, direto à liberdade.

Então Bahaudin disse: "Para ele, este som deve ter sido algo assim como um choque, até mesmo uma agressão, você não concorda?".

Ele perguntou ao homem bondoso: "Qual é a atitude do pássaro? Minhas palmas devem ter sido um choque, mas esse era o único jeito de ajudá-lo. Foi duro, deve ter sido uma agressão, mas somente através dela o pássaro encontrou a liberdade. Agora ele está bem alto, no céu, voando. *Agora* ele vai se sentir grato a mim; mas quando eu bati palmas ele deve ter ficado zangado, deve ter pensado que sou áspero, um inimigo até. O pássaro estava com medo, mas agora, quando está voando e desfrutando o céu outra vez, totalmente livre, agora ele fica agradecido a mim, agora pode se sentir grato".

Muitas vezes irei feri-lo. Muitas vezes eu já o feri e muitas vezes você ficará chocado. Muitas vezes você verá em mim o inimigo, não o amigo. Mas é assim – é natural. Não espero outra coisa agora, não lhe é possível. Mas quando você estiver voando pelos céus infinitos, então entenderá essas dores que eu precisei lhe causar. Não foi porque eu era duro: foi a única forma de ajudá-lo, e só então você se sentirá grato.

Aconteceu que em um monastério Zen, na China, um Mestre estava celebrando o dia da Iluminação de seu próprio Mestre. Este já havia falecido. Na China, um discípulo celebra o dia da Iluminação do seu Mestre só se ele próprio for um iniciado; caso contrário, não. O povo das aldeias vizinhas se juntou e perguntou ao Mestre o que ele estava celebrando: "Por que está festejando? Nunca soubemos que você havia sido aceito pelo seu Mestre ou mesmo que foi iniciado. Pelo contrário, os rumores dizem que quando você pediu para ser iniciado, ele o rejeitou e o mandou embora. Portanto, por que está celebrando?"

O Mestre sorriu e disse: "Porque ele me rejeitou – por isso. Sua rejeição foi a iniciação, mas naquele tempo eu não pude compreendê-lo. Se ele tivesse me aceito, eu não me iluminaria tão cedo. Ele me rejeitou por profunda compaixão, e sua própria rejeição foi a iniciação; na sua própria rejeição ele me aceitou. Ele disse: Você não precisa disso – vá embora, o mais longe possível de mim, pois, caso contrário, você vai fazer de mim uma prisão. E quando ele me rejeitou, fiquei muito sentido, e carreguei essa ferida por muitos anos. E era tão dolorosa que jamais procurei outro Mestre. Fiquei com tanto medo! Simplesmente me retirei para a floresta e comecei a viver por mim, porque se um homem tão caridoso me havia rejeitado, quem poderia me aceitar? Esse era o último abrigo, e as portas tinham-se fechado. Agora não havia mais refúgio para mim.

Sentindo-me indigno, ferido, magoado, andei. Nunca tentei, nunca bati na porta de qualquer outro Mestre. Fiquei tão medroso! Mas sentando-me em silêncio, sem nada fazer – porque eu não sabia o que fazer: o Mestre me havia rejeitado, não me havia dado qualquer método, qualquer técnica, nada –, sentindo-me só, permanecendo só, no início era triste, era negativo. No começo, sentia continuamente a rejeição. Mas, aos poucos, sentando-me em silêncio, a rejeição desapareceu, a tristeza sumiu, pois, por quanto tempo você consegue ficar triste? Isso vem e vai. Devagar, a solidão desapareceu; eu me tornei solitário. E, aos poucos, comecei a sentir que talvez o Mestre tivesse me recusado só para me atirar na minha solitude lá na floresta. Talvez tivesse dito que não era preciso nenhum método – você simplesmente senta-se em silêncio –, talvez me rejeitasse para que eu não me apegasse a ele. Aos poucos, a ferida não mais existia, estava curada. E comecei a ter um profundo sentimento de amor pelo Mestre. E, devagar, o amor se transformou em confiança. E um dia, de súbito, eu descobri e ri alto, bem alto, porque esse Mestre era algo estranho: ele tinha-me iniciado através de sua rejeição! Eis por que estou celebrando o dia da Iluminação dele. Sou seu discípulo, ele me deu iniciação através de sua rejeição – eu fui iniciado, sou seu discípulo. Sou um Iluminado por causa dele, e teria sido muito cruel se ele tivesse me aceito".

Sutis são os caminhos. E você não pode julgar com seu critério tão rude. Seu critério está apenas na superfície.

Assustado, o pássaro voou pela abertura da janela, direto à liberdade.

Então Bahaudin disse: "Para ele, este som deve ter sido algo assim como um choque, até mesmo uma agressão, você não concorda?".

E eu lhe pergunto a mesma coisa: você não concorda?

Se você sente que concordar é difícil, isso significa que o ego está forte. Se você sente que a aceitação chega, flui no seu ser, então o ego não está tão forte. E você nada pode obter de mim, antes que você morra – não concorda?

Capítulo 5

A Verdade Não Está Velada

Um homem veio a Bayazid e disse que havia jejuado e orado durante trinta anos e ainda não havia se aproximado de uma compreensão de Deus.

Bayazid lhe disse que nem mesmo cem anos seriam suficientes. O homem perguntou por quê.

"Porque seu egoísmo age como uma barreira entre você e a verdade", disse Bayazid.

A VERDADE NÃO ESTÁ velada, não está encoberta; está sempre bem em frente dos seus olhos. Se você a perde, não é por causa dela, mas porque seus olhos estão fechados. O véu não está na face da verdade, o véu está em você. E não apenas um – são muitos, milhões de véus.

Se a verdade estivesse encoberta, então um Buda, um Maomé ou um Zaratustra teriam sido suficientes. Uma vez descoberta, todos a teriam conhecido. Seria exatamente como acontece numa descoberta científica – você não tem necessidade de descobri-la outra e outra vez. Albert Einstein descobre algo, e se torna uma propriedade comum. Então, qualquer garoto de escola a conhece. Ela não precisa ser descoberta outra vez; uma vez descoberta, está descoberta.

Mas o que acontece? Um Buda a descobre, Maomé a descobre novamente, e você terá que fazê-lo outra vez. Qual é o problema? O problema é o seguinte: o véu não está na verdade – se fosse esse o caso, apenas uma pessoa a teria desvelado e todos a teriam compreendido– o véu está em você. Assim, cada um tem que desvelá-la por si, e a verdade tem que ser descoberta repetidamente, por cada um de vocês. Ela não pode se tornar uma propriedade comum a todos, não pode ser uma verdade coletiva; ela deve permanecer individual.

Mas por que seus olhos estão fechados? Deve haver uma grande conveniência neles, nesses olhos fechados. E existe, e isto deve ser compreendido. Se é apenas uma questão de abrir os olhos, então por que você não o faz? O que o segura? Quem o está impedindo? A verdade está desnuda, completamente nua. Essa é a natureza da verdade – e você pode chamá-la de Deus – e está exatamente à sua frente, sempre esteve. Mas por que você não abre os olhos? Parece haver uma grande conveniência.

Aconteceu: trouxeram aqui uma mulher. Ela era uma pessoa muito bonita. Seu marido falecera e eles haviam estado casados apenas por três meses, e haviam se amado um ao outro imensamente, contra toda a sociedade e contra todo o mundo. Haviam abandonado tudo pelo amor. E, inesperadamente, o marido falecera. Foi demais para a mulher, pobre mulher. Ela ficou de olhos fechados durante três dias. Não queria abri-los, porque, lá no fundo, ela sabia que se os abrisse... o marido está morto, o cadáver está ali. As pessoas tentaram persuadi-la, fizeram de tudo, mas ela não abria os olhos. E continuava dizendo: "Meu marido não está morto, quem disse que ele está morto?". E não puderam esperar mais tempo: o corpo precisava ser cremado.

No dia em que cremaram o corpo, a mulher abriu os olhos. Mas, então, já havia perdido a capacidade de ver! – uma conveniência profunda demais. Os olhos estavam perfeitamente bem, não havia problemas fisiológicos. Os médicos especialistas estavam confusos, e diziam: "Não há problema! Tudo está perfeitamente normal". Mas ela não conseguia ver. Era como se alguém, detrás dos olhos, houvesse recuado; alguém que, estando por detrás dos olhos e olhando para o mundo, houvesse recuado. Agora a janela estava ali, mas ninguém para olhar através dela.

Durante quatro semanas ela permaneceu psiquicamente cega. E, na sua cegueira, continuava dizendo: "Quem disse que meu marido está morto? Se ele está morto, então onde está seu corpo? Se ele está morto, então *onde* está seu corpo?". Mesmo em sonhos, à noite, subitamente ela começava a dizer: "Quem disse que meu marido está morto?". E ela sabe! Lá no fundo ela sabe que o marido está morto, mas a mente não queria acreditar nisso, a mente queria viver na ilusão. Até mesmo uma ilusão é bonita se o marido estiver vivo, e a realidade não será tão bonita se o marido estiver morto. Eles realmente tinham se amado profundamente.

A mulher foi trazida a mim, eu os havia conhecido antes. E quando veio a mim, ela se comportava como se estivesse completamente cega, alguém precisava ajudá-la. Eu lhe disse: "Seu marido está muito preocupado; ele veio me ver hoje de manhã e está sofrendo muito, porque você não enxerga! – e os médicos especialistas dizem que não há nada de errado com os seus olhos". Eu lhe falei como se seu marido estivesse vivo – e então isso foi demais. De repente ela desabou, caiu no chão, começou a rolar, e disse: "Meu marido está morto. Por que você diz que ele esteve aqui hoje de manhã? Ele está morto!". E sua visão voltou. Repentinamente a sensação de paralisação nos olhos desaparecera – ela podia enxergar.

O que fazer? O que aconteceu? De repente, ela compreendeu um fato que estava negando. Através da negação, havia acontecido uma falsa cegueira. Uma vez aceito o fato de que seu marido estava morto, ela gritou. Eu nunca havia visto alguém gritar daquela maneira. Deve ser o que Janov chama de grito primal. Ela gritou de suas próprias entranhas. Não foi um grito executado por ela, mas um grito que possuía todo o seu ser, todos os seus poros. Todo o corpo-mente entrou num estado vulcânico; todo seu ser tremia. Levou quase meia-hora para ela voltar ao normal. Mas a tempestade havia passado e ela estava silenciosa, e olhou para mim e me agradeceu.

Esse é o problema com todas as pessoas. Você sabe de muitas coisas, mas ainda quer fingir diante delas. E não há possibilidade de vencer a verdade; ninguém pode ser vitorioso. Você ainda pode tentar por muitas vidas mais, como fez antes por tantas vidas até agora, mas *contra* a verdade não existe vitória. A vitória está sempre *com* a verdade. Você pode criar ilusões, pode viver de olhos vendados, num mundo de sonhos, pode viver de olhos fechados, mas isso não faz diferença – seu mundo fictício é fictício, e a verdade está esperando ali. E quanto mais você viver na ficção, mais terá medo de que ela seja despedaçada. Essa é a conveniência.

Por exemplo: você acredita que é alguém. Todo mundo acredita que é alguém especial. E você sabe que isso não é verdade, que isso não pode ser verdade. Bem lá no fundo você compreende o fato de que ninguém *é* alguém. Ninguém é ninguém! Essa crença de ser alguém, o ego, é uma entidade falsa, uma ficção. Você se apega a ela, sabendo muito bem que ela não está ali. Ainda assim, você tem esperança contra a esperança. Você segue fingindo, sempre tentando sustentar uma falsa identidade – por dinheiro, prestígio, poder, conhecimento e disciplinas. Você segue tentando provar que é alguém. Você continua provando que é o centro do mundo, e sabe que isso não é verdade. Como você pode ser o centro do mundo? O mundo já estava aí quando você ainda não era e vai continuar a estar aí quando você não for mais.

Você é apenas uma onda, e as ondas vêm e vão. Só o oceano existe.

Você não tem qualquer centro. Você não pode tê-lo, porque o centro pertence ao Todo; uma parte não pode possuir um centro. Será que minha mão pode ter um centro próprio? Se ela o tem, então ela não é mais uma parte minha – existe independentemente. Será que minha perna pode ter um centro próprio? Então ela não é parte de mim. Então, se eu disser que gostaria de dar uma caminhada, ela poderá não gostar da ideia – ela tem um centro próprio – e poderá dizer: "Não, não estou com vontade, pelo menos desta vez. Você terá que esperar". Estou com fome e gostaria de comer, mas minha mão diz: "Não, estou com sono e não vou me mover". Mas não – quando você sente fome, a mão se move. Mesmo sem qualquer ordem, sem uma ordem específica para ela, a mão se move. Quando você quer caminhar, as pernas simplesmente se movimentam. Você não as comanda, elas simplesmente acompanham! Elas são partes, não existem separadamente. Elas existem numa unidade orgânica.

A pessoa existe como uma parte do Todo, uma parte orgânica. Você não pode ter um centro próprio. Se pensa que pode, está mal orientado. Somente Deus tem o centro, somente o centro do Todo pode dizer: "Eu". Quando *você* diz "Eu", e se também acredita nisso, então está iludido. Se usa o termo apenas como um meio linguístico, então tudo bem, mas se sente que tem um "Eu" dentro de você, então você está vivendo numa ilusão – sabendo muito bem, porque como você pode evitar saber a verdade? Há muitos momentos em que você subitamente fica consciente de que você é apenas uma parte do Todo, uma onda, mas você continua prorrogando essa percepção, adiando o reconhecimento do fato e continua fingindo.

Essa pretensão é a barreira.

Você sabe muito bem que não amou ninguém, nem seu pai, sua mãe, seu marido, esposa, filhos e amigos – não, você não amou ninguém. Você sabe bem disso, mas ainda o evita, e você continua pensando que ama. E pensa que é um grande amante. Se o fosse, você já teria alcançado a verdade. Mesmo que você tivesse amado totalmente uma só pessoa, Deus já teria sido revelado, a Verdade teria sido compreendida em sua total nudez – porque o amor é a morte de todas as pretensões.

Quando você ama alguém, não pode fingir nada que não seja verdadeiro. Quando você ama alguém, você fica completamente desnudo, você se revela. No momento de amor, todas as pretensões caem. E repentinamente você compreende que tudo aquilo que pensou que é, você não é. Algo mais desponta – uma unidade orgânica com o Todo. O eu desaparece e o não eu aparece. Você é, mas agora não separado, não um estranho, mas uma parte do Todo. E não simplesmente uma parte, porque esta pode ser uma parte mecânica, mas uma parte orgânica do Todo.

O que pretendo dizer quando falo em "parte orgânica"? Significa que você não pode existir sem o Todo e o Todo não pode existir sem você. Esta é a beleza da realização do não eu.

Pela primeira vez, quando você não é, seu significado absoluto é compreendido.

Até agora você estava tentando provar que era muito importante e ninguém acreditava nisso, nem você mesmo. Agora você não é. E de repente, nesta casa vazia entra uma harmonia e uma música é ouvida. De súbito, o Todo começa a celebrar o seu não eu. Buda chamou isso de *anatta*, a realização do não eu. E isso é liberdade.

A liberdade não pertence ao eu. A liberdade é sair do eu. Você não está mais ali, eis por que você está livre. Se *você* estiver ali, jamais poderá ser livre. Você é a prisão.

Ouça este cuco... o pássaro não está cantando. A canção está acontecendo, não existe um ego lá dentro, manipulando a canção. Não há ninguém tentando fazer alguma coisa. Está simplesmente acontecendo. No estado do não eu, você cantará uma canção sem que o cantor esteja lá; dançará uma dança, mas o dançarino não estará lá. Você se moverá e viverá, você será extático, mas não haverá ninguém dentro da casa, ela estará totalmente vazia.

E esta e uma realidade. E você sabe agora mesmo que você é uma casa vazia, mas continua fingindo que é alguém. E vai assumindo falsas posturas.

Você não amou, mas continua fingindo que ama – porque se você ama, como pode existir a dor? Se você ama, como pode existir o sofrimento? Se você ama, então por que tanta agonia? Não é coerente. Se você tivesse amado, então seria extático, mas você não é, e continua fingindo. Em nome do amor você fez muitas outras coisas, mas não amou – porque, a não ser que você morra, não pode amar. A não ser que o ego desapareça, o amor não pode florescer.

Então, como você pode orar, se não amou? Mas você finge, vai à mesquita, ao templo, à igreja e finge orar. A quem pensa que está enganando? Você pode estar enganando a si mesmo – então suas orações são como desertos; nada cresce nelas. Mesmo nos desertos alguma coisa cresce, mas suas orações são desertos absolutos. Nada cresce nelas; você continua, e nada surge disto, e você permanece o mesmo. E a vida está fugindo de seus dedos a cada instante, a cada momento você está morrendo, e ainda continua fingindo.

Toda a sua vida se torna uma longa pretensão de coisas que não são. Essas coisas que não são se transformam em véus sobre você. Deus não está oculto. A verdade está aí – bem à sua frente, em sua total nudez. Mas você está escondido, está coberto por muitos véus, e continua a adquirir mais véus – de conhecimento, de estudo, disto e daquilo.

Deixe cair os véus, não finja.

Será difícil. Eis por que digo que você tem uma conveniência na sua cegueira. É uma carga pesada. Será difícil e muito doloroso deixar os fingimentos caírem. Você passará pelo sofrimento, o indivíduo precisa passar; faz parte do crescimento e ninguém pode evitar isso. Se o evita, está evitando seu crescimento; se o evita, então faça você o quiser, nada real poderá sair disso.

Você terá que passar pelo sofrimento da desilusão – lembre-se desta palavra. Você pode viver na ilusão e pode criar também bonitas ilusões, mas se são falsas – podem ser maravilhosas – não vão ajudar. Você pode sonhar belos sonhos, pode se tornar um imperador neles, mas continua sendo um mendigo. Logo a manhã virá e você terá que abrir os olhos. Logo o sono vai passar e os sonhos vão desaparecer.

Então você vai saber que é um mendigo. Os mendigos sempre sonham que são imperadores.

Todas as suas pretensões são sonhos – para falsificar, para enganar, para enganar o fato que está sempre ali, para enganar a verdade que o está sempre rodeando. Mas até quando você fará isso? E o que poderá conseguir com isto?

Passe pelo sofrimento da desilusão – essa é a única disciplina que eu conheço. Você não precisa ficar se torrando ao sol, não precisa se deitar numa cama de espinhos, torturar, nem se tornar um masoquista. Você não tem necessidade de torturar seu corpo, essas coisas são tolas e estúpidas. A única disciplina é ver as coisas como elas são, ver que suas ilusões *são* ilusões. A única disciplina é ser desiludido e deixar cair as esperanças. E nessas esperanças, a esperança de Deus está incluída, a esperança de *moksha*, de libertação, estão incluídas. Nessas esperanças, a esperança de atingir a eternidade está incluída, seu céu, seu paraíso, tudo está incluído. Elas são todas ilusões, extensões do mesmo ego.

A desilusão é o portal – então você pode ser transformado.

Olhe para as coisas na sua realidade, custe o que custar. Se sentir que olhando para as coisas como são, seu ego será despedaçado, deixe-o ser despedaçado – quanto mais cedo, melhor. Se sentir que, ao olhar para o seu ser como ele é, você se sentirá como um animal, sinta-o – eis o que você é. Seu prestígio na sociedade estará em risco, deixe que esteja – porque a sociedade consiste de pessoas exatamente como você, iludidas. Ser respeitado por elas não é honra alguma, ser respeitado por gente que está dormindo, sonhando, não tem valor algum.

Aconteceu que Buda estava falando numa aldeia. Muitas pessoas estavam reunidas – poucos aspirantes; a maioria, apenas curiosos, inquiridores. Um Buda viera: e eles se reuniram para vê-lo e ouvi-lo – não de forma sincera. Buda disse algo, todos aplaudiram, e Buda ficou triste e parou. Ananda, discípulo de Buda, perguntou: "Por que você parou? E por que ficou triste?".

Buda respondeu: "Devo ter dito algo errado, de outro modo como poderiam ter aplaudido? Devo ter dito alguma coisa errada – porque estas pessoas erradas não podem reconhecer a verdade. Seus aplausos mostram que me compreenderam. Devo ter estado errado, senão como poderiam entender?".

Conta-se que Buda havia dito que procurar o respeito de pessoas que são inconscientes é o mesmo que procurar o respeito das pedras – até isso é melhor. Sua identidade social pode ser perdida; você era conhecido como um homem santo e, se revelar sua realidade, as pessoas vão saber que você é exatamente igual a elas – até pior. Sofra isso! É o preço que tem que ser pago.

E lembre-se: só a desilusão pode prepará-lo para o passo seguinte. Aliás, se você está absolutamente desiludido com a vida que tem vivido, com sua maneira de ser, então quase a metade da viagem está feita. Se uma pessoa pode reconhecer uma coisa falsa como falsa, já conseguiu discernimento – e agora está pronta para conhecer a verdade como verdade; o primeiro passo é conhecer o falso como falso. Então o segundo passo se torna automaticamente possível: conhecer a verdade como verdade. A verdade não pode ser conhecida diretamente. Primeiro você precisa saber o que é a inverdade, porque é *onde* você está. E você só pode começar a jornada de onde você está.

Procure, vigie suas pretensões e deixe-as cair. Isso é o que alguém honesto, sincero e autêntico deveria ser – verdadeiro consigo mesmo. E seja qual for o preço, pague-o: ele precisa ser pago. Se você não amou, saiba bem que não amou. E diga a seu amante ou amada que você nunca amou, que seu amor era um processo sutil de exploração, que seu amor não passou de um truque, um truque diplomático para dominar; que seu amor não foi senão uma fachada para seu desejo sexual, que seu amor nada mais era do que uma ambição do ego. Descubra o que é, e deixe que seja do seu conhecimento e dos outros.

Isto é o que um sannyasin deveria fazer: abandonar todas as ilusões, permanecendo verdadeiro ao seu ser, qualquer que seja ele. Então, de repente, muitas coisas se tornam possíveis a você. Uma vez que você seja desvelado, a verdade é desvelada – porque a verdade nunca esteve velada.

Veja este pequeno incidente.

Um homem veio a Bayazid.....

Bayazid de Bistam é um dos grandes Mestres Sufis.

Um homem veio a ele e disse que havia jejuado e orado durante trinta anos e ainda não havia se aproximado de uma compreensão de Deus.

Desde o início, o homem tinha uma atitude errada. Ele deve ter sido um homem calculista e esperto; de outro modo, como pôde contar os momentos de amor e oração? Como pôde dizer: "Estive rezando durante trinta anos"? Esse cálculo revela uma mente comercial. Trinta anos! – ele está contando. Ele devia ser um homem deste mundo: avarento, calculista. Ele se dirigiu para o outro mundo, mas sua atitude permaneceu a mesma: "Jejuei tantos dias, rezei tantas orações – e ainda nada aconteceu?". Na verdade, se você sabe o que é oração, o resultado não importa. A oração é o seu próprio resultado, o valor é intrínseco. Você ora e é suficiente! Pois é felicidade, a oração é êxtase, basta-se a si mesma; nada mais é necessário. Mas quando você não ora, então espera pelo resultado. Então a oração se torna um meio para algum fim – compreensão de Deus, realização de Deus ou qualquer outra coisa. Mas a oração jamais pode se transformar em meio para algum fim. A oração é um fim em si mesma. Tudo o que é lindo – amor, oração, meditação –, todos são fins em si mesmos, não são meios para qualquer outra coisa. E se você os converter em meios, perderá o ponto. Desfrute-os!

É exatamente como quando você sai para um passeio pela manhã e o sol está surgindo, o novo dia está nascendo e a vida renasce outra vez. Saindo da morte da noite, tudo revive: as árvores estão voltando, os pássaros tornando-se vivos, e uma brisa fresca está soprando. Você sai para um passeio matinal e o desfruta. Será que você mantém um diário dizendo: "Tenho caminhado durante trinta anos, pela manhã, e nada aconteceu ainda?". Um passeio matinal é um passeio matinal – o fim em si mesmo, intrínseco. Você o desfrutou! Todo passeio matinal o enriquece. Não o enriquece no futuro, mas agora mesmo.

A vida é sempre dinheiro vivo – não uma nota promissória; ela não promete. A vida é dinheiro vivo: *imediatamente*, aqui e agora, ela lhe dá aquilo que pode dar.

Você se sente feliz, começa a cantar ou a dançar – você conta isso? Você mantém um diário registrando: "Durante trinta anos eu estive dançando e cantando e nenhuma compreensão de Deus me aconteceu"? Você não tem dançado, absolutamente, não é um dançarino de forma alguma. Você pode estar tecnicamente preparado para dançar, mas não é um dançarino. Você pode ser um técnico, mas não é um cantor. E essa é a diferença entre um técnico e um dançarino.

Um dançarino dança! – e, naquele exato momento, tudo é alcançado, porque naquele momento ele está perdido. O ego morre, não há dançarino. A dança existe, mas não há centro para ela. É uma onda no oceano infinito, movendo-se, sendo, dissolvendo-se – ninguém ali dentro para manipular os passos da dança.

Então há um técnico, um dançarino treinado: ele manipula. Por mais perfeita que possa ser sua dança, ela é morta – porque o manipulador está ali. E então ele vai calcular: quanto...

Há uma linda história que gostaria de lhe contar. Aconteceu na vida de um grande músico indiano, Tansen. Ele estava na corte do grande Akbar – e ele é incomparável. Uma vez, Akbar lhe perguntou: "Não consigo imaginar que alguém possa superá-lo. Parece quase impossível – você parece ser a última palavra. Mas sempre que penso nisso, uma ideia me vem à mente, que você deve ter sido discípulo de um Mestre, que o ensinou, e – quem sabe? – talvez ele o supere. Quem é seu Mestre? Ele está vivo ainda? Se estiver vivo, convide-o para vir à corte."

Tansen respondeu: "Ele está vivo, mas não pode ser convidado para a corte, porque ele é como um animal selvagem. Você não pode convidá-lo para a corte. Sempre que isso acontece, ele se muda. Ele não é um homem da sociedade; é como os ventos, ou como as nuvens. Ele não tem raízes na sociedade – um andarilho sem lar. E, ainda mais, você não pode *pedir* a ele que cante ou toque, isso não é possível. Quando *ele* sente, ele canta. Sempre que ele sente, dança. Teremos que ir até ele, esperar e observar".

Akbar ficou muito encantado, ficou louco pelo que Tansen disse: "E o Mestre dele está vivo – vale a pena ter o trabalho".

"Onde quer que ele esteja", disse Akbar, "eu irei".

Ele era um faquir errante, e seu nome era Haridas. Tansen enviou mensageiros para investigar onde ele estava. Foi encontrado perto do rio Jamuna, numa cabana. Akbar e Tansen foram ouvi-lo. Os aldeões disseram: "Perto das três da manhã, bem no meio da noite, às vezes ele canta e dança. Mas, por outro lado, fica sentado em silêncio durante o dia todo". Assim, no meio da noite, Akbar e Tansen, escondidos como ladrões atrás da cabana, ficaram esperando – porque se ele viesse a saber, poderia não cantar.

Mas Haridas começou a cantar e depois a dançar. Akbar ficou hipnotizado, não podia proferir uma única palavra, pois nenhuma admiração teria sido suficiente. Ele chorava sem parar, e enquanto voltavam, depois que a canção parou, ele permaneceu silencioso. As lágrimas continuavam rolando. Quando chegou ao palácio, ainda nos degraus, ele disse a Tansen: "Eu costumava pensar que ninguém era capaz de superá-lo, costumava pensar que você era o único, mas agora devo dizer que você não é nada, comparado a seu Mestre. Por que tanta diferença?"

Tansen respondeu: "A diferença é simples. Eu canto e toco para ganhar alguma coisa: poder, prestígio, dinheiro, admiração. Minha música ainda é um meio para um outro fim. Eu canto para conseguir alguma coisa e meu Mestre canta porque ele já conseguiu. Essa é a diferença. Ele canta somente quando tem algo dentro – então o canto flui, então ele dança. É um subproduto. Quando ele está plenificado pelo Divino e não pode contê-lo mais, quando transborda, somente então ele canta. Seu canto é um fim em sim mesmo. Ele celebra!".

E essa é a diferença entre o amor real e o falso. Um amor real simplesmente celebra, para o amor real não há futuro. Uma oração verdadeira é uma celebração, não um esforço, não um meio para outra coisa. Ela surge e se dissolve em si mesma. Um momento de oração é uma eternidade em si mesmo; e um homem de oração jamais contabiliza. Isso é simplesmente tolice! Mesmo um único momento é *tanto*, mesmo um único momento se torna um contentamento tão profundo – a pessoa se sente realizada e não pede mais nada. Realmente, é demais. Um único momento de oração é o suficiente – você não está mais ali. Ele o preenche completamente e transborda.

Se você conseguiu alcançar um único momento de oração, de amor ou de meditação, você se sentirá agradecido para todo o sempre. Você não se lamentará.

O homem não era um homem de oração, mas um avarento; ele devia ser avarento neste mundo, no comércio. Ele deixou o mercado, mas a mentalidade mercantil ainda está lá; deixou as riquezas deste mundo, mas a atitude ainda é a mesma. Ele contabiliza seus dias de oração como moedas; diz que tem jejuado e orado durante trinta anos e ainda não se aproximou de uma compreensão de Deus. Ele nunca chegará a uma compreensão de Deus, porque ele não mudou de forma alguma, levou consigo todas as suas atitudes mundanas para o outro mundo.

E lembre-se: sua atitude é o seu mundo. Você não pode ir para o outro mundo, pois tornará o outro mundo exatamente igual ao que deixou.

Um homem veio me ver – um homem muito rico e que tem feito doações para muitas instituições, obras sociais, templos, isto e aquilo. Veio me ver e falou de seus donativos. Começou se apresentando, falando de suas doações e de quanto havia dado. E sua mulher completou a informação que faltava; ela disse: "Ele doou quase um *lakh* de rúpias".

O homem olhou um tanto zangado para a esposa e disse: "Um *lakh* não; um *lakh* e dez mil!".

Contabilizando o que você deu, mantendo a contabilidade... Quando você registra a contabilidade, você não deu nada, não partilhou. Não foi um presente. Quando você contabiliza, pode ter sido uma barganha – uma barganha para o outro mundo –, e esse homem está destinado a se lamentar um dia, porque dirá: "Tenho dado tanto e não me aproximei nem um pouco da compreensão de Deus".

Bayazid lhe disse que nem mesmo cem anos seriam suficientes.

Nem mesmo cem vidas seriam suficientes. Não é uma questão de tempo. Se você faz algo errado, poderá fazê-lo pela eternidade – não é uma questão de tempo. Se você faz uma coisa errada, pode continuar a fazê-la, mas não será pela repetição da coisa errada milhões de vezes que você se tornará certo. E se você faz a coisa certa mesmo uma única vez, tudo está certo.

Por isso, você pode continuar rezando por milhões de vidas – nada acontecerá. E lhe digo: se você orar da maneira certa mesmo uma única vez, tudo já terá acontecido. Não é uma questão de tempo, de quantidade, mas de atitude e qualidade. O quanto você ora não tem a menor importância, mas sim o quão profundamente o faz. Não é uma questão de quantas vezes por dia você o faz. Os muçulmanos oram cinco vezes por dia, e esse homem deve ter rezado cinco vezes por dia durante trinta anos. Não faz diferença quantas vezes – cinco ou cinquenta. A questão é da qualidade que você imprime a ela, da sua consciência, do amor – de como você ora.

Há uma história em Bengala: um homem muito, muito lógico, um gramático, vivia lá a cerca de quinhentos anos atrás. Seu nome era Bhattoji. Ele era um famoso gramático de sânscrito, e nunca ia ao templo. Ele ficou velho e quando tinha sessenta anos, seu pai o chamou e disse: "Agora já é demais". Seu pai devia ter noventa anos, e lhe falou: "Tenho ido ao templo rezar todos os dias. Nunca lhe falei a respeito, porque esperava que você pudesse vir a compreender por si mesmo. Mas está ficando tarde: agora você também está velho, sessenta anos, é tempo de ir. É tempo de se preparar para o outro mundo! Quando é que você vai ao templo rezar?".

Bhattoji disse: "Vendo você ir ao templo todos os dias e voltar o mesmo, tenho pensado se a questão é de quantas vezes, quantos anos você reza; a questão parece ser de *como* você reza; a questão é de qualidade. Porque eu o estive observando todos os dias, por muitos anos. Duas vezes por dia você vai ao templo, e volta o mesmo. A oração parece não funcionar. E como é possível? Deve haver algo errado.

"Irei amanhã. Amanhã é meu aniversário; irei amanhã e farei o que puder. Colocarei todo o meu ser nisso. Rezarei apenas uma vez – mas não vou deixar nada dentro de mim. Vou me dar por inteiro, mas apenas uma vez. Se alguma coisa acontecer, que aconteça. Se nada acontecer, estou acabado, não irei outra vez, pois de que serviria? Não tem sentido!

"Se eu me colocar inteiro em jogo e não deixar nada para trás, então não poderei fazer melhor no dia seguinte. Melhor não será possível, se eu tiver feito tudo o que possa ser feito, com toda a mente. Vou orar uma vez. Se algo acontecer, tudo bem; se não, estarei acabado, não irei rezar outra vez".

O pai riu e disse: "Você é tolo, a gente precisa fazer orações durante muitas vidas, e só então algo acontece. Mas vejamos; vá amanhã e tente".

Bhattoji foi ao templo – e nunca mais voltou. Ele morreu. Em pé, em frente à divindade do templo, orou uma única vez e morreu. Na realidade, colocou-se totalmente na oração, e nada sobrou.

Uma oração, um amor, necessita de você na sua totalidade. Nenhuma parte sua deve ser deixada para trás, vigiando, calculando e manipulando. Você deve estar inteiramente *dentro* – não um pedaço de você, mas você na sua totalidade. É por isso que a oração se torna santificada, porque você está inteiro nela.

Estar inteiro é estar santificado e não existe outra santidade.

Bhattoji morreu. Este é o significado, do provérbio: "Antes que você morra" – desaparecido, atingido. Ele se tornou Iluminado. Apenas o corpo estava ali, o corpo caído.

Quando estava ficando tarde e Bhattoji não voltava, o pai mandou um mensageiro ver o que tinha acontecido. Bhattoji não estava lá, só seu corpo morto. Mas você podia ver, em seu rosto, uma transformação, uma beleza divina. Mesmo o corpo morto mostrava uma aura do Desconhecido. Ele estava transfigurado.

Lembre-se disto: qualquer coisa que você faça, deve ser verdadeira, não um fingimento; deve ser feita não com uma mente calculista, mas com uma mente amorosa; deve ser feita sem qualquer cálculo – porque a oração, o amor ou Deus não é uma questão de aritmética.

Bayazid lhe disse que nem mesmo cem anos seriam suficientes.

O homem perguntou por quê.

"Porque seu egoísmo age como uma barreira entre você e a verdade", disse Bayazid.

A palavra "egoísmo" deve ser compreendida. Habitualmente você chama de egoísta o homem que faz tudo para si mesmo, que manipula tudo para seu próprio benefício. Isso é um egoísmo superficial. Você pode se tornar desprendido nesse nível; isso não é difícil. Existe gente desprendida; gente que sempre trabalha para os outros, servindo, sempre ajudando. Você conhece gente desprendida, mas eles são tão perigosos quanto os egoístas, e às vezes até mais. Você pode se livrar de uma pessoa egoísta, mas não de uma desprendida. Ela é muito perigosa – porque está decidida a ajudá-lo e está trabalhando para você; ela cria um peso. E no fundo, bem lá no fundo, esse desprendimento é outra vez egoísmo, porque através dele ela deseja alcançar o Divino.

Vá ver os missionários cristãos. Eles realmente trabalham duro, servem às pessoas, são grandes servidores, mas, lá no fundo, todo o trabalho se torna egoísta, pois, através dele estão esperando cruzar para o outro lado. Através do trabalho, estão criando os degraus de uma escada, e por essa escada estão subindo aos céus. O céu é sua meta, o serviço é o meio. Eles estão no mesmo problema que o homem que veio a Bayazid devia estar.

Vou contar-lhe uma história.

Aconteceu: havia um grande festival em algum lugar na China, e muita gente estava reunida. Havia um poço sem proteção, e um homem caiu dentro. Ele gritava fortemente, mas o festival era imenso, a multidão era imensa, e tinha tanto barulho que ninguém podia ouvi-lo. Então um monge budista, um *bhikku*, chegou até o poço – ele estava com sede. Olhou para baixo, e o homem estava gritando, chorando e dizendo: "Salve-me!".

O *bhikku*, o monge budista, respondeu: "Ninguém pode salvar ninguém – isso é o que Buda disse! Seja uma luz para si mesmo! Ninguém pode salvar ninguém, isso é impossível. Não espere por isso! E mais ainda, Buda também disse que todos precisam sofrer seus próprios carmas. Você deve ter cometido alguns pecados no passado e tem que sofrer, portanto sofra silenciosamente. Não grite e nem faça muito barulho, porque gritando e se queixando, você está criando carmas de novo".

O homem disse: "Primeiro salve-me, depois eu ouvirei o seu sermão. Neste momento é impossível ouvir".

Mas o monge budista continuou seu caminho, porque Buda havia dito: "Não interfira no carma de ninguém".

Depois veio um seguidor de Confúcio, outro monge. Olhou dentro do poço e o homem disse: "Salve-me! Estou morrendo e ninguém parece me ouvir".

O homem falou: "Confúcio está certo: ele disse que todo poço deve ser feito com um muro em volta. E não se preocupe – criaremos um grande movimento! Mudaremos toda a sociedade e forçaremos o governo a construir muros em volta de cada poço. Não se preocupe!".

Ele disse: "Mas a essa altura eu estarei morto. E como isto irá me ajudar, se eu já caí?".

O seguidor de Confúcio respondeu: "Não é essa a questão; o indivíduo não é a questão. Os indivíduos vêm e vão – a questão é a sociedade. Mas você pode morrer com a mente profundamente consolada, por saber que isso não vai acontecer a mais ninguém". Confúcio é um reformador social.

Então veio um missionário cristão. Olhou dentro do poço, e mesmo antes que o homem dissesse qualquer coisa, abriu sua sacola; havia ali um balde com uma corda – um missionário cristão está sempre pronto para servir. O homem estava se sentindo cansado, e pensou: "Agora não tem mais jeito. E essa gente religiosa está vindo!". O missionário jogou a corda e o balde e disse ao homem: "Agarre-o e eu o puxarei".

O homem ficou muito, muito agradecido. Quando saiu do poço, caiu aos pés do missionário e disse: "Você é o único homem religioso!".

O missionário cristão respondeu: "Não se engane – isto é o que Jesus diz, que enquanto você não se tornar um servo ao menor e ao último entre todos, não será capaz de atingir o Reino dos Céus. Servir é *sadhana*. É através do servir que a pessoa alcança o céu. Por isso, lembre-se bem, caia sempre no poço, porque eu não sou o único missionário. E ensine também seus filhos a caírem no poço, para que possamos vir e salvá-los, porque como conseguiremos o céu se vocês não caírem?"

Mesmo o desprendimento permanece, lá no fundo, egoísta, parte da mesquinhez, e muito perigoso: porque quando uma pessoa sente que é boa, fica autoritária, dominadora. E ela tenta mudar você: pega-o na mão como se fosse um pouco de barro e tenta lhe dar um molde, um molde de acordo com a ideologia *dela.*

Os missionários são assassinos. Todos os reformadores sociais são perigosos. E as pessoas que estão procurando servir podem ser muito, muito violentas, agressivas. Elas são. Se você estiver nas garras de alguém bom, será muito difícil escapar. Você está preso e ele está fazendo tudo para o seu bem. E tudo aquilo que ele estiver fazendo, está fazendo para tentar encontrar um caminho para seu próprio céu, através de você. Você é apenas o meio. E este é o ato *mais* imoral do mundo, tratar o ser humano como um meio. Chamo-o o ato mais imoral, o maior pecado, tratar alguém como um meio. Cada pessoa é um fim em si mesma.

Partilhe, se puder, mas não tente transformar ninguém. Quem é você para transformar? Quem é você para mudar alguém? Quem lhe deu o direito? Ajude se puder, mas não faça dessa ajuda um meio. De outra forma, em nome também da religião, você permanecerá a mesma pessoa calculista, astuta, esperta, explorando gente – devido a seu egoísmo.

Assim, este é um significado do egoísmo e do desprendimento – na superfície. Mas o egoísmo *real* é quando não existe o eu.

Trabalhar para si mesmo é egoísmo, trabalhar para os outros é desprendimento, mas, através de ambos, o eu está presente; logo, ambos são dois ramos da mesma árvore, não muito diferentes; a essência mais interior permanece a mesma. O verdadeiro egoísmo significa o não eu; então, tudo que você faça, mesmo que o mundo chame de egoísmo ou de desprendimento, não importa – vem do não eu, sem motivação. A distinção é sutil.

O egoísmo é uma ação motivada: você quer algo para si mesmo. O desprendimento é também motivado: você quer algo para o outro, e através do outro, bem no fundo, quer algo para si mesmo; através do outro, é o mesmo motivo que age. O egoísmo real permanece o mesmo, mas a forma difere.

Para mim, o não egoísmo é a coisa real. Você precisa vir a entender o estado do seu ser como o não eu. E daí a oração está presente, mas vem de um não eu, sem motivação. E daí você não calcula nem contabiliza, você desfruta e celebra. Então o amor vem sem motivação, flui espontaneamente, sem nenhuma razão – você não pode impedir. Ele está ali, é natural.

Quando o eu está ausente, então tudo se torna desprendido. Não pode ser diferente. De outro modo, você pode continuar fazendo as coisas: elas ficarão as mesmas, a qualidade delas não mudará; e você sempre sentirá que algo está faltando. Você poderá fazer suas orações por anos a fio e sentirá que algo está faltando. Você poderá amar muita gente e sentirá que falta alguma coisa. Você permanecerá como uma festa de casamento, para a qual chegaram os convidados, tudo está pronto, os músicos estão tocando, cantando, todo o mundo a postos, mas o noivo está ausente. Você será como uma cerimônia de casamento onde falta o noivo.

Se o eu permanecer, você sempre sentirá falta de algo; em tudo que faça, sentirá isso. Uma vez que o eu não esteja ali, o noivo chega. Agora, tudo o que fizer será uma festa, uma celebração.

Morra primeiro como você é, para que o divino possa nascer em você.

Certos estão os Sufis, quando dizem: "Você nada pode alcançar, antes que você morra".

Capítulo 6

O Homem Traz a Semente

El Mahdi Abbassi anunciou ser comprovável que, quer se ajude uma pessoa ou não, algo nela pode frustrar seu objetivo.

Tendo algumas pessoas contestado esta teoria, El Mahdi prometeu uma demonstração.

Quando todos haviam se esquecido do incidente, El Mahdi mandou um homem deixar um saco de ouro no meio de uma ponte. Pediu a outro homem que trouxesse algum infeliz endividado a uma das extremidades da ponte, dizendo-lhe que a atravessasse.

Abbassi e suas testemunhas ficaram do outro lado da ponte.

Quando o homem chegou à outra extremidade, Abbassi lhe perguntou: "O que você viu no meio da ponte?".

"Nada", respondeu o homem.

"Como foi isso?", perguntou Abbassi.

O homem replicou: "Logo que comecei a cruzar a ponte, ocorreu-me a ideia de que poderia ser divertido fazer a travessia de olhos fechados. E assim fiz...".

O SER HUMANO TRAZ dentro de si mesmo a semente de sua miséria ou felicidade, inferno ou céu. Tudo que lhe acontece, acontece por sua própria causa. As causas externas são secundárias; as causas internas são as principais. E a menos que você compreenda isto, não existe possibilidade de uma transformação, pois a mente continua a enganá-lo; a mente sempre aponta para o lado de fora: a causa está noutro lugar – da sua miséria ou da sua felicidade. Se a causa está fora de você, então não é possível a liberdade, *moksha* ou qualquer estado de libertação. Se a causa é de fora, então você está destinado à escravidão para sempre, porque como você pode mudar a causa externa? E se você muda uma, milhões de outras surgem.

Esta é a diferença, a diferença básica entre a mente religiosa e a não religiosa.

Os comunistas pensarão exatamente o oposto. Marx não estará pronto a aprovar o que El Mahdi conta nesta história. Marx diz que a causa existe do lado externo da pessoa; ela é miserável porque existem causas externas que criam a miséria. A pessoa será feliz se as causas forem mudadas, alteradas. É necessária uma revolução, de acordo com Marx, no mundo externo. De acordo com Maomé, Jesus, Mahavira e Krishna, todo esse diagnóstico está errado.

As causas são internas. Externas são apenas as desculpas.

Você poderá mudar o exterior, mas nada se alterará se o interior permanecer o mesmo. O interior criará repetidamente o mesmo padrão, seja qual for a situação externa, porque o ser humano vive do interior para o exterior.

Aconteceu: conheci um homem que se casou três vezes e que sofria muito. Na primeira vez em que se casou, escolheu uma mulher sádica, que gostava de torturá-lo. Ele vinha me ver e me contava seu sofrimento. Algumas vezes a mulher lhe batia e ele me mostrava as marcas. Mas eu tinha a impressão de que, de alguma forma, bem lá no fundo, ele gostava, ele apreciava aquilo, pois sempre que falava de suas misérias, seu rosto ficava radiante, não triste; seus olhos brilhavam, ele ficava mais vivo.

Continuei a prestar atenção nele minuciosamente. Algumas vezes a esposa ia para a casa dos pais; então ele não ficava feliz. Quando a esposa estava com ele, ele ficava infeliz. Quando ela não estava, ele ficava infeliz. Mas ambas as infelicidades têm uma distinção e uma diferença. Quando a esposa estava presente, ele ficava infeliz, mas *feliz* na sua infelicidade; ele gostava disso, falava nisso. E eu tinha a sensação de que ele estava exagerando; era muito poético a respeito.

Então a miséria se tornou demasiada e o homem se divorciou da esposa. No dia em que se divorciou, eu lhe disse: "Agora fique muito atento – pois penso que você vai se apaixonar pelo mesmo tipo de mulher outra vez. Porque *você* permanece o mesmo, vai encontrar outra vez o mesmo tipo de mulher. Por isso, agora fique atento".

Ele respondeu: "Jamais vou me casar com uma mulher assim outra vez. Para mim chega!".

Mas dentro de três meses, ele se tornou novamente vítima do mesmo tipo de mulher. E se casou, e começou de novo com suas tristes histórias: que a mulher o torturava. Eu lhe disse: "Avisei-lhe de que isto poderia acontecer, pois quem escolheu a mulher? Você a escolheu. Escolheu a primeira, escolherá a segunda. E você permanece o mesmo!" E eu lhe disse: "Você sempre escolherá uma mulher sádica, pois você é masoquista. Você *quer* ser torturado – alguém que o domine, alguém que o tiranize. Você se condena, você não se aprecia e não se ama, precisa de alguém para odiá-lo e para perturbá-lo".

O segundo casamento também acabou logo. A mulher foi embora. Na última vez em que o vi, ele estava de novo à procura de uma mulher, e eu lhe disse: "Agora fique alerta! Algo dentro de você escolherá outra vez o mesmo tipo de mulher".

Ele respondeu: "Não, agora nunca mais. O que pensa que sou? Sou tão estúpido assim? Não vou me esquecer da lição".

Ele está casado novamente, e recebi uma carta sua – com as mesmas velhas histórias de misérias.

Esse homem pode continuar vivendo por milhares de anos e pode virar o mundo inteiro – sempre escolherá o mesmo tipo de mulher, pois aquele que escolhe permanece o mesmo. A miséria não está na mulher escolhida, mas na própria escolha.

Você traz seu céu e seu inferno dentro de você. E caso se sinta infeliz, não tente encontrar desculpas no mundo externo; elas não ajudarão, na verdade, se transformarão em decepções. Sempre que se sentir miserável, procure achar algo dentro de você que o está frustrando. Esteja alerta para isso. De outro modo, as pessoas ficam se movendo no mesmo lugar por muitas vidas, no mesmo círculo vicioso.

Mulla Nasrudin sonhou uma noite que estava no céu. Era tudo tão lindo à sua volta – um vale silencioso, o sol nascendo e os pássaros cantando, e ele sozinho, debaixo de uma árvore. Mas logo começou a sentir fome e não havia ninguém, aparentemente ninguém ao redor. Mas ele disse: "Ei! Tem alguém aí?". E um homem muito simpático apareceu e disse: "Estou às suas ordens, senhor. Tudo o que mandar, eu farei". Assim, ele pediu comida. E tudo o que pedia, era imediatamente atendido. Não se perdia um só minuto: a comida estava ali.

Comeu até ficar satisfeito, dormiu bem, e isto continuou. Tudo o que precisasse... precisava de uma mulher bonita e ela estava ali. Tudo o que precisasse! Precisava de uma cama para a noite e ali estava a cama.

E isto continuou por alguns dias – mas por quanto tempo? Ele começou a se sentir saturado, entediado. Tudo era bom demais, realmente demais. Ele não podia tolerar, ele começou a procurar por alguma miséria, porque tudo era tão bonito... Começou a procurar tensões, porque jamais havia vivido sem elas, alguma ansiedade, alguma coisa pela qual se sentisse triste e deprimido. E tudo era tão pleno, tão insuportavelmente perfeito!

Então ele chamou o homem e disse: "É demais! Gostaria de ter algum trabalho para fazer. Só sentado, de mãos vazias, estou ficando saturado".

O homem respondeu: "Posso fazer tudo pelo senhor, mas isso não é possível. Não lhe posso dar trabalho. Aqui, isso não é possível. Qualquer outra coisa de que necessite, estarei pronto a lhe dar. E para que procurar trabalho? Quando tudo é imediatamente satisfeito, não se precisa trabalhar!"

Mulla Nasrudin disse: "Estou saturado! Então, é melhor estar no inferno, se nenhum trabalho pode ser dado a mim".

O homem começou a rir e disse: "Onde o senhor pensa que está?".

Com a risada, Mulla acordou, seu sonho desapareceu.

Pela manhã ele veio correndo a mim, e disse:

"Este sonho é muito simbólico. Qual é o significado dele?".

Eu lhe respondi: "Em primeiro lugar, você não deveria ter esperado tanto. Quando, no sonho, você chegou ao ponto em que estava no paraíso, deveria ter aberto os olhos imediatamente. Como *você* pode estar no paraíso? Você, no paraíso! – como pôde acreditar?"

Onde você for, você criará seu inferno à sua volta. Na verdade, o céu e o inferno não são geográficos; não são lugares, não existem no espaço. Eles são atitudes, são psicológicos; existem no espaço interior, não no espaço exterior. Você não pode ir para o céu, porque como pode ir? Onde é o céu? E não pode ir para o inferno.

Você sempre traz seu inferno e seu céu em torno de si.

É exatamente como uma teia de aranha. Nos Upanixades é dito – um dos mais belos símbolos – que todo o mundo é como a aranha que traz sua própria teia internamente. Onde a aranha vai, ela espalha sua teia ao seu redor; ela a tira do seu próprio intestino. E sempre que ela deseja mudar de lugar, engole a teia de novo e se muda!

Você carrega seu céu e seu inferno, exatamente como uma teia de aranha. E onde você for, criará o padrão à sua volta.

Isto precisa ser compreendido muito profundamente, o mais profundamente possível, porque muitas coisas dependerão disto; toda a sua transformação dependerá disto. E se você perder este ponto, então continuará a errar.

Um homem tem vindo a mim há pelo menos dez anos. Ele começa a meditação: uns poucos dias, no máximo algumas semanas, e ele se sente muito bem, maravilhosamente bem. E quando faz meditação, vem a mim e diz: "É simplesmente maravilhoso! Não preciso de mais nada. Estou tão feliz – como jamais estive". E de repente, um dia, ele para. Depois some por uns meses, se esquece de mim. E volta outra vez infeliz, triste, em angústia profunda, e eu lhe digo novamente para começar as meditações. E lhe pergunto: "Por que parou? – você estava se sentindo tão bem, tudo tão bonito".

E ele responde: "Quando estou me sentido muito bem, algo dentro de mim diz: Agora não é preciso mais meditar!' E eu paro. E depois, caio novamente no vale, na escuridão, e a infelicidade surge. E venho outra vez para você".

Perguntei-lhe desta última vez que veio: "Quantas vezes isso aconteceu? Você não aprende nada da experiência? Em dez anos, isso deve ter acontecido pelo menos umas trinta vezes".

Ele respondeu: "Desta vez vou persistir".

Mas eu sei que não é possível, porque esta promessa ele já fez muitas vezes antes; sua promessa não é de confiança. Fez-me a mesma promessa por trinta vezes e a quebrou. E ele não tem consciência alguma do que está fazendo. Quando vai chegando ao momento da explosão, a mente recua e diz: "Qual é a necessidade? Agora você está tão feliz – para que se incomodar de se levantar tão cedo de manhã? Para que se incomodar em fazer meditação? Agora tudo está bem; não é necessário. Quando a doença já não existe, a gente para o remédio, portanto pare!".

E isso repetidamente, e ele jamais chega a qualquer compreensão através disso.

No *Mahabharata*, o maior épico do mundo, há uma história, uma história muito bonita. Os cinco *Pandavas*, os cinco irmãos em torno dos quais gira todo o tema do épico, foram expulsos do seu reino e estão andando como fugitivos numa floresta... Um dia estavam com muita sede e um dos irmãos, o mais novo, foi procurar água. Ele chega a um lindo lago, mas no momento em que entra na água para encher o pote, ouve uma voz. Uma voz invisível diz: "Espere! A menos que responda às minhas perguntas, você não poderá pegar água deste lago. Esta é a única condição: você tem que responder a três perguntas minhas. E se não o fizer, cairá morto aqui e agora. A primeira pergunta é: qual é a coisa mais importante a respeito do ser humano? – a *mais* importante a respeito do ser humano?". E o jovem *Pandava* não soube responder, e caiu morto.

Então outro irmão o seguiu e aconteceu o mesmo. Depois o irmão mais velho, Yudhisthira, foi ao lago em busca de água e à procura dos irmãos para ver o que tinha acontecido com eles.

Os quatro irmãos estavam ali, deitados na margem, e no momento em que entrou na água, ouviu a mesma voz: "Responda a estas perguntas, caso contrário você também morrerá. E se responder, não só ficará vivo, como também poderá beber do lago e a mesma água fará seus irmãos reviverem. É só borrifar água no rosto deles. Mas primeiro responda às minhas perguntas. E a primeira pergunta é: Qual é a coisa mais importante a respeito do ser humano?".

E Yudhisthira respondeu: "A coisa mais importante a respeito do ser humano é que ele nunca aprende".

Foi-lhe permitido beber a água e foi-lhe permitido reviver seus irmãos.

Em verdade, este é um dos fatos mais importantes a respeito do ser humano: ele nunca aprende. Você pode se tornar muito culto, mas nunca aprende. O conhecimento e o aprendizado são diferentes. O conhecimento é emprestado: é como um papagaio; você o devora, ele enche sua memória; seu cérebro se torna um computador. Aprender é totalmente diferente. Aprender significa aprender através da experiência, e jamais repetir o mesmo erro, e ficar mais e mais alerta, atento, consciente.

E esta é a mensagem desta história Sufi. Algo em você continuamente o frustra e a menos que você o domine e o destrua, tudo o que fizer será fútil. Tudo o que você fizer, será *você* que o fará e será fútil. Esse fator interno que continuamente o frustra precisa ser abandonado, ser completamente destruído e queimado.

Você pode ter observado – pode ser que a observação não tenha sido muito aguda, profunda e penetrante, mas deve ter observado – observado num estado nebuloso de mente, vago, sombrio, esfumaçado, mas deve ter observado que você sempre comete o mesmo tipo de erro, repetidamente. Que tristeza! Você nem pode inventar erros novos. Que pouco original e medíocre estado de mente! Hã? – você nem pode inventar novos erros para cometer, e continua cometendo os mesmos erros. Você é como uma vitrola quebrada. Ela continua repetindo a mesma linha outra, outra e outra vez. Torna-se uma meditação transcendental: Ram, Ram, Ram. Continua e continua. Sua vida é uma MT, uma vitrola quebrada. Já observou que você continua a cometer o mesmo erro? – nos relacionamentos, no amor, na amizade, no trabalho, você continua a cometer o mesmo erro. E continua a ter esperanças de que desta vez as coisas serão diferentes. Elas nunca serão – porque você é o mesmo. Como as coisas podem ser diferentes? Você está tendo esperanças contra a esperança. Mas a mente é estúpida. Você continua esperando, e sabe muito bem, lá no fundo, que isto não é possível, porque você vai frustrar.

Você se apaixona por uma mulher e tudo é tão romântico, tão poético. Mas esta não é a primeira vez que isso acontece. Já aconteceu muitas vezes. Muitas vezes você se apaixonou e muitas vezes o mundo foi poético e romântico. E o mundo se tornou um sonho e tudo era lindo – e depois tudo ficou feio. A mesma beleza se tornou feia, o mesmo sonho se tornou um pesadelo, o mesmo céu se tornou um inferno. E tem sido assim repetidamente. Mas você se apaixonará outra vez e novamente se esquecerá – e o mesmo acontecerá!

Você é uma repetição. E a menos que pare de ser repetitivo, não existe possibilidade de mudança.

Como é que se pode parar essa repetição? Primeiro, é preciso compreender que ela está presente. Esse é o passo básico. É preciso compreender que essa repetição está aí. Você está funcionando como um autômato, não como uma pessoa – exatamente como um mecanismo, repetindo.

A pessoa nasce em você somente quando você não é mais uma máquina, quando você começa a se mover de maneiras novas, a se mover em novos caminhos, a caminhar em direção ao desconhecido.

Você sempre se move dentro do conhecido: faz de novo o mesmo que já havia feito, e fica cada vez mais hábil em fazê-lo, fica perito em cometer os mesmos erros outra e outra vez. Você se torna previsível. Nenhum ser humano, se é realmente um ser humano, pode ser previsível. A astrologia existe – *jyotish* existe – por causa de sua vida mecânica; caso contrário, ninguém poderia prever o momento seguinte. Mas ele pode ser predito. De dez mil pessoas, nove mil novecentas e noventa e nove são previsíveis.

Existe uma linda história: Buda tornara-se Iluminado e estava indo de aldeia em aldeia, e era verão, e fazia calor. Ele passava pelas margens de um rio, e elas estavam úmidas, a areia estava úmida, e ele deixou as marcas de seus pés nela. Por acaso, aconteceu que um grande astrólogo havia completado seus estudos em Kashi, o centro de estudos indianos de conhecimento hindu, e estava voltando para casa. Ele havia completado seus estudos e se tornado perfeito em predições. Quando voltava, viu as pegadas na areia – e não podia acreditar, porque em *seus* escritos, estas eram as pegadas de um grande imperador que governa o mundo todo. "Por que um imperador, um *chakravartin* que governa o mundo inteiro, haveria de vir, neste dia tão quente, a uma aldeia tão pequena e pobre? E por que haveria de caminhar de pés descalços na areia?". E na areia todos os símbolos estavam lá. Assim, ele pensou: "Ou toda a minha ciência é falsa – este homem parece ser um mendigo, mas minha ciência diz que é um imperador, o maior imperador do mundo; portanto, ou minha ciência é falsa, ou então preciso encontrar este homem. Talvez seja um imperador, e por acaso, por algum incidente, tenha passado por aqui".

Assim, ele seguiu as pegadas. Buda estava sentado embaixo de uma árvore. Ele alcançou Buda, ficou mais confuso do que nunca, olhando para ele. Parecia um imperador, mas era um mendigo. Todo o seu ser era o de um imperador. Nenhum imperador jamais fora como aquele, mas ele era um mendigo, em trapos!

Então perguntou: "Por favor, esclareça minha confusão – você me confundiu. Estive quinze anos em Kashi, perdi quinze anos de minha vida aprendendo a ciência da predição. E agora que terminei, que fui examinado, que ganhei o certificado, você me deixa completamente frustrado. Simplesmente me diga: você é um mendigo? Ou você é um *chakravartin*, um grande imperador que governa toda a Terra? Porque da sua resposta dependerá toda minha vida. Se me disser que é um mendigo, jogarei os escritos que estou levando – eles são inúteis – no rio e irei para casa; perdi toda a minha vida desnecessariamente. Ou se for um *chakravartin*, então me diga".

Buda abriu os olhos e disse: "Sua confusão é natural. Mas, por acaso, você veio a um homem que é um em dez mil. Para cerca de nove mil e novecentas e noventa e nove pessoas seus escritos estarão sempre certos. Apenas para uma serão falsos. Mas você não irá se deparar com ela outra vez, por isso não se preocupe e não jogue seus escritos no rio. É quase impossível cruzar com este tipo de pessoa outra vez".

O astrólogo perguntou: "Qual é o segredo? Como foi que você se tornou imprevisível?".

Buda respondeu: "Sendo consciente. Eu não repito o mesmo erro, o mesmo padrão. Tornei-me um homem: não sou mais uma máquina. Você não pode me prever. O momento seguinte é desconhecido – não apenas para você, mas para mim também. É absolutamente desconhecido. Ele florescerá, e ninguém sabe o que vai acontecer".

Um ser consciente se move do conhecido para o desconhecido. Um ser inconsciente se move do conhecido para o conhecido – em círculo.

Assim, a primeira coisa a compreender é que você é uma repetição. Será muito terrível para o ego, porque você sempre pensou que fosse original; você não é. A mente *nunca* é original. Ela é sempre medíocre, porque a própria estrutura da mente é o acúmulo de conhecido. A mente não pode conhecer o desconhecido; ela pode se mover dentro do círculo do conhecido; pode continuar repetindo o mesmo que ela já sabe, mas *como* pode a mente conhecer o desconhecido? Não há possibilidade.

Para conhecer o desconhecido, a mente precisa ser abandonada – e, então, subitamente você está no meio do desconhecido. O Todo é desconhecido. Tudo é desconhecido. E então o Todo se torna uma beleza.

O conhecido está morto, o desconhecido está vivo. O Desconhecido Supremo é o que os religiosos chamam de Deus. Por "Desconhecido Supremo", pretende-se dizer: o que quer que você saiba, permanecerá desconhecido; de qualquer modo que você conheça, permanecerá desconhecido – é desconhecível. Você continua apenas conhecendo.

Portanto, existem três movimentos. Do conhecido para o conhecido; isso é mente. Do conhecido para o desconhecido; isso é consciência. E do desconhecido para o desconhecido; isso é supraconsciência. Então a pessoa se torna sábia, torna-se um deus, quando se move do desconhecido para o desconhecido. Então terá abandonado completamente a mente, e não existe passado. E quando o passado não existe, não existe futuro.

Só este momento, *este* verdadeiro momento existe. No agora e aqui tudo culmina, o Todo existe em toda a sua beleza e nudez, na sua total sacralidade e totalidade.

Lembre-se: a mente é repetitiva, não original, é uma coisa mecânica, como um computador, um biocomputador. O indivíduo precisa ir além dela. Se não o fizer, a mente o frustrará continuamente e vai lhe dar sempre e sempre o mesmo padrão. Eis por que os hindus estão saturados e dizem: "Meu Deus, quando chegará o momento em que ficaremos livres da roda da vida e da morte?" Por que eles chamam de "roda"? Por causa da repetição: a roda repete. O mesmo raio chega repetidamente ao alto, vai para baixo, sobe outra vez. Uma roda se move, se repete. Não há nada mais repetitivo do que uma roda. Eis por que os hindus chamam o mundo de roda. A palavra deles para o mundo é *sansar*. *Sansar* significa a roda que continua se movendo. E o único anseio deles tem sido: como se livrar dessa roda?

Isso é muito simbólico. Com sair dessa repetição? Como alcançar o sempre novo? Como chegar ao que está sempre vivo? Com sair fora da morte e fora desta vida? – porque esta vida não é senão uma morte prolongada, uma morte gradativa. Nasce uma criança e ela já começa a morrer no mesmo momento; estará morta dentro de setenta anos. Muito lentamente ela morrerá. Levará setenta anos. Esta vida nada mais é do que uma morte gradativa.

A roda da vida e da morte é o que a mente é. O primeiro passo é ficar consciente disto.

O segundo passo é ficar alerta quando a mente entra outra vez na mesma trilha. Se você puder ficar alerta, terá introduzido um novo fenômeno nela.

Por exemplo: você está outra vez se apaixonando. Fique atento. Não há nada de errado em se apaixonar, é lindo. Apaixone-se, mas não repita. Fique atento! Apenas por estar atento, você introduz um novo fenômeno que não estava ali antes. E qualquer coisa que diga à sua mulher ou ao seu homem, diga-o com atenção plena.

Aconteceu: Mulla Nasrudin se apaixonou por uma mulher. E eu o tenho prevenido continuamente para estar alerta; assim, quando ele disse a ela: "Você é a mulher mais maravilhosa, mais linda do mundo", de repente se lembrou do que eu havia lhe dito. E então ele disse: "Espere! Desculpe-me, isto é o que tenho dito a muitas mulheres, e não tenho certeza de que não vou dizê-lo outra vez, depois de você, para outras".

Entrou nova uma coisa nisto. Subitamente ele ficou consciente de que tem dito isto continuamente a muitas mulheres: "Você é a mais maravilhosa do mundo". E as mulheres são muito, muito fiéis. Elas confiam, elas simplesmente acreditam. E sabem que não é verdade, mas acreditam. Repetem suas próprias frustrações e o homem continua a repetir seu mecanismo. De outro modo, a mulher diria: "Espere! Não há necessidade de ir tão longe. O amor é bom, mas não há necessidade de que uma mulher seja a mais bonita e de que só assim o amor possa existir, pois caso contrário o amor não durará muito tempo. Espere! Não é preciso ir tão longe".

Por que não amar uma mulher comum? O que há de errado em ser comum, simples e doméstica? Por que criar sonhos? E quando você cria sonhos, eles estão destinados a se destruírem um dia, porque os sonhos não podem se tornar reais. Eles vão frustrar. E manter esses sonhos, falsas promessas e palavras se tornará uma carga pesada demais para você. Então, a mesma mulher vai parecer uma pedra no pescoço. Não faça isso! Por que não ser natural? Por que não dizer simplesmente: "Eu amo você"? Para que falar em superlativos que precisam ser abandonados mais cedo ou mais tarde? E quando você os deixar, tudo virá abaixo, todo o castelo ruirá. Você o estava construindo sobre alicerce falso.

A segunda coisa a ser lembrada é: sempre que for repetir um velho hábito, dê uma sacudidela em você mesmo, torne-se consciente e, de repente, sentirá uma mudança. Você já vai ficando zangado – dê uma sacudidela em si mesmo, um tapa na cara; vá à torneira e jogue água fria nos olhos. E fique consciente, simplesmente fique um pouco alerta e veja que você está entrando de novo no mesmo padrão. O *próprio* estado de alerta muda.

Agora os físicos dizem uma coisa muito surpreendente. Dizem que até a matéria, quando você a observa, muda de comportamento – porque, na verdade, a matéria também é mente. Por exemplo, você está tomando banho no banheiro e de repente percebe que uma criança está olhando pelo buraco da fechadura. Você continua o mesmo ou acontece uma mudança súbita? De repente, tudo mudou! Alguém está no buraco da fechadura e você fica uma pessoa diferente. Um minuto antes você estava fazendo caretas no espelho – agora já não está. Você estava murmurando uma canção – agora a canção parou. Basta uma criança ou alguém estar olhando, observando, e um novo fator chegou; você não está sozinho, entrou em cena um observador – e uma observação é uma transformação.

E isto não é só com as pessoas; agora dizem que isto acontece mesmo com as árvores. Se você observa uma árvore, ela muda imediatamente de comportamento. Quando um amigo passa perto, a árvore tem uma atitude receptiva, alegre, ela dança um pouco, ela chama: "Chegue mais perto!" E existem também os inimigos: crianças, animais, o jardineiro, e eles vêm com suas tesouras – Mukta!* A árvore fica repentinamente chocada, sacudida até suas próprias bases, medrosa, fechada. E o que estou dizendo são descobertas científicas, não são imaginações poéticas ou doutrinas filosóficas – agora os cientistas provam estas coisas, que mesmo as árvores possuem mentes. E quando você as observa com amor, elas são diferentes. Quando você as olha indiferentemente, elas são diferentes. Quando você vai a elas para destruí-las, elas são diferentes.

Apenas pela observação, você muda uma árvore, seu comportamento. E os físicos dizem que os elétrons mudam imediatamente quando há um observador. Elétrons! Nós não pensamos que eles têm vida, que têm mentes – eles têm. Foi provado, nesses vinte anos de

---

* Mukta é o nome de uma sannyasin que trabalha nos jardins do asham de Osho.

pesquisa científica, que a religião estava absolutamente certa: que o Todo é vivo – um vasto oceano de vida e consciência. Nada está morto! Mesmo uma pedra não está morta. Quando um elétron muda de órbita, comportamento e atitude, o que isso revela? Que tremenda energia é possível através da observação!

Quando você se observa, entra um fator novo, o maior fator na vida – o fator da observação. Subitamente as coisas mudam, você não pode repetir o hábito. Um hábito necessita da inconsciência para ser repetido. A consciência entra, o hábito cai.

As pessoas me procuram e dizem: "Não conseguimos deixar de fumar", ou "Não conseguimos deixar de beber. O que devemos fazer?".

E eu lhes respondo: "Não tentem deixá-lo. Bebam com consciência; fumem com consciência. Não tentem abandoná-lo, porque isso vocês têm tentado há anos. E esse esforço também se tornou um hábito. Nada pode ser feito nesse caso. Fumem com consciência plena, com consciência meditativa. Fumem e estejam conscientes. Inalem a fumaça, conscientes de que a fumaça está entrando. Exalem a fumaça, conscientes de que a fumaça está saindo. E logo vocês verão, um dia, que o cigarro caiu de seus dedos – não que vocês o tenham abandonado: ele caiu.

Com consciência, os hábitos caem. Sem consciência, se você tentar abandonar o hábito, será quase impossível. A única maneira de abandonar sem consciência é criando outro hábito, um hábito substituto. Isso funciona. Você abandona o cigarro, começa então a mascar chiclete. Depois, deixa de mascar chiclete e passa a mascar *pan*. Você fará algo estúpido. Não faz diferença se fuma ou se masca chicletes; você tem que fazer algo estúpido – porque não sabe deixar sua boca relaxada. Bem no fundo, há uma tensão na boca e nos lábios, e essa tensão está criando o hábito. Você pode mudar de um hábito para outro, mas o padrão será sempre o mesmo; mascar chicletes ou fumar não faz diferença. O melhor jeito é chupar os dedos, como as crianças fazem. Mas ninguém se sentirá bem, você se sentirá embaraçado se, de repente, começar a mascar e chupar o polegar. Chicletes e cigarros não são outra coisa senão substitutos para os adultos. As crianças apreciam chupar os dedos porque não têm medo da sociedade. Quando você cresce, a mesma necessidade existe em algum lugar na boca – algo para ser sugado. Talvez sua mãe não lhe tenha dado o seio tanto quanto você precisasse; o seio foi tirado mais cedo que o necessário. Ou sua mãe era muito relutante em lhe dar o seio. Mesmo se ela costumava dá-lo, o fazia com profunda relutância. Isso ficou lá, bem no fundo; os lábios não se relaxaram. Eles carregam uma tensão, eles criam um hábito.

Você poderá mudar, mas isto não ajudará, a menos que você se torne consciente. Caso se torne consciente, encontrará uma tensão nos lábios, encontrará uma atividade constante na boca; a boca sempre quer fazer alguma coisa. As mulheres fumam menos – particularmente no Oriente, porque no Ocidente as mulheres são menos femininas – porque falam muito. Esse é o substituto delas. Elas continuam falando – a mesma atividade – e falando. Através de seus lábios, a tensão é liberada.

Ouvi dizer que uma vez havia uma grande competição na China: quem poderia dizer a coisa mais absurda e inacreditável? Era uma competição enorme. E mentirosos, falsários, poetas, mexeriqueiros e repórteres – toda espécie de gente – se reuniram. E o homem que ganhou o prêmio disse uma coisa muito simples. Ele disse: "Uma vez fui a um parque e vi duas mulheres sentadas num banco, em silêncio – durante cinco minutos". E o juiz disse: "Esta é a coisa mais inacreditável". Ele ganhou o prêmio, o primeiro prêmio.

Uma coisa ou outra tem que ser feita, a não ser que você se torne consciente. Você se torna consciente, então sente a tensão. Não faça nada, apenas perceba a tensão na boca e a própria consciência disso a relaxa. Nem é preciso relaxar! Uma vez que você se torna consciente de que existe a tensão, já está relaxando – porque a tensão só pode existir numa escuridão inconsciente, e não pode existir com a luz da consciência.

Logo, a segunda coisa é ficar cada vez mais e mais consciente quando você estiver repetindo suas velhas fórmulas.

E a terceira coisa: sempre que descobrir que existe alguma miséria, olhe para dentro. A causa está ali. Sempre que descobrir que está se sentindo bem-aventurado, olhe para dentro. A causa está ali. Se olhar para fora, encontrará uma causa fictícia, a qual não é verdadeiramente uma causa, mas uma projeção.

É exatamente como num cinema: você se senta e na tela aparecem as figuras. Elas são projetadas. As figuras estão, na verdade, atrás, nas suas costas; estão no projetor. Mas o projetor está atrás, no fundo, e seus olhos estão focalizados na tela. Não há nada na tela; a tela está vazia – apenas luz e sombra brincando, formando figuras. Você tem seu projetor dentro de você, de felicidade, de miséria, de céu e inferno. Você tem o Diabo e o Deus dentro. Sempre que sentir que vê o Diabo em algum lugar, olhe para dentro, você o encontrará ali. Os outros são apenas como telas, revelam sua realidade a você mesmo. Eles não são as causas reais.

Agora precisa esta bonita historieta:

El Mahdi Abbassi – um dos grandes Mestre Sufis – anunciou ser comprovável que, quer se ajude uma pessoa ou não, algo nela pode frustrar seu objetivo.

Tendo algumas pessoas contestado esta teoria, El Mahdi prometeu uma demonstração.

Aconteceu numa certa situação. Viera um homem, muito pobre, um mendigo, com muitas dívidas, e El Mahdi poderia tê-lo ajudado, porque mesmo o rei costumava vir a esse faquir, esse Mestre Sufi. Com apenas uma insinuação de El Mahdi, o rei teria dado tudo ao homem, tudo o que ele precisasse. Por isso é que esse homem viera a El Mahdi. Ele estava gritando e chorando, e dizia: "Ajude-me! Dê apenas uma sugestão ao rei e minha miséria desaparecerá. Caso contrário, mesmo que continue trabalhando toda a vida, permanecerei um escravo, e nem assim serei capaz de pagar minhas dívidas – é impossível. E eu tenho filhos, esposa e parentes, e estamos sofrendo muito. Não temos o suficiente para comer, nem roupas".

Mas El Mahdi disse: "Não é possível. Nada posso dizer ao rei".

Esta era a situação.

Tendo algumas pessoas contestado esta teoria...

Porque El Mahdi disse: "Mesmo que este homem seja auxiliado, o auxílio não irá atingi-lo. Alguma coisa nele vai frustrá-lo". Pessoas como El Mahdi enxergam fundo; não olham à sua superfície, mas profundamente dentro de você. Ele deve ter olhado dentro, penetrado esse homem. Ele deve ter visto que algo nele o faria outra vez pobre, cada vez mais e mais pobre; ele permaneceria sempre pobre. "Ele não pode ser ajudado. A ajuda de nada vai adiantar, porque ele carrega consigo algo que vai frustrá-lo". Assim, ele disse que, quer se ajude uma pessoa ou não, algo nela pode frustrar seu objetivo. Mas algumas pessoas, bondosas de coração, opuseram-se a essa teoria.

...El Mahdi prometeu uma demonstração.

Ele disse: "Eu lhes darei uma demonstração. Esperem!"

Quando todos haviam se esquecido do incidente, El Mahdi mandou um homem deixar um saco de ouro no meio de uma ponte. Pediu a outro homem que trouxesse algum infeliz endividado a uma das extremidades da ponte, dizendo-lhe que a atravessasse.

Abbassi e suas testemunhas ficaram do outro lado da ponte.

Quando o homem chegou à outra extremidade, Abbassi lhe perguntou: "O que você viu no meio da ponte?"

Um saco de ouro fora colocado lá. Não havia ninguém na ponte, e o homem a cruzara – ele poderia ter visto o saco de ouro, poderia tê-lo apanhado, não havia ninguém para reclamá-lo – mas ele nem sequer o viu.

"O que você viu no meio da ponte?", perguntou El Mahdi.

"Nada", respondeu o homem.

"Como foi isso?", perguntou o Mestre.

O homem replicou: "Logo que comecei a cruzar a ponte, ocorreu-me a ideia de que poderia ser divertido fazer a travessia de olhos fechados. E assim fiz...".

Tais tipos de pensamentos também lhe ocorrem. Você também faz assim.

Tenho visto muita gente chegar a um ponto onde algo seria imediatamente possível, mas justamente então algum pensamento lhe ocorre – às vezes tão absurdo que não se pode acreditar como esse pensamento pôde ocorrer. E imediatamente mudam de direção, mudam de ideia, e o fato que ia acontecer é suspenso.

Sua mente é um fenômeno muito complexo, ela continuamente projeta coisas. Esse homem era pobre, endividado; esse saco de ouro seria mais do que suficiente. Mas de repente – e ele havia cruzado essa ponte muitas, muitas vezes, e nunca esse pensamento lhe havia ocorrido antes –, subitamente um pensamento surgiu na mente, que seria engraçado cruzar a ponte de olhos fechados. Você também pode ter andado pelo caminho de olhos fechados. Um dia, pela manhã, não há ninguém e o pensamento ocorre. Quando o pensamento ocorrer, olhe em volta! – algum saco de ouro pode estar esperando você.

Um homem costumava vir a mim, um homem inteligentíssimo, um advogado da Suprema Corte, e quando prometia que agora, a partir de amanhã, ele viria e começaria a meditação, uma coisa ou outra acontecia. A mulher ficava doente, de repente aparecia um caso e ele tinha que ir a Nova Delhi. Ou, na manhã em que viria, estava com tanta preguiça que adiava para o dia seguinte. Aconteceu muitas vezes, quando prometia: "Eu virei, certamente virei para a meditação amanhã", algo acontecia. E isso continuou.

Um dia eu lhe perguntei: "Você já olhou para trás? – sempre que você promete, algo acontece. Há alguma relação interior com o acontecimento? Seu filho ficando doente, sua mulher não se sentindo bem, você sentindo preguiça, com energia baixa – há alguma coisa relacionada com isso? Porque tem acontecido tantas vezes que não pode ser só uma coincidência!".

E o homem respondeu: "Como pode acontecer? Porque sou eu que venho meditar, não meu filho, ele não sabe. Ele nem tem consciência de que eu venho meditar, então como pode acontecer?".

Mas agora, se você perguntar aos psicólogos, eles chegaram a muitas descobertas. A mente não é individual, mas um fenômeno coletivo. Sua mente e a do seu filho não são duas mentes, são uma; elas se encontram em algum lugar. Agora os psicólogos dizem que as crianças são muito, muito perceptivas, porque são inocentes. E são tão perceptivas que podem receber o pensamento de alguém que está perto delas. Se o pai quer ir ao clube e a mãe não quer – naturalmente ela não disse isso; ela própria pode não estar consciente de que não quer ir, mas subitamente a criança adoece, sentindo náuseas. E agora os psicólogos descobriram por acaso que a criança está simplesmente mostrando o inconsciente da mãe, porque se a criança ficar doente, então a mãe não terá que ir.

Aos poucos, à medida que a psicanálise penetra na mente humana, eles começam a perceber que não se pode tratar só uma pessoa, precisa-se tratar a família inteira – porque não é uma pessoa só que está doente; toda a família está doente. A pessoa que está mostrando a doença é apenas o elo mais fraco, isso é tudo. Se a família tem quatro filhos, pai e mãe, seis pessoas ao todo, então o mais fraco da família é que ficará doente, neurótico. A família inteira é neurótica, mas os outros são um pouco mais fortes; ele é o mais fraco. Você pode tratá-lo; se puder tirá-lo da família, ele estará bem. Mas se o enviar de volta à família, ele adoecerá outra vez. Então é muito difícil. O que fazer? A família tem de ser tratada. Mas então as coisas se tornam cada vez mais complexas, porque a família existe na sociedade, na comunidade. E toda a comunidade deve estar doente. Essa família é apenas a mais fraca da comunidade. Então as coisas se ampliam: a comunidade existe na nação e esta existe nesta Terra. E a consciência existe como um oceano. Você não pode então tratar de uma pessoa só, fica muito difícil, porque muitas outras a estão ajudando a ficar doente.

Na Índia, cada vilarejo tem o seu próprio idiota, e esse idiota ajuda toda a vila a se manter sadia. Na minha infância, morei em muitas vilas. Com meus avós morei numa vila, depois, com meus pais, morei noutra vila. Eu me mudava de vila em vila e ficava surpreso de ver que cada uma delas tem o seu próprio idiota, precisa ter – porque ele é a sanidade de toda a vida. Ele fica neurótico, fica louco, grita e chora por toda a parte; corre de cá para lá e os garotos o seguem e lhe atiram pedras. Isso ajuda toda a vila a se conservar sadia. Se você tirar o idiota, um outro alguém imediatamente se tornará o substituto. E na Índia antiga, os aldeões respeitavam os idiotas. E faziam bem, porque eles prestavam um grande serviço. Os idiotas eram respeitados como santos, eram chamados de *paramahansas* – os grandes que haviam se realizado. Era bom de certo modo, porque o idiota estava servindo a toda a vila. Se você se sentia um pouco neurótico, podia brincar com ele e podia fazer o que quisesse; ninguém o recriminaria.

Na Índia nós temos um festival – Holi. Este festival Holi é justamente uma catarse, para que todo o país jogue fora todas as suas loucuras. Isso é bom, isso limpa. São necessários mais dias como esses, porque existem mais loucuras; apenas um Holi não é suficiente. Aliás, em todo mês é necessário um dia Holi, para que as pessoas possam jogar pedras, lixo uma nas outras, tinta, sujeira e dizer palavrões. Isso limpa.

Lembre-se sempre de que a consciência é um *vasto* fenômeno oceânico. Ela está dentro e fora de você. E a consciência é telepática, ela comunica. Se vigiá-la bem, virá a saber que muitas vezes sua consciência levanta barreiras; mesmo que você não as esteja levantando, o subconsciente de alguém o faz, porque você gostaria que outra pessoa o fizesse. O pai tem vontade de vir meditar, mas, lá no fundo, ele não quer. A criança telepaticamente o entende. Fica doente de manhã e o pai não pode vir. Agora ele tem uma desculpa.

Aconteceu: Um homem veio a Buda quando ele estava morrendo. Durante trinta anos Buda passara por sua vila – cerca de oito vezes em trinta anos – e ele nunca foi procurar Buda. Ele sempre adiava e adiava, como as pessoas costumavam fazer – você pode entender. Há muita gente em Poona; quando eu for embora de Poona, só então elas se tornarão conscientes de que eu estive aqui. Estive em Jabalpur por muitos anos. Quando deixei Jabalpur, as pessoas de lá começaram a ir a Bombaim para me ver. E se sentiam terrivelmente infelizes de não terem tido consciência de que eu estive lá. E me diziam que as pessoas de Bombaim eram muito, muito privilegiadas. Eu dizia: "Não se preocupem, quando eu deixar Bombaim elas ficarão no mesmo estado em que vocês se encontram". E deixei Bombaim; agora elas vêm de Bombaim para cá. Nas minhas palestras, há mais gente de Bombaim do que de Poona. Só quando eu deixar Poona é que estarei mesmo em Poona, nunca antes.

Buda passara oito vezes pela mesma vila durante trinta anos. Ele ficava na vila – uma vez ficou lá durante quatro meses, toda a estação das chuvas – e o homem não arranjava tempo. Gente ocupada, ocupada sem qualquer ocupação. Ele tinha uma lojinha para cuidar e uma família pequena para sustentar, e sempre tinha uma coisa ou outra. Chegava um hóspede; ou então, na hora em que ia fechar a loja, chegava um freguês e ele era tão pobre que não podia deixar o freguês ir a outro lugar, por isso tinha que abrir a loja de novo – e a essa altura, o sermão já havia terminado. Isso aconteceu durante trinta anos, muitas vezes... uma coisa ou outra.

E então, no dia em que ouviu dizer que Buda estava morrendo, correu, fechou a loja e se dirigiu apressadamente para fora da vila, para onde Buda se encontrava. E ali ele começou a chorar e a gritar, porque Buda havia partido, havia dito o último adeus à sua gente. Ele perguntou três vezes a seus discípulos: "Vocês têm algo a perguntar?". E eles estavam chorando e não tinham nada a perguntar. E não havia necessidade – durante quarenta anos ele havia respondido a tudo que eles haviam perguntado. E estavam cheios de emoção e dor pela partida de Buda. Elas disseram: "Não, nada temos a perguntar. Você nos deu tudo". Por três vezes ele perguntou, e então se recolheu atrás de uma árvore. Fechou os olhos e começou a morrer. Porque um homem como Buda não morre como você – ele morre voluntariamente, ele deixa o corpo. Você é forçado a deixar o corpo. Ele começou a morrer, lentamente; deixou o corpo, recolhendo-se por dentro; deixou a mente, recolhendo-se ainda mais.

Nesse momento chegou o homem e disse: "Não! Não me impeçam. Deixem-me ir até Buda".

E Ananda falou: "Eu o conheço. Passamos durante trinta anos por sua vila, muitas vezes, cerca de oito vezes. Buda falou na sua aldeia – e onde estava você?".

Ele respondeu: "O que posso fazer? Algumas vezes meu filho estava doente, outras vezes minha mulher estava grávida, às vezes um freguês chegava de repente e algumas vezes foram hóspedes. Eu não podia ir. Mas agora que vim, não me impeçam".

Ananda, discípulo de Buda, disse: "Agora é tarde demais. Não podemos pedir a ele que volte – ele já está se interiorizando".

Mas, ouvindo isso, Buda voltou. Voltou ao corpo e disse: "Ananda, não o impeça, porque caso contrário ele permanecerá sempre como uma mancha em minha compaixão, ao saber que um homem bateu à porta e que eu, ainda vivo, não pude ajudá-lo".

Buda está certo em sua compaixão e El Mahdi também está certo. Você não pode ajudar um homem contra sua vontade, algo nele vai frustrá-lo.

Buda lhe perguntou: "O que você precisa? Qual é a sua pergunta, qual é a sua busca?".

E o homem fez muitas perguntas, e Buda o ajudou. Mas ninguém jamais ouviu falar desse homem e do que aconteceu. Ele jamais se tornou um Iluminado. Voltou à loja, aos mesmos fregueses, à mulher, ao filho e à mesma vila. Ficou apenas com um pouco mais de conhecimento, só isso. A compaixão de Buda não lhe serviu muito. Foi muito bom que Buda tenha se compadecido, mas você não pode ajudar um homem contra si mesmo – algo nele vai frustrar. Ele ficou muito feliz por Buda ter respondido às suas perguntas, mas isso foi tudo. Ele poderia ter tirado esse conhecimento das escrituras ou dos discípulos. Mesmo uma compaixão tão grande, uma bênção, foi frustrada. Ele permaneceu o mesmo.

Você pode passar por um Buda, e algo em você vai frustrar. Lembre-se disso.

O homem replicou: "Logo que comecei a cruzar a ponte, ocorreu-me a ideia de que poderia ser divertido fazer a travessia de olhos fechados. E assim fiz...".

Lembre-se disso e jamais faça o mesmo. Você está aqui comigo: muita coisa é possível. Tudo o que é possível, é possível. Apenas fique atento a algo dentro de você que pode frustrá-lo, e algumas vezes por coisa tão trivial que você mesmo vai rir. E por tais pequenas trivialidades, você pode perder a oportunidade. E você sabe, porque está na mesma condição. Coisas muito pequenas...

Você pede uma entrevista hoje e ela não é concedida hoje; é concedida amanhã – você sente minha raiva, você pode me deixar. Mas o que você está fazendo? Para quê? Seria como se você estivesse simplesmente achando uma desculpa para ir? E eu sei, melhor do que você, quando é que você deve me ver. Sempre que está negativo, você quer me ver imediatamente. E esse não é o momento certo, porque, quando você está negativo, pode obter de mim, no máximo, minha compaixão. Quando está positivo, só então pode receber meu amor, porque à mente negativa o amor não pode ser dado; a mente assim não vai receber. E você sempre vem quando está negativo. Quando está se sentido triste, deprimido e fraco, imediatamente você me procura. Quando está se sentindo forte, você me esquece. Quando está se sentindo bem e feliz, por que precisa de mim? Não há motivo.

Lembre-se disto: se eu atraso as entrevistas, é simplesmente porque sei que a depressão não vai durar para sempre. Isto é hoje. Amanhã não estará aí. Ninguém pode ficar deprimido para sempre. As coisas vêm e vão, os estados de espírito vêm e passam, e eu gostaria que você viesse a mim somente quando estiver positivo, porque então algo lhe pode ser dado.

Esta é a diferença entre a religião e o tratamento psiquiátrico. Você vai a um psiquiatra quando está negativo, doente, quando não está na forma correta. Você vai ao médico quando está doente; ele o trará para a saúde. Você vai a um homem religioso quando você está repleto de saúde, para que ele possa lhe dar ainda mais saúde. Você se dirige a um homem religioso quando você está absolutamente positivo, sentindo-se feliz e bem-aventurado. E então ele pode conduzi-lo a estados mais elevados.

Venha a mim não simplesmente pela saúde, mas por mais saúde do que a convencional; não só para se tornar feliz, mas para se tornar bem-aventurado; não só para se tornar saudável, mas para se tornar completo, inteiro. E pequenas coisas podem frustrar.

Uma sannyasin me procurou há poucos dias e disse que queria ir embora. Perguntei-lhe: "O que aconteceu?".

Ela respondeu: "Um mendigo quis vê-lo e foi recusado na porta. Não posso ficar aqui. Por que aquele mendigo foi recusado?"

Agora ela está pronta para ir embora. Será que o fato de ela me deixar ajudará de alguma maneira aquele mendigo? Ou quem é ela para decidir quem deve ser aceito ou não? Cabe a mim decidir. Um mendigo vem pedir coisas pequenas; essas coisas ele pode obter em qualquer lugar. Só permito que os grandes mendigos venham me visitar – aqueles que vêm pedir Deus. Nada menos do que isso. E quem é você para decidir sobre estas coisas? Você fica zangada e zangada pode se afastar de mim. O mendigo permanecerá mendigo; ele não será ajudado por você me deixar. Mas alguma coisa em você tentou enganá-la. E algo vai frustrá-la continuamente em toda parte, aonde você for. Esse algo em você sempre encontrará desculpas.

Lembre-se sempre que você está aqui por você mesma, e por ninguém mais. Isso não é da sua conta. Cabe a mim decidir quem vai ser recebido e quando, quem vai ser rejeitado e quando. Porque às vezes é necessário que alguém seja rejeitado. Às vezes é necessário que alguém seja rejeitado muitas vezes. Mas no seu estado de espírito, você não pode entender isso, enão há necessidade. Mas não procure desculpas, porque essas desculpas serão suicidas para você.

Capítulo 7

O Conhecimento é Perigoso

Um homem procurou um médico e lhe contou que sua mulher não conseguia ter filhos.

O médico viu a mulher, tomou seu pulso e disse: "Não posso tratá-la por esterilidade, porque descobri que, de qualquer forma, você vai morrer em quarenta dias".

Quando ouviu isto, a mulher ficou tão preocupada que não conseguiu comer nada durante os quarenta dias seguintes.

Mas ela não morreu no tempo previsto, então o marido foi certificar-se do problema com o médico, que disse:

"Sim, eu sabia disso. Agora ela estará fértil".

O marido perguntou como podia ser isto.

O médico lhe respondeu:

"Sua mulher estava gorda demais e isto estava interferindo na sua fertilidade. Eu sabia que a única coisa que a colocaria longe da comida seria o medo de morrer. Agora, portanto, ela está curada".

A questão do conhecimento é muito perigosa.

SIM, A QUESTÃO do conhecimento é muito perigosa – por muitas razões.

A primeira é que, quando alguém conhece, ele também conhece a complicação e a complexidade da vida. Quando alguém conhece, ele também conhece os caminhos misteriosos de como a vida funciona. Então não é uma questão de afirmar uma verdade. A questão básica é como conduzir alguém à Verdade. Às vezes as mentiras são usadas, porque elas ajudam; e às vezes as verdades não podem ser usadas, porque elas atrapalham.

Todos os grandes Mestres – Buda, Jesus, Maomé – são grandes mentirosos. E isto será difícil de acreditar; mas quando eu o digo, digo-o com muita consideração. E sei por que é assim.

A questão básica não é dizer a Verdade para você. A questão básica é como conduzi-lo à Verdade.

Alguém perguntou a Buda: "O que é a Verdade?", e Buda respondeu: "Aquilo que pode ser usado".

Isto não é uma definição da verdade, porque as mentiras podem ser utilizadas – mas Buda está certo. Se algo pode ajudá-lo, pode ser até uma ficção, mas se o ajuda e o conduz à verdade, então é verdadeiro. E algumas vezes pode ser justamente o contrário: você sabe a verdade, mas ela se torna um obstáculo e o leva mais e mais à confusão, à obscuridade. Assim, o resultado final deveria ser o critério; o fim resultante deveria ser o critério.

Aconteceu uma vez: Um Mestre Sufi sentia sede. Ele estava cercado pelos discípulos e pediu a um menino, que também estava ali sentado, ouvindo-o, que fosse até o poço. Deu-lhe um pote de barro e disse: "Tome cuidado! O pote é de barro, mas muito valioso. É uma peça antiga. Não o deixe cair, não o quebre". Então esbofeteou a face do garoto duas ou três vezes e disse: "Agora vá!".

As pessoas ali sentadas não podiam acreditar. Um dos homens mais bondosos perguntou: "O que está fazendo? Isto é um absurdo! O menino nada fez de errado. Não deixou cair o pote, não o quebrou, não fez nada – e você o puniu?".

O Mestre Sufi respondeu: "Sim, eu sei. Mas se ele tivesse quebrado o pote, que utilidade teria a punição?".

O Mestre Sufi está dizendo que, na vida, não é sempre que o efeito segue a causa. Na vida, algumas vezes a causa segue o efeito, algumas vezes o efeito precede a causa. A vida é complicada, ás vezes o futuro vem primeiro e depois o passado. Não é sempre que o passado vem primeiro e depois o futuro.

A vida não é tão simples quanto você pensa. Ela é difícil, complexa; o passado e o futuro, ambos se encontram nela. Aquilo que já foi ainda está presente, de alguma forma. Como pode desaparecer? Tudo o que já foi ainda está presente! Neste exato momento, todo o passado – não somente da humanidade, mas de todo o Universo – está implícito. Sua mãe, seu pai, o pai do seu pai, o avô e o avô do seu avô e Adão e Eva, todos estão implícitos em você; alguma coisa de você estava em Adão e em Eva, e eles estão totalmente em você. Todo o passado está aí – e todo o futuro também. Tudo o que vai acontecer no mundo, no Universo, você já o carrega como uma potencialidade.

Você é o mundo inteiro. Causas e efeitos, passado e futuro – tudo está reunido em você. Todas as linhas da existência se cruzam no ponto em que você está.

A questão do conhecimento é perigosa. Quando uma pessoa conhece, ela conhece essa complexidade. E sempre que faz algo, precisa considerar toda a complexidade – de outra forma ela errará, e não será útil.

Eis por que digo que muitas pessoas se tornaram Iluminadas, mas poucos são os Mestres; porque, para se tornar Iluminado, você tem que resolver apenas os seus problemas. Quando você se torna Iluminado, o conhecimento é um oceano tão vasto, que manejá-lo e ser capaz de ajudar os outros se torna muito difícil. E algumas vezes as pessoas que não conhecem essa periculosidade do conhecimento podem pensar que estão ajudando. Elas destroem. Elas podem estar pensando que são bondosas, mas são cruéis. Podem estar pensando que estão tirando você da sua confusão, mas o estão atirando ainda mais na confusão. Tem acontecido muitas vezes, mesmo com pessoas Iluminadas. A imensidão é tanta, a complexidade é tão profunda, mas sempre que você diz alguma coisa a alguém, ela se torna simples. Você tem que diminuí-la, reduzi-la a um fenômeno simples. Muito dela fica perdido, e então pode não ser uma ajuda.

Por exemplo: Krishnamurti. Ele *é* Iluminado. Se ninguém jamais houvesse sido Iluminado algum dia, ele o seria. Mas a complexidade é tanta, e ele reduziu toda a coisa a uma fórmula tão simples, que todo o mistério se perde. Ele parece um lógico, fala como um racionalista – o mistério se perde. Ele tem repetido fórmulas particulares e elas não têm ajudado ninguém. Muitos ficam iludidos por elas, mas ninguém é ajudado – porque ele tem uma atitude fixa, e a vida não é fixa. É verdade: às vezes um homem alcança a Verdade sem o auxílio de qualquer Mestre. Também o oposto é verdadeiro: às vezes um homem alcança a Verdade com a ajuda de muitos Mestres, não apenas de um. É verdade que você pode crescer sozinho; o oposto também é verdadeiro, que você pode crescer numa comunidade, numa escola, numa família de buscadores. É verdade que um homem pode chegar ao Final sem qualquer método; o oposto também é verdadeiro.

Com as pessoas que têm uma atitude muito lógica para com a vida, isto se torna difícil. Elas dividem a vida em sim e não. Dizem: "Ou diga sim ou diga não".

Você pode ter ouvido o nome de um pensador ocidental, De Bono. Ele tem algo muito bonito a dizer a todos. Ele criou uma nova palavra – essa palavra é "po". Você não a encontrará em nenhum dicionário, porque é uma palavra nova. Ele diz que existem situações nas quais você estará errado se disser sim, e se disser não também estará errado. Há situações nas quais você precisa estar exatamente no meio – então diga po. É uma palavra que não significa sim, nem não, ou significa os dois. Ou abaixo do sim ou do não, ou acima do sim ou do não, mas indivisível – "po", sim mais não.

Existem situações: se alguém lhe faz uma certa pergunta na qual você está profundamente envolvido, se alguém pergunta: "Você acha que me ama?", será difícil, porque você nunca está cem por cento certo se ama ou não. Se você diz sim, está comprometido com uma afirmação errônea, porque quem pode dizer sim? Só alguém que vive na sua totalidade pode dizer *sim* com todo o seu ser envolvido. Como você pode dizer sim? No momento em que você está dizendo sim, uma parte sua ainda está dizendo não. Espere, não decida. Há confusão; uma parte de sua mente está dizendo: "Não sei se amo ou não". Se você disser não, isso também estará errado – porque uma parte sua está dizendo sim. E você é sempre uma parte, não é total. A palavra de De Bono, "po", é oportuna; quando alguém lhe perguntar outra vez: "Você me ama?", diga "po". Significa os dois, sim e não: "Uma certa parte de mim ama e uma certa parte de mim não ama".

Mulla Nasrudin estava no tribunal. Havia uma questão contra ele, porque a esposa havia dado queixa no tribunal de que ele vinha batendo nela. Se o juiz tivesse perguntado: "Você bate na sua mulher?", ele poderia ter respondido sim ou não, fosse qual fosse o caso. Mas o juiz perguntou:" Mulla Nasrudin, você parou de bater na sua mulher?" Se ele dissesse sim, significaria que batia nela antes. Se dissesse não, significaria que ainda o faz.

Por isso ele veio correndo me procurar, depois de dizer ao juiz: "Dê-me um tempinho; amanhã eu respondo".
Quando ele me encontrou, eu disse: "Diga po".
E ele perguntou: "O que é este po?"
Eu respondi: "Isto é problema do juiz. Deixe-o decidir o que é po. Diga-o, simplesmente".

Toda a linguagem humana está dividida entre sim e não, entre preto e branco – mas a vida é cinza. Esse po significa que a vida é cinza; num dos extremos ela se torna preta bem escura, no outro extremo ela se torna branca – mas exatamente entre os dois, o cinza flutua e existe.

Duas calamidades caíram sobre a mente ocidental: uma foi Aristóteles, porque ele lhe deu uma atitude lógica para com a vida, a qual é falsa. Ele lhe deu o sim ou o não, e disse: "Ambos não podem ser verdadeiros juntos". E eles *sempre* são verdadeiros juntos; são sempre verdadeiros juntos. Um não pode ser verdadeiro sem o outro, porque a vida é ambos: dia e noite, verão e inverno, Deus e o Diabo. A vida é coesa, indivisível. Quando um homem chega a compreender essa indivisibilidade da vida, torna-se dificílimo – o que dizer, o que não dizer. Qualquer coisa que ele disser será falsa, porque a linguagem permite apenas o sim e o não.

A segunda calamidade que caiu sobre a mente ocidental foi a crucificação de Jesus. Por causa dessa crucificação, toda a mente ocidental ficou perturbada. Primeiro, Aristóteles dividiu a vida em duas; e depois a crucificação de Jesus dividiu o coração em dois. Aristóteles dividiu a mente, o intelecto em dois; e a crucificação de Jesus dividiu o coração em dois. Se você é cristão, vai para o céu; se não é, vai para o inferno. Se você é cristão, só então é humano; se não é cristão, ninguém se preocupa com você. Você pode ser morto facilmente. Não há necessidade de se pensar sobre isso.

A crucificação dividiu o coração, a parte emocional do homem. E o cristianismo tem feito tanta violência – nenhuma religião jamais fez tanto – por causa da crucificação. Os judeus têm sido exterminados continuamente por estes dois mil anos. E o Cristianismo se tornou uma cruzada, uma guerra contra os não cristãos, os pagãos.

Amor dividido, coração dividido, mente dividida – todo o Ocidente se tornou esquizofrênico, uma personalidade partida. E todo o esforço do Sufismo é de como torná-lo uma, para que todas as suas divisões desapareçam; de forma que o seu coração seja uma, um todo unitário, e sua mente veja uma, um todo unitário. E não apenas isto: seu coração e sua mente também se tornem umas, um todo unitário. Então você chega ao que é real.

Mas, agora, como ajudá-lo em direção ao real? Serão necessários ardis, porque simplesmente falar sobre a verdade não adiantará. Nunca adiantou, ao contrário, tem atrapalhado. Se a verdade lhe for dita, ela se transformará em dogma, e o dogma é um obstáculo. Vai se tornar uma escritura, uma tradição, e uma tradição é uma traição.

A verdade não lhe pode ser dita diretamente. Algo precisa ser feito, de forma que você prossiga, aos poucos, em direção à Verdade. O conhecimento tem que ser transferido de uma forma muito indireta. Ele não pode ser direto; tem que ser cultivado, pouco a pouco, dentro de você, através de situações. E naturalmente, porque você é falso, só as situações falsas serão úteis; as situações reais não serão úteis. Você *é* falso, você entende a linguagem falsa, e é necessária uma situação falsa continuamente à sua volta, para forçá-lo em direção a uma certa janela de onde você possa ver o céu.

Por exemplo: você vive numa casa fechada. Você jamais saiu dela, jamais viu o sol, ouviu os pássaros ou tocou a brisa que passa pelas árvores; você jamais saiu, viu as flores ou as chuvas. Você tem vivido na casa fechada, completamente fechada, sem uma janela aberta sequer. Então eu chego e gostaria que você saísse e cantasse com os pássaros, dançasse com a brisa e fosse como uma flor se abrindo, se abrindo em direção ao infinito. Mas como lhe contar sobre o mundo de fora? A linguagem não está presente. Se eu falar de flores, você não entenderá. "Flores?", você dirá, "O que você quer dizer por flores? Primeiro prove que elas existem". Como elas podem ser provadas, se você não as conheceu? E qualquer coisa que se faça para prová-las, você pode contestar e argumentar. E as pessoas que têm vivido num mundo fechado são sempre argumentativas – sempre. Quanto mais fechada a mente, mais argumentativa ela é – porque ela não conheceu coisa alguma que vá além do argumento, da lógica e da racionalização. Ela está confinada. Você tem vivido na escuridão – como lhe falar da luz, da claridade e dos raios solares?

E você não está sozinho na sua escuridão; existem muitos com você. Estou sozinho aqui falando de flores e luz, do mundo de fora e do céu aberto. E não apenas você, mas a grande maioria rirá – eu devo ter ficado louco. "O que você está dizendo? Você deve ter sonhado", você me dirá. "É sua fantasia", você dirá, "não existe um mundo externo. Este é o único mundo; não há outro mundo. De que você está falando?".

E alguns de vocês certamente pensam que devo ter algum plano, alguma conspiração para levá-lo para fora e roubá-lo de alguma coisa – "porque não existe mundo externo! E por que este homem está sempre tentando provar que existe um mundo exterior? Ele deve ter algum motivo vantajoso por trás disto. Não se deixem enganar por este homem!" Foi assim que você se comportou com Jesus, Maomé e Mahavira; é assim que você sempre tem se comportado com as pessoas que lhe trazem boas novas de algum outro mundo, que têm sido mensageiras de algo desconhecido para você. A maioria está com você; você pode fazer uma votação e decidir o que é verdadeiro e o que não é.

A dificuldade é: em que linguagem falar a você, quais parábolas, que símbolos usar? Qualquer coisa dita será mal interpretada – porque algo só pode ser compreendido quando a experiência, a experiência básica estiver presente. Mesmo que um ligeiro relance tenha vindo a você do mundo externo, mesmo que por uma só vez, mesmo que você tenha olhado pelo buraco da fechadura, existe uma possibilidade. Um contato, uma comunicação, torna-se possível. Mas você não tem olhado de forma alguma, você nem sequer sonhou, nem sequer imaginou. Nem mesmo em fantasia o mundo externo entrou em você. Você está completamente fechado. O que fazer?

Terei que usar algum ardil. O ardil não é nem verdadeiro nem falso. É um ardil "po" – você não pode dizer sim, não pode dizer não. Terei que usar sua linguagem e sua situação, e terei que lhe falar nos seus termos. É inútil falar de flores – você não as conhece. É inútil falar do céu – você não o conhece. Você se esqueceu completamente de que tem asas.

Algum estratagema. Por exemplo, posso criar-lhe uma agitação: "Esta casa vai desabar! Saia o mais rápido possível! O tempo está acabando. Esta casa vai desabar". Foi isso o que Jesus fez. Ele disse: "Todo este mundo vai desmoronar. O tempo está acabando. O fim está próximo – o dia do julgamento". Ele não chegou até agora. E Jesus disse a seus discípulos: "Antes que vocês morram, o dia do julgamento terá chegado. Por isso, transformem-se, modifiquem-se, arrependam-se! Porque o tempo está acabando e a casa vai desmoronar. Já está em chamas! Vocês não veem?". O que ele está dizendo?

Você não entende a linguagem da liberdade, mas entende a linguagem do medo. A liberdade não lhe pode ser dita, mas o medo... sim, esse você entende. Você entende a morte, e não entende a *vida*. Portanto, ele diz que o dia do julgamento está se aproximando. E Jesus diz: "Só existe uma vida. Uma vez perdida, perdida para sempre". Eis por que Jesus nunca usou o ardil indiano da reencarnação.

Todas as três religiões nascidas no Ocidente – judeus, muçulmanos, cristãos – jamais usaram o estratagema indiano. Todas as religiões nascidas no Oriente – Budismo, Hinduísmo, Jainismo, Siquismo –, todas usaram o artifício da reencarnação. E quando as pessoas me procuram e perguntam: "A reencarnação é uma doutrina verdadeira?", respondo: "Po". Não é verdadeira nem falsa. É um artifício, um ardil para ajudar as pessoas. Tente entender. E ambos os artifícios o conduzem ao mesmo ponto, ambos o trazem ao mesmo estado de mente. Logo, ambos são verdadeiros, porque ambos ajudam. Verdadeiros, no sentido de Buda. Eles são pragmáticos; você pode utilizá-los – eles têm sido utilizados.

Jesus diz: "Esta é a única vida", para criar uma agitação, um medo. Porque se ele disser que existem muitas vidas, você relaxará; você dirá: "Então não há pressa. Esta casa não vai desabar durante a *minha* vida, e haverá outras vidas; logo, para que me apressar?". Você pode adiar: "E se há muitas e muitas vidas, isso significa muitos milhões de oportunidades, então para que ter tanta pressa? Por que não usufruir esta casa e a escuridão um pouco mais? A qualquer momento poderemos sair. A casa estará aí e nós estaremos aqui. A porta estará aí; o externo não irá se perder". Você pode adiar.

Jesus abandonou o adiamento. Ele disse: "Só existe uma vida, apenas *esta* vida. E esta vida está continuamente fugindo de suas mãos, escapando pelos dedos. A cada momento você está mais e mais morto. E em breve, *nesta* vida, antes que você morra, o dia do julgamento estará aí. E todos os seus pecados serão julgados e você será castigado. E aqueles que estiverem comigo serão salvos!" O que ele está dizendo?

Ele está dizendo: "Venha comigo. Esteja comigo". Ele está tentando trazê-lo para fora da casa. Ele irá embora, e se você confia nele e se você ficou demasiadamente temeroso... e ele criou quase uma neurose, um medo, um tremor. Nesse medo, as pessoas o seguiram.

Uma vez que você siga Jesus, você está fora, e sabe que aquilo era um truque. Você foi enganado, mas então não fica zangado, mas agradecido, porque esse era o único caminho. E você era tão falso que mesmo um Jesus precisa usar uma mentira para trazê-lo para fora. Mas, uma vez que esteja fora, você se esquece do dia do julgamento, de Deus e do Reino; e se esquece da morte e do medo. Uma vez que esteja no mundo, no mundo aberto, de céu, brisa e claridade, você celebra, desfruta, sente-se grato para todo o sempre para com Jesus, porque ele foi tão compassivo, porque usou até mesmo uma mentira para trazê-lo para fora.

Na Índia, nós temos usado um outro estratagema, por certas razões.

A Índia é muito, muito velha, o país mais velho do mundo; existe há milhares de anos. O Ocidente é muito jovem, o Oriente é muito velho. E quando você se dirige a um velho, tem que falar diferentemente; quando se dirige a um jovem, tem que falar de outro modo – pois suas atitudes mudaram completamente. Um jovem sempre olha para o futuro; um velho sempre olha para o passado, porque para um velho não há futuro. A morte ... e então não há futuro. Um velho olha em direção ao passado; somente o passado existe para um velho.

À medida que você envelhece, o passado aumenta mais e mais e o futuro fica menos e menos. Para uma criança não existe passado, só futuro. Se você fala a uma criança, precisa estar orientado ao futuro. Eis por que Cristo continua a falar da chegada do Reino de Deus, da vida abundante – o futuro. Na Índia, isso não teria sido útil de forma alguma. As pessoas ficaram velhas, toda a mente se tornou tão velha que você não pode ser enganado com palavras como "Reino de Deus". Elas viveram demais, e você não pode atraí-las em direção a mais vida. Elas estão entediadas e cansadas da vida. Você não pode lhes dizer que a abundância da vida estará lá. Elas dirão: "Isto já foi demais! O que faremos com a abundância da vida?" Não. A mente oriental quer ficar livre da vida e também da morte. O Oriente está entediado, assim como todo velho está entediado. Ele viveu, lutou em todas as dimensões e descobriu que tudo é fútil, infrutífero.

A mente velha está entediada. O Oriente está entediado com a vida, e você não pode prometer mais vida. Essa não será uma promessa; pelo contrário, isso soará como um castigo. Portanto, no Oriente, temos usado um estratagema muito diferente, e esse estratagema é: a roda da vida e da morte.

Dizemos que você nasceu milhões de vezes – damos mais tédio à mente –, milhões de vidas... os hindus dizem que cada pessoa esteve neste mundo, antes de nascer como ser humano, pelo menos oitenta e quatro *crore* de vezes – isto é, oitocentos e quarenta milhões de vezes as pessoas estiveram neste mundo. E todos têm repetido o mesmo modelo – a infância, as fantasias da infância; a juventude, as tolices da juventude; a velhice, o tédio; e a morte. E a roda gira, gira e gira. Oitocentos e quarenta milhões de vezes você tem sido simplesmente o mesmo: sempre ansiando, sempre desejando as mesmas coisas, sempre conseguindo-as ou não, mas, no final, a frustração; se você alcança ou não, o final é a frustração. Toda história sempre chega ao mesmo ponto: frustração – daqueles que são bem-sucedidos e daqueles que não o são. Pense! Oitocentos e quarenta milhões de vezes você amou e ficou frustrado. Oitocentos e quarenta milhões de vezes você tentou, tornou-se ambicioso, teve sucesso em obter um certo prestígio, dinheiro, e então se frustrou. Oitocentos e quarenta milhões de vezes nascido, e depois, pouco a pouco, a vida se esvaindo e a morte outra vez.

Qual é a mensagem desta teoria da reencarnação? A mensagem é: Chega! Agora acabe com isto! Agora saia dessa! Se você permanecer dentro, esta roda continuará sempre e sempre. Agora a abandone! Um abandono real. Não o abandono da sociedade nem da escola, mas o abandono da roda da vida e da morte. Simplesmente abandone e corra! – para fora da casa.

Esta é a linguagem que um homem entediado pode entender. Mas ambas são artifícios. Não me pergunte qual é a verdadeira. Elas não são nem verdadeiras, nem falsas. A verdade você saberá quando estiver fora da casa; você nunca saberá a verdade dentro dela. Assim, qualquer coisa que o ajude em direção ao céu, à liberdade, à abertura, é a verdade. Eis por que eu digo que todas as religiões são verdadeiras, no sentido de que todas elas ajudam. E uma religião se torna falsa quando para de ajudar.

Acontece: sempre que uma sociedade fica velha... agora a ideia de Jesus não ajudará muito o Ocidente. Agora o próprio Ocidente está ficando velho. É por isso que a mente ocidental está se voltando em direção ao Oriente. Agora a filosofia do tédio será mais útil – agora você também é velho. O Cristianismo tem menos atrativo e o Hinduísmo e o Budismo mais atrativo. Agora você está velho! Agora a ideia de Jesus não será de muita ajuda. Jesus pode permanecer influente na América apenas por uns poucos anos – os *freaks* de Jesus e o povo de Jesus –, porque a América é ainda jovem, sem história, sem passado. Por outro lado, o Ocidente está se tornando mais e mais oriental. A reencarnação atrai mais do que uma só vida. O dia do julgamento parece infantil, e uma só vida não parece ser o suficiente. Como você pode julgar alguém dando-lhe apenas uma oportunidade? Pelo menos mais algumas oportunidades são necessárias para julgar alguém, pois ele tem que aprender por tentativas e erros. Se você lhe der apenas uma oportunidade, não lhe dá nenhuma, realmente. Se ele erra, ele erra. Não há tempo de ele superar o erro. São necessárias mais oportunidades.

Estes são ardis. A palavra "ardil" significa nem verdadeiro nem falso. Pode ajudar, e se ajuda, é verdadeiro. Pode atrapalhar; então é falso. Toda religião é verdadeira quando nasce e se torna, aos poucos, falsa – porque as situações mudam e a religião se torna falsa. Ela se encaixa numa situação particular e depois já não se encaixa mais. Então se torna um fardo, ela o mata, torna-se assassina, ela sufoca, não lhe dá mais libertação na vida e fica venenosa.

Toda religião tem seu próprio dia. E quando as pessoas se tornarem mais conscientes, elas perceberão quando a religião nasce, perceberão quando a religião é jovem; elas vão apreciá-la quando for jovem e útil. E quando a religião morrer, elas farão o mesmo que você fará com seu pai e com sua mãe quando eles morrerem. É claro, com grande sofrimento e dor, você os leva ao túmulo ou ao *ghat* de cremação. Você os crema com lágrimas nos olhos, mas precisa cremá-los! Você sabe que ela era sua mãe e lhe deu nascimento, e que ele era seu pai e era tudo – mas ele está morto! Então, os pesos mortos desnecessários não estarão mais na mente ser humano.

No momento, existem trezentas religiões no mundo – e quase todas elas mortas. Apenas algumas têm um pouco de vida – mesmo assim, como uma pequena chama, não como um sol –, de alguma forma mantendo-se íntegras. Se você compreender que a religião é um artifício, então estará claro que um artifício não pode ser um artifício para sempre.

Estou criando muitos artifícios, eles estarão mortos um dia. Então terão que ser abandonados! Se você praticar uma meditação particular que eu lhe dei, mesmo na sua vida, descobrirá mais cedo ou mais tarde que ela está morta. O trabalho está feito e não é mais necessário. Você foi além dela. Então não a carregue e não se prenda a ela, porque esse apego será suicida. Assim como você continua trocando de roupas – seu corpo cresce, você troca suas roupas –, da mesma forma você continua mudando seus artifícios. E quando você está realmente fora, não há necessidade de qualquer artifício. Todos os ardis existiram apenas para trazê-lo para fora do seu embotamento, do seu túmulo, da sua insensibilidade, da sua inconsciência.

Conta-se da vida de um Mestre Sufi que um dia ele estava passando por uma rua, perto de uma mesquita. O *muzzin* estava na torre e, por acidente, caiu dela. Acidentalmente caiu sobre o Mestre Sufi e quebrou seu pescoço, o pescoço do Mestre, mas ele próprio não se machucou nada; o homem que caiu não se machucou nada. Ele caiu no pescoço do Mestre Sufi, o pescoço se quebrou e o Mestre Sufi precisava ser hospitalizado.

Os discípulos se reuniram lá, porque esse Mestre Sufi costumava fazer uso de cada situação; por isso, se reuniram e perguntaram: "Como você usará esta situação?".

O Mestre Sufi abriu os olhos e disse: "A teoria do carma é falsa, porque ela diz: Você colhe, você semeia; você semeia, você colhe – assim como semeia, você colhe. Mas isso é falso! Olhem! Alguém cai e o pescoço de um outro alguém se quebra. Logo, alguém semeia e um outro alguém pode colher".

Lembre-se disto. Os Sufis dizem que a vida é tão inter-relacionada que a teoria do carma não pode estar certa. E eles estão certos, porque esse artifício também é verdadeiro. Se a vida é tão relacionada, então como pode a teoria do carma ter sentido? A teoria do carma diz que você está conectado com sua vida anterior, somente com sua vida anterior; você é uma sequência dos seus *próprios* carmas e você colhe os resultados deles. Mas os Sufis dizem que a vida é inter-relacionada: o carma de todos os outros é o meu carma e o meu carma é o carma de todos os demais. É uma rede de inter-relacionamentos. Você balança uma flor e os Sufis dizem que as próprias bases das estrelas são balançadas. Você faz alguma coisa, mas o todo é afetado. Você joga uma pedrinha no lago e todo o lago é afetado.

Cada pessoa é exatamente como uma pedrinha no lago. E qualquer coisa que você faça cria ondas, vibrações. Quando você não estiver mais aqui, aquelas vibrações ainda estarão continuando em algum lugar – em algum lugar próximo de uma estrela, muito distante da Terra, mas essas vibrações estarão *lá*. Você olha para um homem e sorri. Às vezes acontece...

Aconteceu com um dos meus amigos. Ele estava viajando de trem, e numa estação intermediária, uma estação pequena, o trem parou. Não era uma estação de parada regular do trem; por alguma razão o trem parou. Outro trem estava parado na plataforma, e esse amigo estava num compartimento com ar condicionado. Pela janela, pela janela de vidro fechado, ele simplesmente olhou para fora. No outro trem, uma mulher linda... apenas por um segundo; apenas por um segundo e o trem partiu. E aquela mulher mudou toda a sua vida. E a mulher pode nem ter notado que alguém a tinha visto. Ele diz que a mulher não estava olhando para ele, ela nem sabia – mas sua forma, o rosto, o corpo proporcional dessa mulher, têm persistido em seus sonhos.

Ele ainda não se casou, está procurando aquela mulher. Ele não sabe o nome dela, não sabe para onde ela foi, de onde vinha, para onde estava indo, ele não sabe nada. Apenas por um momento o trem parou. Ele olhou pela janela – e a janela não estava aberta, mas com o vidro fechado num compartimento com ar condicionado – ele apenas teve um vislumbre e o trem partiu! Apenas uma pedrinha no lago.

E ele continua solteiro, e diz: "A menos que eu encontre *aquela* mulher ou algo daquela mulher, não me casarei". E não acredito que haja qualquer possibilidade de ele encontrá-la, porque já se passaram quase nove anos. Mas toda a história do mundo será diferente – porque esse homem poderia terse casado com uma mulher, poderia ter dado nascimento a um Adolf Hitler. Quem sabe? Mas ele não se casou, e o Adolf Hitler não nascerá. A terceira guerra mundial não estará aí. Quem sabe o que teria acontecido se ele não tivesse visto essa mulher pela janela? Agora toda a história não será a mesma que teria sido – apenas a parada de um trem por dois ou três segundos e todo o Universo não será nunca mais o mesmo.

Você pode imaginar! Se Hitler não tivesse nascido, toda a história do mundo teria sido totalmente diferente – *totalmente* diferente. Se a mãe de Adolf Hitler tivesse abortado, então...? Ou se ela tivesse tomado pílula, então...? Apenas uma pilulazinha! – e toda a história do mundo teria sido *totalmente* diferente, totalmente! Você poderia não estar aqui. Hitler criou uma tremenda mudança. Todos estão criando mudanças, e não estou falando apenas de grandes desordeiros como Hitler, ou de grandes *mahatmas*. Não. Até mesmo um cão da sua cidade é tão importante para o todo quanto qualquer Adolf Hitler. Você nunca sabe: se o cão não estivesse lá, o mundo teria sido diferente. Apenas um cão vagabundo, sem dono – mas é parte, parte do todo. E cada parte é tão importante quanto qualquer outra parte, porque, no todo, cada parte é tão significativa quanto qualquer outra. Não há pequena, não há grande; nenhuma mais importante, nenhuma menos importante.

O todo é o todo por causa de todos.

Os Sufis dizem que a teoria do carma é basicamente uma atitude egotista. E eles estão certos! Ela diz que você *é*, portanto, qualquer coisa que semeie, você irá colher. Ela dá força a você, ao ego.

Eles têm usado outra fórmula para trazê-lo para fora de toda a coisa. Você não é mais, o todo é. Você é apenas uma onda. Qual é o sentido de pensar que você é? Os Sufis dizem que, quando você compreende essa inter-relação, você simplesmente abandona seu conceito de ego, e você não é mais um eu. Os Sufis dizem que só Deus tem o direito de dizer: "Eu". Ninguém mais. Porque só Ele tem o centro, e ninguém mais.

Isto é um artifício. Os hindus têm seu próprio artifício quando dizem: "Você colhe aquilo que semeia". Estão dizendo que se você é miserável, você é a causa – não jogue a responsabilidade em ninguém. Se você é miserável, você é a causa; se está angustiado, você semeou algumas sementes venenosas em algum lugar, em alguma vida, e as está colhendo. Por que eles insistem nisso?

Por duas razões.

Uma: se você é responsável, se sente que é responsável, só assim pode abandoná-las; de outra forma, como vai abandoná-las? Se você pensa que todas as outras pessoas são tão responsáveis quanto você, então você continuará como é. O que pode ser feito? Você não pode mudá-lo por si. O abandono é impossível.

E a segunda é mais significativa: o artifício hindu diz que todo fenômeno do seu passado, de qualquer coisa que tenha feito ou que tenha pensado, está *agora mesmo* presente em você. As pessoas pensam que o passado não pode ser desfeito. Os hindus dizem que sim, que pode ser desfeito – porque o passado é parte do presente. Você o carrega. Não apenas você pode mudar o presente e o futuro, como pode mudar o passado, pode abandoná-lo. Quanto mais responsável você se sente, torna-se mais possível abandoná-lo. E dizem que, se você é o *único* responsável pela sua vida, a liberdade também é possível. Se tudo está relacionado, então quando todos se tornarem Iluminados, somente então você poderá se tornar Iluminado. E isto pode se tornar uma fuga. Você pode adiar: "Quando todos se tornarem Iluminados, só então... de outro modo, como posso eu, sozinho, me tonar Iluminado?"

Para ajudá-lo, muitos ardis foram criados. Todos eles vieram de pessoas que conhecem, mas todos eles são limitados. Nenhum ardil pode ser ilimitado. O ardil é planejado por um certo alguém, para certos outros indivíduos, e só tem sentido num certo contexto. Eis por que o conhecimento é perigoso. Se você o usar fora de contexto, ele o mutilará. Se o usar fora de contexto, ele o sufocará, se tornará um veneno e não o levará para fora. Pelo contrário, acontecerá exatamente o inverso: se tornará um obstáculo, uma porta fechada. Isso também precisa ser compreendido.

Por exemplo: os Sufis dizem que você não pode abandonar o ego se acredita na teoria do carma. Certo – este é o uso correto, mas você pode usá-lo erroneamente. Pode dizer: "Tudo é tão inter-relacionado, então como posso tornar-me Iluminado sozinho? É impossível. Ou o todo se torna Iluminado, ou o todo permanece ignorante". Bem, você está usando o mesmo artifício para permanecer na mesma casa, fechando-a.

A mesma passagem pode levá-lo para fora. A mesma passagem pode levá-lo para dentro. Pela mesma escada você pode subir e pode descer. Depende de você.

Os hindus dizem que você é responsável pelos seus carmas. Isso é bom. Se você é responsável, pode mudar; a transformação é possível – só você está envolvido. Você pode abandoná-lo ou levá-lo adiante, como quiser. E quem desejaria carregar consigo angústia, miséria, inferno? Você os abandonará. Mas pode usá-lo justamente de maneira oposta. Pode dizer: "Se *eu* sou responsável pelos meus carmas...", então o "Eu" se torna muito, muito importante. Assim, você não encontra gente mais egotista do que os sannyasins hindus.

Se você for ver um Sufi, o encontrará sempre absolutamente humilde. Se alguma vez estiver em contato com um Sufi maometano, sempre o sentirá absolutamente humilde. Não existe em lugar algum qualquer comparação. Um Sufi é absolutamente humilde. Seu rosto, seus olhos, seu próprio ser serão humildes, porque ele é uma não entidade – o Todo existe.

Se você for ver um sannyasin hindu, jamais encontrará uma pessoa tão egotista. O modo de ele andar, de olhar – olhe seus olhos e especialmente seu nariz –, encontrará o ego escrito em toda parte. Ele usou erroneamente toda a coisa. Se você é responsável pelos seus carmas, então o ego é fortalecido, você se torna mais e mais do ego.

Você pode usar erroneamente um artifício. Todo artifício é uma faca de dois gumes, lembre-se disto. Eis por que se diz que a questão do conhecimento é perigosa.

Agora vamos entrar nesta história.

Um homem procurou um médico e lhe contou que sua mulher não conseguia ter filhos.

O médico viu a mulher, tomou seu pulso, e disse: "Não posso tratá-la por esterilidade, porque descobri que, de qualquer forma, você vai morrer em quarenta dias".

Quando ouviu isto, a mulher ficou tão preocupada que não conseguiu comer nada durante os quarenta dias seguintes.

Mas ela não morreu no tempo previsto, então o marido foi certificar-se do problema com o médico, que disse:

"Sim, eu sabia disso. Agora ela estará fértil".

O marido perguntou como podia ser isto.
O médico lhe respondeu:
"Sua mulher estava gorda demais, e isso estava interferindo na sua fertilidade. Eu sabia que a única coisa que a colocaria longe da comida seria o medo de morrer. Agora, portanto, ela está curada".
A questão do conhecimento é muito perigosa.

O médico mentiu, disse algo que não ia acontecer, mas através disso uma outra coisa aconteceu. Ele disse: "A mulher vai morrer". Ela ficou preocupada. A morte se tornou um fantasma, um pesadelo, mas ela não morreu. E depois de quarenta dias, o médico disse: "Ela está curada. Agora ela estará fértil".

O que aconteceu? Ele poderia ter dito logo no início: "Você precisa fazer dieta ou jejum. Isso teria sido verdadeiro, mas não teria sido sábio, porque a mulher não iria fazer dieta nem jejuar por quarenta dias. Aliás, muitos outros médicos já lhe deviam ter dito antes, mas ela nunca ouviu. Assim, teria sido verdadeiro dizer: "Faça dieta ou jejum por quarenta dias e ficará curada", mas não teria sido sábio.

A verdade nem sempre é sábia e a mentira nem sempre é tola. A questão do conhecimento é muito complicada.

O médico criou uma situação; ele era realmente um médico sábio. Ele criou uma situação: sabia que somente o medo da morte poderia ser de algum auxílio. Ele causou um choque na mulher pelo medo da morte; causou-lhe uma tal preocupação, angústia e ansiedade que ela se esqueceu completamente da comida. Quem consegue comer, quem aprecia comer, quando a morte está batendo à porta? A cada momento ela devia estar olhando o relógio, o calendário: mais um dia se passou. Quem se incomoda com comida? E como pode alguém comer, quando a morte está aí? Era impossível. Mas ela não morreu; ao contrário, seu corpo estava completamente renovado. Um novo alento de vida acontecera.

Enganosos, mas sábios – é assim que todos os Mestres são.

Gurdjieff tem sido muito criticado, porque ele era mentiroso. E o mentir veio dos Sufis; ele era um Sufi, aprendeu nos monastérios e escolas Sufis. E no Ocidente, aliás, ele introduziu o Sufismo nessa época, numa versão totalmente nova. Mas então era impossível à mente cristã comum compreendê-lo, porque a verdade é um valor, e ninguém admite que um Mestre, um Mestre Iluminado, possa mentir.

Você pode imaginar Jesus mentindo? E eu sei que ele mentiu – mas os cristãos não podem pensar nisso: "Jesus mentindo? Não, ele é o mais verdadeiro dos homens". Mas então você não sabe – a questão do conhecimento é muito, muito perigosa. Ele mentiu sobre muitas coisas. Um Mestre precisa fazê-lo – se ele quer ajudar; de outro modo, ele pode ser um santo, mas nenhuma ajuda é possível. E um santo sem ajuda já está morto. Se um santo não pode ajudar, qual é a necessidade de ele estar aqui? Não tem sentido. Tudo o que ele pode conseguir da vida, ele já conseguiu. Ele está aqui para ajudar.

Gurdjieff foi muito criticado, porque o Ocidente não poderia compreendê-lo; a mente cristã comum não pôde entender. Assim, há duas versões no Ocidente sobre Gurdjieff. Uma acha que ele era um vigarista, não tinha nada de santo, apenas um diabo encarnado. A outra é que ele foi o maior santo que o Ocidente conheceu nestes últimos séculos. Ambas são verdadeiras, porque ele estava exatamente no meio. Ele era uma personalidade "po". Não se pode dizer sim nem não a respeito dele. Pode-se dizer que ele era um pecador santo ou um santo pecador. Mas não dá para dividir, para ser assim tão simples sobre ele. O conhecimento que ele tinha era muito complexo.

Uma vez um homem procurou Gurdjieff e falou de si mesmo – que era vegetariano, que jamais havia tocado em álcool, que nunca havia fumado, isto e aquilo. Gurdjieff disse: "Se for para ficar comigo, você terá que deixar tudo nas minhas mãos".

O homem não sabia que tipo de pessoa era Gurdjieff, e respondeu: "Claro! Eu vim até você – eu me entrego!".

E Gurdjieff disse: "Então a primeira coisa é: agora coma carne".

O homem ficou realmente em dificuldades. Ele não podia acreditar, e pensou que Gurdjieff estivesse brincando. Ele disse: "Você, dizendo isso?".

Gurdjieff respondeu: "Sim, é a única maneira que tenho para quebrar seu ego. Este vegetarianismo não é vegetarianismo – é apenas parte do seu ego. Portanto, aqui você terá que comer carne, beber tanto álcool quanto possa, fumar, andar com mulheres e deixar tudo comigo".

Você não pode imaginar um santo falando desse jeito. Mas então seus santos não são muito sábios. E Gurdjieff ajudou esse homem – porque esse era o problema. Você sempre encontrará gente vegetariana, abstêmia, não fumante com egos muito sutis. E o álcool não pode fazer tanto mal quanto o ego sutil pode. E o homem obedeceu. Foi muito difícil, nauseante para ele. Mas, uma vez que concordara, ele obedeceu.

Em três semanas, o homem estava transformado. E Gurdjieff lhe deu tanto para beber... Gurdjieff costumava dar uma festa todas as noites, e a festa continuava por três, quatro, cinco horas. Começava às nove, dez horas, e acabava no meio da noite. E o próprio Gurdjieff era tão forte, que podia beber quanto quisesse e não ficava bêbado. E forçava os discípulos a comer; suas barrigas ficavam estourando, e eles ficavam chorando, com lágrimas nos olhos, dizendo: "Não, não aguentamos mais!". E ele os forçava.

Ele estava tentando mudar a química dos seus corpos. E mudou muita gente que o seguiu, pessoas que eram capazes e corajosas o bastante para andar com ele; não gente medrosa, que se torna habitualmente religiosa, mas gente valente. Este homem, de quem estou falando, o seguiu; podia cair de bêbado, e então, no dia seguinte, acontecia uma ressaca. Em três semanas Gurdjieff transformou toda a sua mente. E pouco a pouco ele abandonou a carne, o álcool, tudo. E esse homem então disse: "Pela primeira vez me tornei vegetariano – porque aquele antigo vegetarianismo não era verdadeiro, mas apenas uma máscara para o ego". Quando ele forçava carne e álcool a esse discípulo, estava quebrando o ego. Ele fragmentou o homem completamente.

E algumas vezes exatamente o contrário acontecia. Poderia vir um homem que era beberrão, que comia carne e fumava, e Gurdjieff parava com tudo. Ele o colocava em dieta ou em jejum.

Um Mestre, se for para ajudar, terá que ser muitíssimo sábio. Gurdjieff costumava chamar seu caminho de "O Caminho do Homem Ardiloso". Todos os Mestres são ardilosos. Se querem ajudar, precisam ser. Mas os seus conceitos dizem que os Mestres são apenas virgens inocentes, simplesmente matéria de sonho, sem substância, estátuas de mármore. Você pode ir até eles, tocá-los e sentir sua frieza, eis tudo. Têm existido pessoas assim, mas elas são inúteis, não ajudaram ninguém. Podem ter usufruído de um certo silêncio e paz, naturalmente, mas esse silêncio não tem a qualidade da vida. Elas são estátuas mortas de mármore, e o silêncio é frio; o silêncio não é quente o bastante para ser vivo. Elas se aquietaram, tornaram-se controladas, mas não são livres, não alcançaram a liberdade.

Uma pessoa que é realmente livre está além do bem e do mal, do pecado e da virtude. De fato, está além de todas as dicotomias, de todas as dualidades. Ela é ambas as coisas e nenhuma delas. E somente uma pessoa assim, com uma vida tão enriquecida – que abrange os opostos nela, todas as contradições nela –, pode ser de alguma ajuda e benefício para alguém. Mas para chegar a um Mestre assim é difícil, porque você chega com suas noções, com suas ideologias, com seus julgamentos.

Portanto, este é o problema: você será influenciado por uma pessoa que não pode ajudá-lo e fugirá da pessoa que poderia tê-lo ajudado. Esta é a miséria da mente humana. Esteja consciente a respeito, para não cometer o mesmo erro.

A questão do conhecimento é muito perigosa.

Capítulo 8

Isto Também Passará

Um poderoso rei, governante de muitos domínios, estava em tal posição de magnificência que os sábios eram simples servidores dele. Apesar disso, um dia se sentiu confuso e chamou seus sábios.
E disse:
"Não sei o motivo, mas algo me impele a procurar um certo anel que me faça equilibrar meu estado de espírito. Preciso ter um tal anel, que deve ser aquele que me fará alegre quando eu me sentir infeliz, e que, ao mesmo tempo, ao olhá-lo, me faça triste quando eu me sentir feliz".
Os sábios se consultaram entre si e se colocaram em profunda contemplação. Finalmente chegaram a uma decisão quanto às características do anel que serviria ao rei.
O anel que eles imaginaram era um sobre o qual estava inscrita a frase:
"ISTO TAMBÉM PASSARÁ"

ESTA É uma grande história. Grande porque tem sido usada, durante séculos, pelos Sufis. E esta história ajudou muita gente a chegar à Iluminação. Não é uma história comum; ela é aquilo que chamo de arte objetiva. É um instrumento; não é só para a leitura e para o entretenimento, mas algo que deve se tornar seu próprio estilo de vida, e só então é que você poderá chegar a compreender seu significado.

Na superfície, ele é muito simples, qualquer pessoa pode entendê-la; não é necessária nenhuma inteligência especial. Mas se você refletir sobre ela, profundamente, então camadas cada vez mais profundas lhe serão reveladas. E a história se torna uma arma na sua mão. Com ela você pode cortar o próprio nó da ignorância. É um instrumento muito poderoso, e uma vez compreendida, torna-se uma chave-mestra – para abrir a porta mais íntima do seu ser. É um grande potencial, prenhe de significado profundo. Mas a pessoa precisa refletir a seu respeito e meditar intensamente sobre isso. A pessoa tem que fazer todo esforço possível, com consciência, para encontrar o significado mais íntimo dela. E só isso não ajudará muito; ajudará no início. Mas se você quiser realmente entender a história, terá que vivê-la. Terá que *vivê-la* – só então chegará a entender o que ela significa.

Umas poucas coisas antes de entrar na história.

Religião não é ritual, não é algo que você faz. Ela é algo em que você se transforma. Por isso há sempre a possibilidade de existir uma falsa religião em algum lugar na sociedade. Uma religião falsa é quando a transformação interior foi substituída pelo ritual externo. Então você continua fazendo coisas e elas se tornam um hábito enraizado em você, mas nada é alcançado. As pessoas vão à igreja ou ao templo, repetem as mesmas orações outra e outra vez, e nada lhes acontece. Em algum lugar do caminho elas perderam a verdadeira moeda – e substituíram-na por uma falsa.

Lembre-se disto, a religião real e autêntica se refere ao ser, não ao fazer. Ela nada tem a ver com sua vida exterior, mas a ver com o seu centro. Naturalmente, quando o centro muda, a periferia o acompanha, sua vida externa também muda. Mas o inverso não é verdadeiro: você pode mudar a periferia, e o centro não mudará. E você viverá uma vida de hipócrita, de hipocrisia. Você terá uma periferia diferente do centro, não só diferente, mas também exatamente oposta, contrária. E você será dividido em dois.

Religião não é ritual, lembre-se disso. Religião é uma consciência interna, um despertar interior. Muitas coisas na superfície mudarão, mas a mudança precisa ocorrer primeiro dentro de você.

Pense em si mesmo como um círculo com um centro. O círculo se refere aos outros, toca os limites dos outros, os outros círculos. O círculo vive, a periferia vive na sociedade de outras periferias. É necessária uma certa moral; para viver com os outros, é necessária uma certa regulamentação, regras, um sistema. Tudo bem, mas isso não é religião.

Moralidade é como viver com os outros, e religião é como viver consigo mesmo. Moralidade é como não agir mal com os outros, e religião é o método de como não cometer erros consigo mesmo. Religião é aquilo que você pratica em total solitude, no seu templo interior.

Obviamente a periferia será alterada, pois a luz virá do centro, aos poucos, e infiltrará toda a periferia. Você se tornará luminoso. Mesmo os outros começarão a sentir a luminosidade, a luz que vem de você. Mas essa luz não será a luz das suas ações, das boas ações. A luz será algo relacionado com o bem e com o mal.

A luz será exatamente como quando uma flor se abre e a fragrância exala – nem boa, nem má. O sol nasce e a luz se irradia – nem boa, nem má. E as nuvens chegam e chovem, e não se incomodam com quem é bom ou mau.

Quando a luz vem do centro, está além da moralidade; bom e mau, tudo é dissolvido. Simples luz, soberba em si mesma, no seu valor intrínseco.

A palavra "religião" é muito bonita. Vem de uma raiz que significa *religare*. *Religare* significa reunir, reagregar, unir novamente. Com quem? Com você mesmo, com a fonte do seu ser. E por que reunir? Porque você já está sempre unido com a fonte – é uma reunião. Não que você esteja alcançando a fonte pela primeira vez; se fosse assim, de onde você viria? Você veio da fonte. Lá no fundo, você ainda está na fonte. Apenas na periferia, como se os galhos houvessem se esquecido das raízes... não que se tenham partido das raízes, porque então nem poderiam viver. Eles simplesmente se esqueceram. Nos seus egos, na sua altura do céu, com a lua, nos seus romances, eles se esqueceram completamente de que têm raízes no subsolo – as quais os nutrem, os sustentam, sem as quais não podem existir nem por um único momento. E todo esse verde, essas flores, esses frutos, simplesmente desaparecerão com sonhos se forem cortados de suas raízes. É assim que acontece com o ser humano. Você se move nos galhos, longe das raízes. Você chega a muitas flores, e fica encantado. O mundo é lindo à sua volta, e você se esquece completamente das raízes. Mas não que você esteja desenraizado; esquecimento é só esquecimento.

Esse é o significado de religião: reunir, relembrar. Essa palavra "relembrar" é também bonita. Significa tornar-se outra vez o membro, remembrar, tornar-se parte da fonte novamente, ir à fonte e se tornar novamente um membro dela.

Religião é reunir-se com sua própria fonte é relembrar-se, tornar-se novamente uma parte da unidade orgânica que você é. Ela nada tem a ver com os outros. O ego está sempre preocupado com os outros, deste ou daquele modo. Quando você se torna totalmente envolvido consigo mesmo, o ego simplesmente desaparece. Não há sentido para ele existir.

Sozinho, você não tem ego. Experimente; quando você está sentado, totalmente só, sem pensar nos outros, resta ainda algum ego? Não há possibilidade. O ego necessita de dois para existir, assim como a ponte não pode existir sem as duas margens do rio; a ponte necessita de duas margens, a fim de ser sustentada. O ego existe como uma ponte entre você e o outro. Portanto, de fato, o ego não está em você – está exatamente entre você e o outro.

Isto é algo a ser lembrado sempre: o ego não está em você, não pode estar. Está sempre entre você e o outro – marido e mulher, amigo e inimigo –, sempre o outro. Assim, quando você se aprofunda em si mesmo, não existe ego. Em sua solitude total, o ego simplesmente desaparece. É por isso que o ego continua a pregar truques. Mesmo que você comece a buscar e a procurar a verdade, o ego diz: "Ajude os outros"; o ego diz: "Transforme os outros". E a religião novamente se perde, torna-se uma missão.

Religião não é missão. Os missionários estão outra vez na trilha errada; novamente estão preocupados com os outros – agora, em nome da religião, do serviço – mas quando você se torna preocupado com o outro, você abandona a fonte. Uma pessoa religiosa também ajuda os outros, mas não está preocupada. Isto é natural, não uma missão. Não é algo na mente, ela não está procurando e tentando ajudar alguém. Acontece, simplesmente. Ela simplesmente partilha seus tesouros interiores, e não quer mudar ninguém! Ela não está atrás de você para moldá-lo dentro de um certo padrão, pois essa é a violência mais sutil possível no mundo – tentar mudar o outro, moldar o outro. Isso significa que você está cortando e sendo agressivo, e que você não aceita o outro como Deus o criou, que você tem melhores propósitos e melhores ideias do que o próprio Divino. Você quer fazer melhorias no Todo, e isso é simplesmente estúpido.

É assim que o ego entra.

Ouvi falar de uma pequena escola dominical. O padre, o missionário, estava ensinando os meninos, que tinham sido obrigados a ir à escola dominical para aprender sobre a Bíblia, Cristo e Deus. É desumano forçar as crianças, mas você pode forçá-las. Eis por que tanta gente, mais tarde, fica sem qualquer religião, fica antirreligiosa; elas estão se vingando. No início você força a religião para elas, e depois elas se vingam, jogam-na fora e vão ao outro extremo. O Natal estava chegando, por isso o padre, o missionário, disse aos garotos: "Bem, este é o dever de vocês: vocês devem trazer mais meninos para a escola; cada um de vocês deve trazer pelo menos dois. É assim que vocês ajudarão o trabalho de Jesus neste mundo".

Os meninos não ficaram muito entusiasmados. Eles próprios haviam sido forçados e queriam de alguma forma escapar. Olharam-se entre si – ninguém estava se mostrando interessado. Então, de repente, um menino novato – e os novatos são sempre perigosos, pois podem, no seu entusiasmo, ir ao máximo extremo – levantou a mão. O missionário ficou muito feliz e disse: "Então você está disposto a trazer dois meninos para a escola?"

O menino respondeu: "Não é bem isso. Dois é muito, é difícil. Posso tentar só um. Tenho um amiguinho na minha vizinhança que eu consigo bater. E eu lhe prometo, senhor, que vou fazer o diabo para trazê-lo".

Isso é o que os missionários de todas as religiões têm feito em todo o mundo; têm feito o diabo para forçar as pessoas à religião.

Religião não é missão, você não tem que forçar ninguém a ela. Quando surge o anseio, surge. Ele não pode ser criado artificialmente, ninguém pode criar um anseio religioso artificial, é impossível. É exatamente como criar artificialmente o impulso sexual numa criança. Mesmo que uma criança faça perguntas sobre sexo, ela não está interessada propriamente no sexo. Mesmo que ela pergunte como surgem os bebês, você deixa de compreendê-la se pensa que ela está interessada em sexo. Ela está simplesmente curiosa a respeito dos bebês e de onde eles vêm; ela não está absolutamente interessada em sexo. E não comece a ensiná-la a esse respeito, porque ela simplesmente ficará entediada. Não terá sentido para ela, porque quando o anseio não está presente, quando ela não está sexualmente amadurecida, qualquer coisa que você fale sobre sexo simplesmente não irá interessá-la.

E o mesmo acontece com o anseio espiritual. É muito parecido com o anseio sexual. A pessoa chega a uma maturidade, uma maturidade espiritual, alguma coisa amadurece dentro dela e então começa a busca. Ninguém pode forçá-lo. Mas todas as religiões têm tentado forçá-lo, e matam a própria possibilidade do anseio.

O mundo é tão irreligioso por causa dos missionários, dos sacerdotes. O mundo é tão irreligioso porque você tem ensinado religião demais, sem sequer pensar se existe ali o anseio ou não. O povo está entediado de ensinamentos; as igrejas simplesmente entediam. E palavras bonitas como "Deus", "oração", "amor" e "meditação" se tornaram feias. As maiores palavras se tornaram as mais feias – por causa dos missionários. Eles estiveram forçando essas lindas palavras em você. E quando alguma coisa bonita é forçada, torna-se feia. Você pode participar da beleza, mas não pode ser forçado a ela – então ela se transforma em violência.

A religião não se refere aos outros; diz respeito a você mesmo, absolutamente a você. A religião é pessoal, não é um fenômeno social. Na verdade, não pode haver nenhuma sociologia da religião; só pode haver uma psicologia. A sociedade é um assunto totalmente diferente; a multidão é um assunto totalmente diferente – onde as periferias se encontram. Religião é quando você está tão sozinho que não há pessoa alguma a ser encontrada. Nessa solitude total e virgem, nasce o máximo do êxtase. Mas você precisa chegar a um amadurecimento.

Lembre-se, o amadurecimento é tudo. Antes dele, nada pode ser feito. E você pode estar pensando que está pronto, ou alguém pode estar achando que está pronto; sua curiosidade pode lhe dar um sentimento errôneo, uma noção de que está pronto – mas a prontidão significa apenas que você está pronto a arriscar sua vida; caso contrário, não é uma prontidão.

A religião é mais elevada do que a vida, porque a vida é vida com os outros; a vida é um relacionamento, e a religião é um não relacionamento. Ela é mais elevada do que a vida, é a capacidade de estar só, é independência total do outro. A menos que você esteja pronto a sacrificar a vida por ela, a menos que esteja pronto a morrer completamente para tudo o que você tem sido até agora, você não está pronto. Nessa prontidão, uma pequena mensagem pode se tornar tão poderosa que pode transformá-lo.

A religião não diz respeito aos outros. E, finalmente, ela não se refere a escrituras ou palavras. Palavras sábias estão ali, mas você não é o alvo; elas nunca foram endereçadas a você. Krishna falou a Arjuna, foi um diálogo pessoal; Jesus fala aos discípulos – um pequeno grupo deles, um diálogo pessoal –, ele conhece todos, sabe o que está dizendo e a quem está dizendo. Mas a Bíblia se tornou morta, a Gita também.

A religião não é como uma transmissão de rádio. Você não sabe a quem está falando; você fala no ar, e o rosto do ouvinte não aparece, o centro do ouvinte não está ali. Não há ninguém. E pode ser, é possível que ninguém esteja ouvindo a transmissão e que você esteja falando no vazio. A religião é como uma carta pessoal. Você a escreve para alguém e *só* para alguém; ela é dirigida a alguém. Eis por que nunca tentei escrever nada – exceto cartas. A menos que você esteja aqui, um centro vivo, receptivo, ouvindo, nada posso dizer. É impossível. A quem dizê-lo? Não se trata de uma palavra morta. Quando existe um ouvinte, o diálogo fica vivo, então tem um significado que nenhuma escritura jamais pode ter.

Portanto, todos têm que procurar Mestres vivos. Você pode ler a Gita – ela é linda; pode ler a Bíblia – ela é maravilhosa; mas são peças de literatura – belas como literatura, poesia, prosa, mas não como religião. A religião acontece somente entre duas pessoas: uma que sabe e uma que não sabe, mas está pronta a saber. Subitamente, a religião nasce. Esta é a terceira coisa.

Lembre-se dessas três coisas, então poderemos caminhar para esta história.

Um poderoso rei, governante de muitos domínios, estava em tal posição de magnificência que os sábios eram simples servidores dele.

Isso é possível; você pode empregar sábios. Se você tem dinheiro suficiente, os sábios podem ser meros servidores seus – mas você não aprenderá por esse meio. Ele tinha muitos sábios. Antigamente todos os imperadores, todos os grandes reis tinham muitos sábios. Mas nunca ouvi dizer que algum imperador tenha jamais aprendido algo desses sábios.

Conta-se do grande imperador Akbar que ele tinha nove sábios na corte. E podia tê-los. Eles eram chamados as nove joias, mas não vejo que ele tenha aprendido coisa alguma deles. Porque o aprendizado precisa de um relacionamento diferente; o aprendizado precisa que o aprendiz se curve, se entregue. Como você pode se entregar a seus próprios servos? É impossível! Você pode comandá-los, mas não pode se entregar.

Conta-se que um dia Akbar chamou seus nove sábios; ele estava muito zangado e disse: "Vocês estão aqui e o povo afirma que vocês são hoje em dia os homens mais sábios do mundo, mas eu não fui capaz de aprender nada com vocês. Qual é o problema? Vocês estão aqui e eu continuo o mesmo, então o que estão fazendo aqui?".

Uma criança viera com um dos sábios, ela queria ver a corte, e deu risada. Os sábios estavam em silêncio e a criança riu. Akbar disse: "Por que está rindo? É um insulto à corte! Seu pai não lhe ensinou boas maneiras?".

A criança respondeu: "Estou rindo porque estes nove sábios estão em silêncio e eu sei por que eles estão assim. Eu sei por que você não foi capaz de se beneficiar com eles".

Akbar olhou para o rosto da criança – muito inocente, mas também muito antiga. Quando uma criança é muito inocente, você pode ver uma profunda antiguidade em seus olhos – porque nenhuma criança é uma criança. Ela viveu e teve muitas experiências; traz consigo todo o conhecimento de todas as suas experiências passadas. Akbar disse: "Então você pode me ensinar alguma coisa?".

E a criança respondeu: "Sim!".

Akbar pediu: "Então ensine!".

A criança disse: "Então você tem que me seguir. Venha aqui onde estou sentado e eu sentarei no trono. E então, você perguntará como um discípulo, não como um Mestre".

E dizem que Akbar entendeu. Aqueles nove sábios haviam sido absolutamente inúteis. Ele não pôde aprender, não porque eles não pudessem ensinar – eles podiam fazê-lo –, mas ele não estava pronto, não estava receptivo, não estava humilde o bastante.

Conta-se que ele se sentou embaixo e a criança se sentou no trono, e disse: "Agora pergunte como discípulo, não como imperador".

Akbar não perguntou coisa alguma. Contam que ele agradeceu à criança, tocou seus pés e disse: "Não há necessidade de perguntar. Simplesmente por estar sentado numa atitude humilde a seus pés, eu aprendi muito".

A humildade é a coisa básica. Mesmo sem um sábio, se você for humilde, aprenderá muito. Você pode aprender das árvores, das fontes, das nuvens e dos ventos. Se você é humilde, toda a existência se torna uma professora para você. Se você não é humilde e um Buda aparece, não acontece nenhuma relação íntima. Um Buda está à sua volta, mas nenhuma afinidade existe – você não é humilde. Você gostaria de aprender, mas sem se curvar, sem trazer abaixo seu ego.

Um poderoso rei, governante de muitos domínios, estava em tal posição de magnificência que os sábios eram simples servidores dele.

É fácil! Você pode reunir sábios à sua volta – mas não é esse o ponto. A meta real não é trazer um sábio à sua casa; a questão real é como chegar a um sábio, porque no próprio ato de se dirigir, você aprende. E esses sábios podiam também não ser verdadeiramente sábios, pois um sábio não perderia sua vida nas cortes. Eles podem ser intelectuais, muito cultos, muito preparados, mas não sábios. O conhecimento e a sabedoria são totalmente diferentes.

Outro dia estávamos falando que a questão do conhecimento é muito perigosa. Se o médico tivesse dito à mulher: "Faça jejum por quarenta dias", poderia ter sido um ato de conhecimento. Mas ele disse: "Agora não há possibilidade de cura. Deixe de lado esse problema de fertilidade e tudo o mais, porque você morrerá em quarenta dias". Isto é sabedoria, a diferença entre conhecimento e sabedoria.

O conhecimento é uma resposta morta. Você aprendeu alguma coisa e segue aplicando-a em tudo. A sabedoria é uma resposta viva. Você olha para uma situação e responde. Não é uma reação, é uma resposta. Quando você reage, reage através do passado; quando responde, responde aqui e agora. Ele olhou a mulher, seu corpo – gordo demais. Sentiu o coração e o pulso dela. Ele era um homem sábio, e criou um ardil. Ele mentiu para a mulher: "Você vai morrer", e a mulher se transformou.

As pessoas que frequentam as cortes e as capitais, e que podem ser compradas, não podem ser de muita sabedoria.

Aconteceu no Japão. Um imperador estava muito ansioso para saber a respeito da morte e da vida após a morte. Ele tinha todos os homens sábios na sua corte, e lhes perguntou e eles responderam: "Se soubéssemos, não estaríamos aqui. Somos tão ignorantes quanto você. Você é rico, nós somos pobres – essa é a única diferença. Nós não sabemos. Se você quiser realmente saber, terá que sair da corte, terá que procurar, que buscar um Mestre. O Mestre não virá a você, você terá que ir a ele".

O imperador tentou. Foi a todas as pessoas conhecidas – naturalmente essa é a maneira que uma pessoa procura –, foi a todos os santos conhecidos, mas não ficou satisfeito. Voltou à corte novamente e disse a seus sábios: "Procurei por todo o país".

Essas pessoas disseram: "Você está procurando errado. Você vai às pessoas conhecidas – é difícil encontrar um Mestre nesse lugar. Porque, em primeiro lugar, é muito difícil para um verdadeiro Mestre ser conhecido, muito difícil. Acontece raramente. Em segundo lugar, um Mestre verdadeiro tenta esconder-se de mil maneiras, para que somente os verdadeiros buscadores possam encontrá-lo, e não gente curiosa, que deseja fazer alguma pergunta de passagem. Você tem procurado nos lugares errados". E esses sábios disseram: "Conhecemos um homem aqui, na sua própria capital, mas você terá que ir até ele".

Ele era um mendigo e vivia sob uma ponte, com outros mendigos. O imperador não podia acreditar, mas alguma coisa vinha dele, alguma emanação, algo do além que tocou seu coração, que mudou as batidas do seu coração – uma força magnética. Sem saber por que, sem sequer perceber o que estava fazendo, pela primeira vez tocou os pés de um homem, e imediatamente ficou chocado pelo que tinha feito. Havia tocado os pés de um mendigo! Mas o mendigo disse: "Você está aceito".

Esta é a maneira como alguém começa a aprender.

O homem era rico:

Um rei muito rico, governante de muitos domínios, estava em tal posição de magnificência que os sábios eram simples servidores dele.

As pessoas ricas podem sustentar sábios – mas aqueles sábios não deviam ser realmente sábios. Não se pode comprar sabedoria, pode-se comprar tudo neste mundo, mas não se pode comprar sabedoria.

Conta-se da vida de Mahavira que um rei o procurou, um rei muito famoso – seu nome era Prasenjit. Veio a Mahavira e disse: "Tenho tudo que este mundo pode oferecer, estou profundamente contente e não há mais nada a alcançar; todas as minhas ambições foram realizadas. Há apenas uma coisa virando em minha cabeça: O que é meditação? O que é esta *dhyan*? Estou pronto a comprá-la. E seja qual for seu valor – diga, eu pago. Esta é a única coisa que me está faltando; o que é esta meditação, *dhyan*, *samadhi*? Só me falta uma coisa; em meus tesouros, apenas uma coisa está falando, que é *samadhi*, *dhyan*. Dê-me-a. Ouvi dizer que você a alcançou, logo você poderá dá-la a mim. E qualquer que seja o preço – não se preocupe com o preço".

Mahavira respondeu: "Não há necessidade de vir a mim, tão longe de sua cidade. Na sua própria capital há um homem muito pobre; ele poderá gostar de vendê-la. E ele alcançou, é melhor procurá-lo".

Mahavira fez uma brincadeira e disse: "Não tenho necessidade de vendê-la. Vá a esse homem, um homem muito pobre de sua capital, e ele ficará feliz".

Pransenjit voltou imediatamente e foi ao homem com muitos carros de boi carregados de moedas de ouro, diamantes, esmeraldas, muitas riquezas. Ele esvaziou todos os carros na frente da casa do pobre e disse: "Fique com tudo isto, e se quiser mais, poderei dar mais – mas onde está a *dhyan*? Dê-me isso!".

O homem pobre começou a chorar e a gritar, e disse: "Posso ser pobre, mas isso é impossível. Gostaria de agradecer-lhe por todas essas riquezas que me trouxe, mas a barganha não é possível. A meditação é um estado de ser – eu não posso dá-la a você. Estou pronto a dar minha vida, se necessário. Eu o amo e o respeito; estou pronto a dar-lhe minha vida. Você pode tirá-la agora mesmo, pode cortar minha cabeça, mas meditação, *samadhi*, como posso lhe dar?".

Veja bem: mesmo a vida pode ser dada, mas não *dhyan*. *Dhyan* é maior que a vida. Você pode sacrificar sua vida, mas não pode sacrificar *samadhi*. É impossível! E a vida pode lhe ser tirada, qualquer um pode matá-lo; *samadhi* jamais pode ser tirado de você. Ninguém pode tomá-lo, comprá-lo, roubá-lo ou matá-lo. E, a menos que você tenha alcançado *samadhi*, não terá alcançado o tesouro verdadeiro; aquilo que não pode ser tirado de você é o tesouro verdadeiro. Mesmo a vida não é o verdadeiro. Mesmo a morte não lhe pode tomá-lo. Esse é o critério.

Seja lá o que você tiver, coloque-o sempre no critério: a morte pode ou não tirá-lo de você? Isso deveria se tornar uma contemplação constante. Você tem dinheiro – a morte o separará dele ou não? Você tem prestígio, poder político, fama, beleza, força física, corpo – qualquer coisa que tenha, coloque-a no critério: se lhe será tirada pela morte, se será separado dela ou não. E você descobrirá que, exceto *samadhi*, tudo lhe será tirado pela morte. É por isso que os Sufis dizem que é melhor morrer para todas estas coisas que lhe serão tiradas pela morte no final. Efetivamente, elas lhe serão tiradas. Morra para elas e nasça em *samadhi* – porque essa é a única coisa imortal.

O rei tinha tudo e havia empregado muitos sábios, mas não pôde aprender nada. Em primeiro lugar, os sábios não deviam ser muito sábios. Em segundo lugar, quando você emprega um sábio, como pode aprender alguma coisa com ele? Você precisa se tornar um servo de um sábio, precisa cair a seus pés e se entregar, e só então você pode aprender, porque o aprendizado se torna possível... a sabedoria – é simplesmente como a água fluindo para baixo. A água continua descendo, encontrando poços, vales e lagos e preenchendo-os. Torne-se um fenômeno similar a um lago; perto de um sábio, torne-se um vale. Não tente ser o pico do ego; torne-se um vale e, de súbito, você será preenchido.

Apesar disso, um dia se sentiu confuso e chamou seus sábios. Isso acontece.

Quando você vive demasiadamente entre riquezas, chega o momento. O momento vem quando o indivíduo se sente frustrado com tudo o que a riqueza pode dar. Quando você vive nos palácios, chega um momento em que você sente que isso não é vida. A morte começa a bater à sua porta e as misérias entram. Você não consegue se proteger contra a tristeza. E esse rei, nessa época, estava em apuros. Um país vizinho planejava atacá-los, e era um país muito grande, mais poderoso do que o dele. E ele estava com medo – da morte, da derrota, do desespero, da velhice. E então começou a buscar.

Chamou seus sábios e lhes disse:

"Não sei o motivo, mas algo me impele a procurar um certo anel que me faça equilibrar meu estado de espírito. Preciso ter um tal anel, que deve ser aquele que me fará alegre quando eu me sentir infeliz, e que, ao mesmo tempo, ao olhá-lo, me faça triste quando eu me sentir feliz".

Ele está pedindo uma chave, uma chave com a qual possa abrir duas portas: a porta da felicidade e a da infelicidade. Mas ele quer uma chave que possa abrir ambas as portas. Ele deve ter chegado a uma certa compreensão.

Quando você vive uma vida rica, com muitas experiências, boas e más, você atinge uma certa compreensão. Sempre sinto que uma pessoa que não viveu de muitos modos – certo e errado, moral e imoral, rico e pobre, bom e mau –, que não viveu todos os opostos, nunca chega a uma compreensão profunda da vida. Pode se tornar um santo, mas sua santidade será uma santidade pobre. Quando um Buda se torna um santo, sua santidade se torna incomparável, singular. De onde vem essa singularidade de Buda? Ela vem de sua vida multidimensional. Ele viveu tudo, e quando você vive tudo, pouco a pouco você se eleva acima de tudo. Através da vivência, você vem a compreender que isso é inútil. É lindo sempre lembrar a vida de Buda.

Quando ele nasceu, os astrólogos disseram: "Este menino ou se tornará um *chakravartin* – um imperador do mundo inteiro – ou se tornará um sannyasin. São estas as duas possibilidades". As duas possibilidades mais extremas? Ou imperador do mundo ou um homem que renuncia a tudo e se torna um mendigo de rua – sem lar, sem raízes, um vagabundo, um sannyasin. Dois extremos.

O pai perguntou: "Como pode ser isso? Vocês falam de dois extremos. O que significa isso?".

Os astrólogos responderam: "É sempre assim. Quando alguém nasce para se tornar um *chakravartin* – que significa o imperador de todo o mundo –, sempre que uma pessoa nasce capaz de ser um *chakravartin*, a outra possibilidade está implícita".

O pai ainda não podia entender, e disse: "Contem-me em detalhes".

Os astrólogos comentaram: "Nós não sabemos muito a respeito do fenômeno do sannyasin, mas isto é dito nas escrituras: quando um homem tem tudo, subitamente um despertar acontece, dentro dele, de que tudo é inútil".

Somente um mendigo anseia por um palácio; o homem no palácio já está cansado dele. Um homem que não conhece as mulheres, sempre deseja lindas mulheres. Um homem que já conhece, já se cansou. Somente o conhecimento, a experiência, o transforma. Logo, se esse homem vai ter o mundo todo, quanto tempo poderá permanecer nisso? Mais cedo ou mais tarde renunciará. Todos os Budas nasceram reis, todos os *avataras* hindus nasceram reis, todos os *Teerthankaras* jainistas nasceram reis – há alguma coisa nisso, não é uma coincidência. Eles vieram, aproveitaram, desfrutaram tão totalmente tudo que não havia barreiras para eles. Cedo ou tarde chegaram ao fundo de todos os fenômenos – e nada havia aí.

É assim como quando você descasca uma cebola – o que acontece? Se você tirar uma camada, outra aparecerá logo abaixo, mais tenra que a primeira, mais jovem. Descasque outra camada e outra ainda mais tenra aparece, mais jovem ainda. E você continua. Se não tirar até a última camada de cebola, sempre pensará que ainda existe algo. Mas se você a descasca completamente, chega um momento – a última camada sai e não existe coisa alguma dentro. O vazio.

É isso que acontece a um imperador. Ele vai descascando as cebolas da vida; ele se permite a isso. Um mendigo já não pode fazê-lo com toda a cebola – hum? –, ele se mantém na periferia. Se ele consegue descascar a primeira camada, já é demais: "Então existem outras camadas!". E ele sempre espera encontrar, em algum ponto interior: "Não alcancei a beatitude neste mundo, porque eu não tenho o mundo inteiro nas mãos. Se eu tivesse o mundo inteiro, quem sabe? Talvez eu me tornasse bem-aventurado, teria alcançado a felicidade profunda". Esse desejo fantástico permanece. No caso de um imperador, toda a cebola está às mãos.

Os astrólogos disseram ao pai de Buda: "É sempre assim. Um *chakravartin* sempre tem a alternativa de se tornar sannyasin". E por outro lado isso também é verdade – não foi dito lá, mas eu gostaria de acrescentá-lo à história –, que um sannyasin é sempre um *chakravartin*. Sempre que acontece sânias, isso *significa* que a pessoa viveu muitas e muitas vidas, viveu todas as experiências. Ela já terminou, essa é a maturidade. Um *chakravartin* tem a alternativa de ser um sannyasin. Se você *realmente* se tornar um sannyasin, isso mostrará apenas uma coisa: que você foi um *chakravartin* não numa vida, mas em muitas vidas, dispersas entre si; você viveu tudo.

O pai de Buda ficou muito preocupado e disse: "Então, o que fazer? Só tenho um filho, e ele nasceu na minha velhice. Já não sou jovem e minha mulher morreu logo depois do seu nascimento, por isso não posso pensar em ter mais filhos, e todo o reino irá à ruína. O que fazer? Sugiram-me algo".

Eles sugeriram, sugeriram com muito conhecimento. É assim que o conhecimento falha. Eles não eram gente sábia; eram grandes astrólogos, conheciam as escrituras, a palavra, mas não conheciam o espírito. Sugeriram uma solução comum, que qualquer homem de conhecimento teria sugerido – mas não um homem de sabedoria. Eles sugeriram: "Faça apenas isto: não permita que esse menino se encontre com qualquer miséria, dor ou infelicidade; não permita que ele saiba que a velhice chega; não permita que ele saiba que as pessoas morrem. E arranje tantas mulheres lindas quando possível, para estarem à sua volta. Deixe-o viver uma vida de prazer total e nenhuma frustração. Sem frustrações, ninguém jamais se torna um sannyasin".

Isso era lógica pura, e assim foi feito. Não houve dificuldades, o pai podia realizar tudo isso. Três casas foram construídas para Buda, para três estações, em três lugares diferentes. Ele viveria numa região de clima fresco durante o verão; e desse modo poderia mudar – a cada quatro meses poderia mudar para outra casa, todas elas grandes palácios. Todas as jovens mais lindas do reino foram chamadas; nunca um homem viveu com tantas mulheres lindas juntas. Buda vivia num total prazer. Dizem que, mesmo no jardim do palácio, nenhuma flor podia morrer. Antes de ela começar a morrer, era retirada. Buda jamais viu uma folha seca; ela devia ser removida durante a noite para que a ideia da morte jamais surgisse, para que jamais viesse a pensar no fato de que a vida se acaba. Porque se esse pensamento viesse, ele começaria a pensar em renunciar a vida que iria se acabar.

Buda conhecia apenas coisas lindas, apenas os sonhos, e vivia nesses sonhos – mas a realidade é demais, penetra todos os sonhos e não se pode evitá-la. Não importa o que se faça, mesmo com um pai imperador orientando tudo, não se pode evitar a realidade. Ela esbarra em você daqui e dali; você tropeça nela. Como você pode sonhar continuamente, vinte e quatro horas por dia?

Uma noite, Buda estava se divertindo; as moças estavam dançando, havia muita música e dança e ele apreciava tudo. E então adormeceu. Era meia-noite, ele estava cansado e todas as moças adormeceram também. Subitamente, no meio da noite, ele acordou e olhou as moças – a beleza não estava mais ali. A saliva escorria, a boca de uma estava aberta e estava feia. Outra pessoa tinha pesadelos e gritava e chorava. De súbito, ele tomou consciência: "Eu estava pensando que todas estas mulheres eram tão lindas – e de repente ficaram feias?".

Nessa noite, a realidade penetrou. Ele a guardou para si.

Um dia ele ia participar de um festival. No caminho, aconteceu de ver um velho, e jamais havia visto um antes. Aconteceu de ver um corpo sendo carregado para o *ghat* de cremações, jamais havia visto um antes. E perguntou ao cocheiro, ao cocheiro da carruagem: "Qual é o problema? O que aconteceu com este homem? Por que seu rosto ficou tão enrugado? E por que suas costas estão curvas? Qual foi a calamidade que desabou sobre ele?".

O cocheiro respondeu: "Não é uma calamidade, senhor. Acontece com todos, isso é natural. Todos envelhecem e enrugam".

A realidade o penetrou. E então perguntou: "E o que aconteceu a esse outro homem? Por que o estão carregando nos ombros?"

O cocheiro disse: "Esse homem está morto, senhor. Esse é o passo seguinte depois da velhice".

Repentinamente, Buda falou: "Pare a carruagem! *Eu também vou morrer*?"

O cocheiro hesitou. Ele sabia o que o pai estava fazendo, mas era um homem muito sincero, simples e autêntico. E disse: "Não tenho permissão para dizer, mas, já que o senhor perguntou, não posso mentir. Esse homem está morto. E exatamente como esse homem, o senhor também morrerá. Todos os que nascem, morrem".

E então, inesperadamente, apareceu um sannyasin que acompanhava o morto. Buda perguntou: "E o que aconteceu com esse homem? Por que usa um manto cor de laranja?". Ele nunca havia visto um sannyasin antes. Na verdade, a menos que você tenha visto um morto, como pode ver um sannyasin? É uma sequência lógica – velhice, morte, sânias.

A história é linda – quer tenha acontecido ou não, não é esse o ponto. Mas a história é linda e verdadeira – quer tenha acontecido ou não, ela é verdadeira, porque, depois da morte, do encontro com a morte, o que resta, senão sânias?

O cocheiro da carruagem respondeu: "Esse homem compreendeu a vida; compreendeu que a vida termina na morte e renunciou".

Buda ordenou: "Volte ao palácio – eu renunciei".

Naquele momento nem mesmo o cocheiro podia entender o que ele estava dizendo. À noite, ele abandonou o palácio.

Quando você vive a vida em sua totalidade, você *tem que renunciá-la*! Somente aqueles que não viveram de maneira certa, que não viveram de maneira alguma ou viveram vidas mornas e tépidas, se apegam. Esse apego mostra uma mente ignorante, que não compreende. A renúncia é simples, é um desenvolvimento natural, é uma maturidade.

Aqueles astrólogos eram homens de conhecimento. Eles, na verdade, ajudaram Buda a renunciar, sem imaginá-lo. Se tivessem me perguntado, se o pai de Buda, Sudodan, tivesse me perguntado, eu não teria sugerido isso – porque esta é a forma natural de renunciar à vida. Eu teria sugerido: "Deixe esse homem com fome, não lhe dê mais comida do que ele necessita. Deixe-o com bastante fome para que ele pense e sonhe com comida. Não o permita tocar em mulher ou sequer chegar perto de uma, mantenha todas as mulheres bonitas a distância, para que ele as deseje; torne-o também sexualmente faminto. E não faça muitos palácios, deixe-o viver uma vida de mendigo – assim, ele nunca renunciará".

Isso é o que acontece com todos vocês. Vocês não podem renunciar porque têm vivido uma vida de mendigo. Somente os mendigos são incapazes de renunciar. Os imperadores estão sempre prontos a fazê-lo. Só os imperadores podem se tornar sannyasins, nunca os mendigos. Como pode um mendigo pensar em renunciar? Ele nunca teve coisa alguma – como pode renunciar? Você só pode renunciar a algo que já tem. Se não tem, não pode fazê-lo – a que renunciaria?

Esse rei, em crise profunda, chegou a compreender que a felicidade e a infelicidade não são diferentes. Ele era mais sábio do que seus sábios. Por isso, pediu uma chave que abrisse ambas as portas. De fato, felicidade e infelicidade não são duas coisas, mas um só fenômeno: duas faces da mesma coisa, dois aspectos. Eis por que uma chave abrirá ambas.

Observe – quando você está feliz, pode dizer com absoluta certeza que não existe nenhuma infelicidade ao lado? A felicidade pode ser o centro, mas numa das esquinas, a infelicidade não estaria esperando por você? Em algum lugar da felicidade, não existe, já brotando, uma pequena semente de infelicidade? Quando você está infeliz, tem certeza de que está simplesmente infeliz? Ou existe alguma possibilidade ganhando força, que transformará a infelicidade em felicidade?

É como quando nasce o sol de manhã – você não pode ver a noite se aproximando, mas de manhã a noite está escondida, ela já chegou. Com a manhã, ela entrou. Quando existe a luz do meio-dia, com o sol a pino, no seu ponto ômega, quem pensa na noite e na escuridão? Mas, no próprio ponto ômega, a semente da noite está presente, crescendo, esperando sua vez. E nesse ponto ômega, o sol já começa a se pôr, já está caminhando para o Ocidente. Na noite mais escura, a manhã está em gestação; está lá, no útero. E a mesma coisa é verdadeira com todos os opostos. Quando você está apaixonado, o ódio está presente, como uma semente. Quando você está odiando, o amor está presente, como uma semente. Quando está feliz, já começou a caminhar em direção à infelicidade. Quando infeliz, espere um pouquinho – a felicidade já começou a bater ou a entrar pela porta.

Os opostos estão juntos. Esta é uma grande compreensão. E uma vez que essa compreensão se instale, a chave não estará longe.

"Não sei o motivo", disse o rei...

Ninguém sabe a causa. Você veio a mim – você sabe a causa? Por que veio a mim? Ninguém sabe a causa. Mas um desejo profundo, inconsciente, o trouxe até mim. E você jamais será o mesmo outra vez, não poderá ser. Eu me tornei uma parte de você, um membro seu. Mesmo que você me esqueça completamente, não poderá ser o mesmo outra vez. Eu permanecerei no seu esquecimento.

Você sabe a causa de sua vinda – de tantos países, de tantos recantos do mundo, a um homem que nada tem a lhe dar, ou apenas o nada a lhe dar? Por que razão? Por que veio aqui? Você pode não ter consciência disso agora, porque a razão está no inconsciente, mas quanto mais profunda for sua meditação, aos poucos terá consciência de que é a vida que o atirou a mim – é a vida, com suas misérias; é a vida, com suas frustrações. Naturalmente há momentos de felicidade, mas a miséria é tanta que mesmo esses momentos de felicidade ficam envenenados por ela. Você amou, apreciou alguns momentos, momentos máximos; ficou extático – mas, depois, caiu no vale novamente. Veio a mim porque inconscientemente sentiu que a felicidade e a infelicidade são uma só coisa, e que se continuar desejando a felicidade, continuará sendo infeliz.

O rei disse: "Não sei o motivo, mas algo me impele a procurar um certo anel..."

Há uma história atrás desta história. Dizem que os Sufis têm um anel – uma forma muito oculta de dizer as coisas –, os Sufis têm um anel, e quem puder obtê-lo conseguirá ir além da vida e da morte, da luz e da escuridão, do dia e da noite, da infelicidade e da felicidade – além das dualidades. Os Sufis têm um anel, e se você tiver a posse desse anel... o rei deve ter ouvido falar disso, assim afirmou:

"Não sei o motivo, mas algo me impele a procurar um certo anel que me faça equilibrar meu estado de espírito, meu ser. Preciso ter um anel, que deve ser aquele que me fará alegre quando eu me sentir infeliz..."

Ele está pedindo uma fórmula alquímica secreta: "Quando eu estiver alegre, faça-me miserável, triste; quando eu estiver triste, faça-me alegre, feliz".

O que ele está pedindo? Está pedindo domínio sobre seus estados de espírito. E esse é o único domínio! Quando você está infeliz, está infeliz, nada pode fazer, é só uma vítima. E você diz: "Estou infeliz, nada posso fazer". Quando isso vem, você é infeliz. Às vezes você está feliz; também nada pode fazer – quando vem, isso vem. Você não é um mestre.

O que ele está dizendo? Está dizendo: "Estou à procura de uma fórmula secreta que me faça dono e senhor de meus estados de espírito. E quando eu quiser transformar minha felicidade em tristeza, que eu possa fazê-lo. E quando eu quiser transformar minha tristeza em felicidade extática, que eu possa fazê-lo". O que ele está dizendo? Está dizendo que deseja ser senhor de seus estados de espírito; quer criar seus estados de alma – não quer ser uma vítima, e quer criar o que quiser.

E há uma fórmula, e há um anel com uma mensagem secreta nele, que pode transformá-lo. E então é simplesmente maravilhoso quando você muda seu estado de espírito. Pode-se simplesmente desligá-lo ou ligá-lo.

"e que, ao mesmo tempo, ao olhá-lo, me faça triste quando eu me sentir feliz".

Com o primeiro, você concorda; com o segundo, dirá: "Qual é a necessidade?". Mas ambos existem juntos. Se você se torna dono de um, torna-se dono do outro também. E não há nada de errado em tornar-se triste, se você é um mestre.

A tristeza tem uma profundidade em si que nenhuma felicidade pode jamais ter. A tristeza tem uma beleza própria, uma beleza suave – profunda, suave. Nenhuma felicidade pode possuí-la. A felicidade tem uma certa superficialidade, uma certa vulgaridade. A tristeza tem uma profundidade, uma plenitude muito maior do que qualquer felicidade. Você não a vivenciou, porque não foi capaz de trazer sua consciência para ela. Quando alguém fica cada vez mais consciente, ele usufrui tudo, inclusive a tristeza. E então, a tristeza se instala em torno dele como a noite que chega, e tudo se torna silencioso. Até os pássaros deixam de cantar, os ventos deixam de soprar – tudo se torna silêncio e tudo fica em profundo relaxamento.

A tristeza é bela, se você sabe. Se não sabe que mesmo a felicidade não é bela, como pode a tristeza sê-lo?

O rei disse: "Quero ser dono de meus estados de espírito", e é por isso que ele diz: "para equilibrar meu estado de espírito". Se você não é senhor de seus estados de espírito, e eles sopram à sua maneira, como você pode ter equilíbrio? Como pode ter um ser cristalizado? Um estado de espírito chega de repente e você fica infeliz, tudo fica trêmulo dentro de você. Outro estado de espírito surge e você fica feliz; novamente existe excitamento e tudo fica trêmulo dentro de você.

Já observou como um período muito longo de felicidade também *cansa*? Porque é um excitamento. Você não pode ficar feliz por um período muito longo, porque será demais para seu corpo, para sua mente; será demais para o seu psicossomático. Você não pode ficar, porque isso vai fazê-lo tremer, é como uma febre. As pessoas não podem permanecer felizes para sempre, elas morrem, têm ataques cardíacos, pressão alta e muitas outras coisas.

Acontece que as pessoas infelizes vivem mais tempo do que as felizes, porque os infelizes vivem menos excitadas, e as felizes são mais excitadas. A excitação é uma carga para o coração. As pessoas mais bem-sucedidas têm mais problemas cardíacos do que as que falharam. Aliás, as pessoas malsucedidas não têm problemas cardíacos. Qual é a utilidade de se ter um enfarte? Um enfarte é um certificado médico de que você é um homem bem-sucedido. Ele chega perto dos quarenta anos, entre quarenta e quarenta e cinco, porque esse é o auge do homem de sucesso. Então o enfarte chega, porque o sucesso traz cada vez mais excitação.

As pessoas pobres, tristes, vivem mais tempo; na verdade, vivem de cinco a dez anos mais do que as outras que são felizes e bem-sucedidas. Qual é o problema? As pessoas tristes são mais acomodadas; no seu desânimo, têm menos excitações. E se você tentar compreender ambos os fenômenos profundamente, descobrirá que eles são inter-relacionados e que um se transforma no outro. É como uma roda; às vezes o raio da felicidade está na parte de cima, às vezes está embaixo, e depois o outro raio está em cima. Segue-se movendo. E você está nas garras da roda, como se estivesse amarrado a ela e se movesse junto. Como você pode se estabilizar?

O rei está certo, ele diz: "Para que meu estado de espírito se equilibre, para que eu possa estar tranquilo dentro de mim mesmo, gostaria de ter o anel de que os Sufis vêm falando a respeito. Onde está esse anel?".

Os sábios se consultaram entre si...

É por isso que digo que eles não eram muito sábios. Os especialistas consultam, nunca os sábios. Os especialistas são pessoas de conhecimento; eles se consultam entre si – hum? – porque você pode não saber uma coisa e o outro sim. Mas um sábio simplesmente sabe! Não é uma questão de pensar a respeito. Um homem sábio não é um pensador, ele simplesmente sabe! – e responde com seu ser total. Não havia um sábio sequer – eles se consultaram.

Os sábios se consultaram entre si e se colocaram em profunda contemplação.

Um sábio não precisa entrar em contemplação profunda. Ele *existe* nela, ele *é* contemplação profunda. Somente os tolos contemplam; um sábio jamais o faz. Ele é a contemplação, a própria qualidade. Mas eles não eram sábios, não eram gente de sabedoria.

Finalmente chegaram a uma decisão quanto às características do anel que serviria ao rei.

Conheço uma outra versão da história, acho que a outra versão é melhor. Ela diz que eles não conseguiram chegar a uma conclusão, e isso parece verdadeiro. Como podem os especialistas chegar a uma conclusão? Eles podem brigar, discutir. Você já conheceu pessoas argumentativas, filósofos, teólogos? Já os viu chegar a qualquer conclusão? Não. Mesmo que você lhes dê uma conclusão já alcançada, sobre essa conclusão eles ainda irão discutir e sair em diferentes direções. É assim que tem acontecido sempre.

Aconteceu neste século, com Freud – um homem de muito conhecimento, mas não um sábio, não no sentido em que um Buda é –, um pensador muito profundo, penetrante. E aos poucos, todos os seus discípulos – Karl Gustav Jung, Adler e outros – que vieram a ele pensando que havia uma conclusão, que algo tinha sido encontrado... simplesmente provaram ser isso uma encruzilhada onde se separaram. Todos os seus discípulos se encaminharam para direções diferentes. E aqueles que ficaram com ele foram os de menor projeção; entre aqueles que permaneceram com ele, não havia um gênio sequer. Todos os gênios partiram – discutiram, brigaram, partiram e se tornaram inimigos.

É impossível para os homens de conhecimento, homens intelectuais, concluírem alguma coisa. A outra versão diz que eles não puderam concluir coisa alguma e foram pedir conselho a um Sufi. O santo Sufi já tinha o anel – os sábios sempre já o têm. Ele apenas tirou o anel do dedo, deu-o a eles e disse: "Deem o anel ao rei. Mas digam-lhe que há uma condição: somente quando ele sentir que o momento for impossível de ser tolerado é que lhe deverá abrir o anel. Escondida sob a pedra está a mensagem, mas ele não deve abri-la apenas por curiosidade, porque então ela perderá o significado. A mensagem está ali, mas para encontrá-la é necessário um momento *certo* na *sua* consciência. Não é uma mensagem morta que você simplesmente abre e lê. Está escrita embaixo da pedra, mas uma condição precisa ser preenchida: quando *tudo* estiver perdido e a mente nada mais tiver a fazer, a confusão for total, a agonia for perfeita e você nada mais puder fazer e estiver absolutamente indefeso, só então deverá abri-lo – e a mensagem estará ali".

E isso é certo. Eu gostaria também de estabelecer essa condição, porque sem essa condição, significa que a mensagem está ali e qualquer um pode lê-la – então a mensagem não tem muito valor. Você tem que subir a um certo nível de consciência, só então pode compreender. A compreensão não está nas palavras – está dentro de você. As palavras só vão provocar a compreensão, é isso tudo, mas ela precisa estar ali para ser provocada.

O rei seguiu a mensagem. O país estava perdido, o inimigo vitorioso. Apareceram muitos momentos em que ele esteve no limiar de tirar a pedra e ler a mensagem, mas achava que ainda não era o fim: "Ainda estou vivo; mesmo que o reino esteja perdido, posso recuperá-lo, ele pode ser reconquistado".

Ele fugiu do reino apenas para salvar sua vida. O inimigo o segue, ele pode ouvir os cavalos, seus ruídos chegando mais e mais perto. E continua fugindo. Perde os amigos, seu cavalo morre e então ele corre a pé. Os pés sangram, cortados de todos os lados. Não pode andar nem mais um passo e precisa correr sem parar. Ele tem fome e o inimigo se aproxima cada vez mais e mais. E então ele chega a um ponto sem saída. A estrada acaba, não há mais estrada à frente, apenas um abismo. E o inimigo está mais e mais perto. Ele não pode voltar, o inimigo está lá e ele não pode saltar; o abismo é tão grande, ele simplesmente morreria. Agora parece não haver mais possibilidades – mas ele ainda espera pela condição. Ele diz: "Ainda estou vivo, talvez o inimigo vá noutra direção. Talvez, se pular neste abismo, eu não morra. A condição ainda não está preenchida". E então, subitamente, sente que o inimigo está perto demais. E quando olha para saltar, vê que dois leões chegam justamente agora lá embaixo e olham para ele – famintos, ferozes. Agora não resta mais tempo, o inimigo está mais e mais perto, e seus últimos momentos ele pode simplesmente contar nos dedos.

Rapidamente ele tira o anel, abre-o e olha por trás da pedra. Há uma mensagem e a mensagem é: "Isto também passará".

De súbito, tudo se relaxa – "Isto também passará". E naturalmente aconteceu: o inimigo foi para outra direção e ele não consegue ouvir mais o barulho; estavam se afastando mais. Ele se senta, dorme bem, descansa. E dentro de dez dias, reúne seus exércitos, volta, reconquista o país e está de novo em seu palácio. Há grande júbilo e grandes celebrações. O povo enlouquece, dança nas ruas, há muita cor e muita luz, fogos de artifício... E ele está se sentindo tão excitado e feliz, seu coração bate tão rápido que ele pensa que pode morrer de tanta felicidade. De repente se lembra do anel, abre-o e olha. Lá está a frase: "Isto também passará". E ele relaxa. E dizem que obtém a sabedoria perfeita através da mensagem: "Isto também passará".

Sempre que um estado de espírito vem a você, seja de ira, ódio, paixão, sexo, miséria, tristeza, felicidade, *mesmo* enquanto medita, um momento de beatitude, lembre-se sempre: Isto também passará. Deixe que se torne uma lembrança constante: Isto também passará.

E o que acontecerá a você se conseguir se lembrar disso constantemente? Então a felicidade não será a felicidade – apenas uma fase numa nuvem que vem e vai. *Não é você!* Ela vem e vai, *não é o seu ser*. É algo acidental, algo na periferia, e você é a testemunha.

Quando você se lembra: "Isto também passará. Isto também passará. Isto também passará" –, você fica separado disso instantaneamente. A coisa chega a você, mas não é você. Ela sai e você é deixado para trás – intacto, intocado. A miséria vem; deixe que venha. Lembre-se bem, isto também passará. A felicidade vem; lembre-se, isto também passará. E, aos poucos, uma distância é criada entre os estados de espírito e você. Você não se identifica com eles, torna-se uma testemunha, apenas os observa, é um espectador. Você não se envolve mais, torna-se indiferente.

Um silêncio desce em você, um silêncio que não é criado por você, que não é uma quietude forçada; um silêncio que subitamente vem de fontes desconhecidas, do Divino, do Todo. E então você é cristalizado, e nada pode abalar suas bases. Então nada o faz tremer, coisa nenhuma! – felicidade, infelicidade. Então você sabe que ambas são as mesma coisa. Se a face é de felicidade, o verso é de infelicidade; se a face é de infelicidade, o verso é de felicidade. Elas são iguais. Quando a felicidade chega, ela parece felicidade; quando ela se afasta, olhe o verso – é a infelicidade.

Quanto maior a distância, maior a consciência; quanto maior a consciência, maior a distância. Você se estabiliza, torna-se um Buda sob a Bodi Tree.

Mas isso não lhe acontecerá até que você morra como você é. Isso é uma ressurreição, o nascimento do absolutamente novo. O velho tem que ceder lugar; suas velhas atitudes, conceitos, filosofias, ideologias, sua velha identidade, o velho ego tem de ceder lugar ao novo. O novo está sempre aí, mas não há espaço em você para que ele venha. O hóspede chegou, mas o anfitrião não está pronto. Dê espaço! Torne-se mais espaçoso dentro de si, crie o espaço, o vazio. E esta mensagem é maravilhosa, é uma chave-mestra. Lembre-se:

O anel que eles imaginaram era um sobre o qual estava inscrita a frase:

"ISTO TAMBÉM PASSARÁ"

Deixe isso se tornar uma lembrança constante. Deixe isso se tornar tão profundamente contínuo que, mesmo no sono, você saiba: Isto também passará. Mesmo nos sonhos, você sabe: Isto também passará. Deixe isso se tornar como a respiração, sempre contínua, uma presença. E essa presença o transformará. É uma chave-mestra; pode abrir a porta mais secreta para dentro do seu próprio ser, e dali, para dentro do próprio ser da existência.

Capítulo 9

Quase Morto de Sede

Perguntaram a Shibli: "Quem o guiou no Caminho?".
Shibli respondeu: "Um cão. Um dia eu o vi, quase morto de sede, parado junto à água. Toda vez que ele olhava seu reflexo na água, ficava assustado e recuava, porque pensava ser outro cão.
Finalmente era tamanha a sua sede que abandonou o medo e se atirou na água; com isto, o reflexo desapareceu.
O cão descobriu que o obstáculo – que era ele próprio –, a barreira entre ele e o que buscava, havia se desvanecido.
Da mesma forma, meu obstáculo se desvaneceu quando eu soube que aquilo que eu pensava ser eu mesmo era o próprio obstáculo. E o meu Caminho foi mostrado, primeiro, pelo comportamento de um cão".

EU OLHO para você... e não vejo qualquer outra barreira senão você mesmo. Você está parado no meio do seu próprio caminho. E, a menos que compreenda isto, nada será possível em direção ao crescimento interior.

Se a barreira fosse alguma outra pessoa, você poderia ter-se desviado, poderia tê-la rodeado, poderia ter escapado. Mas *você* é a barreira. Você não pode se desviar – quem vai se desviar de quem? Você não pode rodear – quem rodearia quem? Você não pode escapar, porque, onde quer que for, *você* estará presente.

Sua barreira é você e o seguirá como uma sombra.

Isto precisa ser compreendido tão profundamente quanto possível. Como surge esta barreira? Qual é o mecanismo do ego que se torna o obstáculo? Uma crosta dura à sua volta – e você não pode voar para o céu, não pode se abrir ao mundo do amor e da oração. Como nasce esta concha do ego? Se você puder entender o nascimento do ego, saberá o segredo de como dissolvê-lo. O próprio entendimento de como surgiu o ego se torna a liberdade.

O ego nasce – não que você se conheça –, o ego nasce através dos reflexos. Você vê seu reflexo nos olhos dos outros, nas faces, nas suas palavras e vai acumulando esses reflexos. Sem saber quem você é, você precisa encontrar uma identidade.

Nasce uma criança – ela não sabe quem ela é, mas ela precisa saber, de outro modo será impossível viver no mundo. E ela não pode se tornar um Buda imediatamente; ela nem conhece o problema, ainda não entrou no mundo. Ela entrará verdadeiramente no mundo quando começar a sentir quem ela é.

É por isso que você não consegue se lembrar de muitas coisas da sua infância. Se você retroceder, será capaz de se lembrar até os três ou quatro anos de idade, e não será capaz de penetrar além disso. Qual é o problema? Será que a memória não está funcionando? Não havia experiências, gravações na mente, impressões? Elas estavam lá! Aliás, uma criancinha de dois ou três anos de idade é mais impressionável do que nunca, e estão acontecendo milhões de experiências com ela. Mas por que a memória não está presente? Porque o ego ainda não está desperto. Quem carregará a memória? Qual será o núcleo da memória? A criança ainda não identificou quem ela é. Nenhuma identificação ainda apareceu.

Como é que ela vai adquirir o ego? Ela olha os olhos da mãe, e eles estão felizes, sorridentes. Ela guarda a impressão: "Eu devo ser bonita, devo ser encantadora, valiosa e preciosa. Sempre que a mãe chega perto, ela fica tão feliz, ela vem e me beija". A criança está juntando impressões. O pai chega e fica maluco – joga a criança para cima, brinca com ela... e a criança está observando. O pai se torna o espelho, a mãe se torna o espelho. Chegam os vizinhos – e, aos poucos, ela vai acumulando. Está arquivando, na mente, quem ela é.

Eis por que, se uma criança for criada sem mãe, sempre sentirá falta de alguma coisa na sua identidade. E não será capaz de amar a si própria, porque a impressão básica de alguém amoroso não estará presente. Ela será sempre, de certa forma, insegura; não terá certeza. A mãe dá a segurança e a certeza – de que você é amado, é precioso, faz os outros felizes, tem valor... À medida que a criança se desenvolve, os vizinhos, amigos, professores, milhões de impressões e espelhos estão ao redor dela, e ela continua acumulando.

Naturalmente, muito cedo, ela começa a colocar as impressões em divisões. Aqueles que a amam, ela estima; aqueles que a detestam, ela não gosta. Então, muitas impressões que não são agradáveis para o ego vão sendo jogadas para o porão da mente, para o inconsciente. Alguém bate nela; alguém diz: "Você é feia"; a professora diz: "Você é estúpida" – essas impressões vão sendo jogadas no inconsciente. Começou a divisão.

A consciência é aquilo que você estima e ama – sua bela imagem. E você continua jogando sua imagem feia para o inconsciente. A divisão entrou na mente, este é o começo da esquizofrenia. Se isso chegar ao máximo extremo, você se dividirá em duas personalidades. Normalmente, também, você não é um; você é dois.

Quando você está zangado, a personalidade reprimida toma posse. Observe uma pessoa que está ficando zangada: a face muda, os olhos mudam, e o comportamento também. Subitamente, ela não é a mesma pessoa. É como se algo estranho tivesse chegado, ela fica possuída e fará coisas que jamais pensou fazer. Ela poderá cometer um assassinato num momento de fúria e de raiva – e não será capaz de compreender como aconteceu. Muitos assassinos, nos tribunais, dizem que nunca fizeram aquilo. E não estão mentindo; de fato, eles nunca o fizeram. Alguma outra pessoa, uma personalidade longínqua, com quem não estão identificados, os possuiu.

Veja uma pessoa que se apaixona – de repente acontece uma transfiguração. Seus olhos já não são mais os mesmos, uma nova luz brilha através deles. Seu rosto não é mais o mesmo; uma suavidade aparece nele. Ela está fluindo mais. Da escuridão nasce uma nova manhã. Bem lá dentro dela, os pássaros estão cantando e as flores se abrindo.

No amor, uma pessoa é totalmente diferente. Na raiva não se consegue fazer duas pessoas se encontrarem, elas são duas personalidades separadas. Na raiva, surge a identidade que você havia reprimido no inconsciente; no amor, a identidade que você estima.

Essa divisão é a causa de todas as misérias que acontecem à humanidade e de todas as agonias que acontecem à mente humana. A menos que essa divisão desapareça, você jamais será um todo, e jamais será capaz de saber quem você *é*. O consciente é *tão* falso quanto o inconsciente, porque ambos são apenas reflexos acumulados dos outros. Você não se encontrou diretamente, mas sim através dos outros.

Existem alguns espelhos nos quais você parece muito bonito, e outros em que você parece feio. Há alguns espelhos nos quais você parece divino, e outros nos quais você parece simplesmente um animal.

Esta tem sido a minha observação; qualquer que seja sua identidade, qualquer que seja seu ego, bem no fundo existe confusão – porque a outra parte condenada está sempre lá. Nas suas bases, ela está sempre lá e você está sempre trêmulo e confuso. Se alguém realmente lhe pergunta: "Quem é você?", a resposta não está presente. Se ninguém pergunta, você sabe quem é você. Mas se alguém insiste: "Quem é você?", você não sabe.

Santo Agostinho disse: "Quando ninguém pergunta, eu sei que horas são. Mas, se alguém pergunta que horas são, eu não sei".

É exatamente o caso do ego. Se ninguém pergunta, você sabe. Mas, se alguém o faz, a certeza subitamente desaparece.

Eis por que não é gentil perguntar a alguém: "Quem é você?" – porque a certeza está apenas na superfície. Como você pode ter certeza, apenas por ter acumulado reflexos? E reflexos de muitas fontes – são antagônicos, contraditórios, confusos. Você é um caos, e seu ego é apenas um truque para esconder o caos, apenas uma palavra de cobertura, na qual você pode continuar a esconder tudo. Você é um louco por dentro.

Esta é a primeira coisa a ser compreendida: que ninguém pode se conhecer através dos espelhos – porque os espelhos interpretarão. Na verdade um espelho nunca mostra quem você é. Um espelho simplesmente diz como *ele* reage a você. A mãe sorri: ela não está dizendo algo a seu respeito; ela está dizendo algo a respeito dela mesma. Ela está feliz, tornou-se mãe. E todas as mães sorriem – mesmo à criança mais feia. Pode ser uma criança bem comum, mas a mãe sempre pensa que ela será um Napoleão, ou um Alexandre ou um Buda. A mãe não está dizendo nada a respeito de você. Ela está feliz de ser mãe, e está dizendo algo dela mesma. E se a criança sorri, a mãe também está acumulando ego. Se a criança sorri, a mãe sente-se bem – pensa que a criança está sorrindo para ela.

Todos estão no mesmo barco. A criança não está sorrindo para a mãe, não está dizendo coisa alguma a respeito da mãe. Toda criança sorri para a mãe porque ela é a fonte do alimento e do amor. E é apenas diplomacia que ela usa, porque é assim que consegue mais amor, mais nutrição. Dentro de poucos dias, a criança se torna um político. Ela sabe quando sorrir e quando não, e começa a dar punições e prêmios. Se ela não estiver contente com a mãe, não sorrirá, não olhará para ela, e a mãe terá que persuadi-la.

A criança está mostrando algo de dentro dela mesma, não da mãe. A mãe está mostrando algo de si mesma, não da criança. Quando você vai a um espelho, este está dizendo algo de si mesmo, não de você. Se for um ótimo espelho belga, mostrará algo de si mesmo, mostrará: "Eu sou da Bélgica". E se for indiano, mostrará: "Eu fui fabricado na Índia" – mas nada a seu respeito. Se seu rosto parece bonito, isso apenas mostra que o espelho foi feito de uma maneira bonita. Ele reflete, ele reage!

Isto precisa ser compreendido – especialmente para o buscador, isto é uma das coisas básicas –, que todos à sua volta, *todos* os espelhos refletem. Eles são suas reações, e nada dizem a seu respeito; como poderiam dizê-lo? Você mesmo nem se conhece – como eles podem conhecer? É impossível! Eles não se conhecem – como podem conhecer você?

O ego é o acúmulo de impressões, sombras, reflexos. E com esse ego você vive, e vive num inferno. A menos que você o abandone, a possibilidade de alcançar o céu permanecerá sempre fechada.

E não tente abandoná-lo – porque agora mesmo aquele que abandona será o mesmo: o ego. E você ganhará um ego sutil, aquele que diz: "Eu estou abandonando o ego. Eu abandonei o ego". E novamente você olhará em volta para ver como as pessoas estão se sentindo, e elas dirão: "Nunca vimos um homem tão humilde!". E você acumulará esse reflexo, de que é a pessoa mais sem ego do mundo, de que é tão linda, tão humilde, tão simples, que não tem ego algum. E continua acumulando.

Você não pode abandoná-lo, apenas pode compreender.

E não há necessidade de abandonar, porque não há coisa alguma a abandonar! – apenas sombras. Você precisa compreender como acumulou sua autoidentidade, como juntou sua autoimagem. E essa autoimagem é confusa porque você juntou fatos de muitas fontes – divergentes, diametralmente oposta. Assim, você é sempre uma multidão, e não tem uma unidade. Essas impressões não podem ter unidade.

Se você tivesse vivido com um homem e jamais tivesse se encontrado com outro homem, seu ego estaria absolutamente certo – mas isso também é difícil, porque um homem não é tampouco um homem. Num momento ele é uma coisa, noutro é outra coisa. De manhã a mãe estava sorrindo, e à tarde está zangada, castigando você. Se você tivesse vivido com uma só pessoa, de um estado de humor singular, então seu ego teria sido um. Mas você tem vivido com muitas, muitas pessoas, com milhões de humores diferentes – e todas as impressões estão presentes. Seu ego é uma multidão, não é uma cristalização, um centro; ele não tem centro. É só uma multidão, uma ralé.

Você não pode largá-lo; pode simplesmente olhar, observar e compreender. Uma vez que compreenda, repentinamente sentirá que ele foi abandonado. *Você jamais o abandona!* Quando você compreende, ele já não está mais presente. É exatamente como a escuridão: você traz uma vela e a escuridão já não existe mais. Você traz compreensão, há luz, e o ego desaparece, as sombras se foram. E quando o ego desaparece, pela primeira vez você se torna um ser unificado. Seu inconsciente e seu consciente simplesmente perdem as fronteiras. Na verdade, não existem fronteiras.

E Freud está absolutamente errado, porque ele pensa que o inconsciente e o consciente têm fronteiras substanciais. Eles não têm nenhuma. É só por causa do ego. A parte aceita do ego se tornou consciente porque você a aceita; ela pode vir à superfície. A parte rejeitada do ego, porque você a rejeita, você a joga fora – para onde ela vai? –, cai bem fundo em você. Não existe escuridão: você está apenas de costas para a parte rejeitada.

Uma vez que compreenda que o ego é só uma multidão de milhares de impressões – e que as rejeitadas e as aceitas são da mesma qualidade, porque ambas são falsas –, ao entender que o ego é falso e é uma multidão, de súbito a multidão desaparece e a falsidade cai. Num só momento as fronteiras entre o consciente e o inconsciente são dissolvidas. Acontece uma fusão, como uma torrente.

E seu inconsciente é muito grande, nove vezes maior do que seu consciente. Assim, a menos que você se integre ao inconsciente, sua vida será muito, muito fragmentada, superficial. Você viverá apenas uma parte; não será capaz de viver o total. Você fará tudo, mas isso será feito apenas pela parte. O todo jamais estará presente.

E, para mim, estar inteiro em alguma coisa é ser meditativo: estar inteiro em qualquer coisa. A meditação não é algo separado da vida, é justamente a qualidade de estar inteiro e total em algo. Se você pode tirar água do poço, isto pode se tornar uma meditação – se estiver inteiro nisso. Quando você está puxando a água para fora do poço, você está todo nisso. Só o movimento do puxar existe. Você enche os potes, carrega a água. Apenas movimentos. Ninguém está separado, dividido. Isso é meditação. Perguntaram a Lin-Chi quando ele se tornou Iluminado: "Agora, desde que se tornou Iluminado, o que faz você?".

Ele respondeu: "Eu corto lenha, carrego água do poço". Só isto, disse ele. E nesse momento ele estava cortando lenha, e disse: "Tudo é perfeito e maravilhoso. Corto a lenha e carrego água do poço e tudo é perfeito".

Se você se tornar inteiro em *qualquer coisa*, eu digo – andando, ouvindo, falando –, se você se tornar inteiro, isto será meditação. De outro modo, você pode continuar cantando mantras com parte de sua mente, e a outra parte continua vagando por aí. A multidão continua. Um membro da multidão continua cantando: "Ram, Ram, Ram". Outra parte da multidão continua com seu próprio trabalho. Uma parte está no mercado, outra está em casa, uma foi para o futuro, outra para o passado, uma está procurando uma mulher, outra lendo o Alcorão e a Gita, e alguma parte está cantando "Ram, Ram, Ram". Você é uma multidão, e essa multiplicidade jamais pode ser meditativa.

Por isso, o abandono do ego, não por você – o abandono do ego *não por você*, mas pela sua compreensão –, o abandono do ego... ele cai por si mesmo. Repentinamente, você é inundado. Seu inconsciente corre em direção à sua consciência. Você se torna um. Agora, em tudo que você faz, estará totalmente naquilo. E isto é o êxtase – nem passado, nem futuro; simplesmente no momento, aqui e agora; totalmente nele e dele.

Apenas nesse estado você, pela primeira vez, fica consciente de quem é *você*. Antes disso, todas as identidades são falsas. Você precisa chegar a si próprio, diretamente; será um encontro face a face consigo mesmo, com sua própria realidade. Não é necessário qualquer outro espelho – porque os espelhos mostram apenas a forma. Eles jamais poderão mostrar o sem-forma que é você. Os espelhos só podem refletir o que pode ser visto pelos outros, e nunca podem mostrar o que não pode ser visto pelos outros, mas apenas por você mesmo.

O que acontece quando você se olha num espelho? O que está ali refletido é apenas sua periferia. Seu centro não pode estar refletido – apenas a periferia, a forma. E quando você olha, não é *você* que está ali refletido, porque você não é o que é visto, é aquele que vê. Você não é aquele que está refletido, é aquele que está olhando o reflexo, que está observando o reflexo.

Você é sempre aquele que vê, e aquele que vê não pode ser reduzido ao visto. Você é a subjetividade, e não pode jamais se tornar o objeto. Você é irredutível... então como se encontrar consigo mesmo?

A pessoa tem que se voltar para dentro, que abandonar todos os espelhos – os espelhos dos olhos, olhos amistosos, olhos inimigos, olhos indiferentes, todos os tipos de espelhos precisam ser abandonados. Na verdade, a pessoa tem que fechar os olhos e se voltar para dentro e ver o que não pode ser visto – encontrar aquele que vê. Acontece.

É um grande absurdo, é ilógico, mas acontece. Como você pode ver aquele que vê? Pela lógica, é impossível. Mas acontece – porque a vida não se incomoda com a lógica. A vida é mais do que a lógica. Acontece! Pode acontecer com você, mas você precisa sair do reflexo, do mundo-espelho que o circunda.

Esta história do Mestre Shibli é muito bonita. Ele é um dos Mestres mais famosos, e gostaria de lhe contar algo sobre sua pessoa.

A primeira vez que se ouviu falar de Shibli foi quando Mansur Al Hillaj estava sendo assassinado. Shibli era companheiro e amigo de Al Hillaj. Muita gente foi assassinada em tempos passados pelos pretensos religiosos. Jesus foi morto... mas nunca houve um assassinato como o de Al Hillaj; esse foi o mais terrível de todos. Jesus foi simplesmente crucificado, mas Al Hillaj não foi simplesmente crucificado. Ele foi crucificado, mas primeiro lhe cortaram as pernas – e ele estava vivo – e depois as mãos; foi verdadeiramente torturado. Em seguida, sua língua também foi decepada e seus olhos arrancados – e ele ainda estava vivo. E depois cortaram o seu pescoço e o fizeram em pedaços.

A primeira vez que se ouviu falar de Shibli foi nesse momento. Cem mil pessoas estavam reunidas para jogar pedras e ridicularizar Mansur. E que crime teria ele cometido? Que pecado havia cometido?

Ele não havia cometido qualquer pecado, qualquer crime. Seu único crime foi o de ter dito: "*Anal Hak*", que significa: "Eu sou a Verdade, eu sou Deus". Se ele estivesse na Índia, o povo o teria adorado durante séculos. Todos os videntes dos Upanixades declaram isto: "*Aham Brahmasmi*" – "Eu sou Brahma, o Eu Supremo". *Anal Hak* não é outra coisa senão uma tradução de *Aham Brahmasmi*. Mas os muçulmanos não podiam tolerar tal coisa.

Todas as três religiões que nasceram no Ocidente são muito intolerantes. Os judeus – muito intolerantes, por isso crucificaram Jesus. Os muçulmanos – muito intolerantes, quase cegos. Os cristãos, sempre falando de tolerância, mas apenas falando – nada tolerantes. Mesmo na tolerância deles, existe uma profunda intolerância. E todas essas três religiões foram assassinas, violentas e agressivas. O único argumento delas é a violência, como se você pudesse convencer alguém matando-o.

Mansur é um dos maiores Sufis. Nenhum outro homem na tradição Sufi é comparável a ele. E foi assassinado. O povo estava atirando pedras nele e Shibli estava no meio da multidão. Mansur estava rindo e achando graça. Quando deceparam seus pés, ele apanhou o sangue nas mãos e as lavou com ele, assim como os muçulmanos fazem com a água, quando vão orar na mesquita: lavam as mãos com água – *wazu*. E alguém da multidão perguntou: "O que você está fazendo, Mansur?".

Mansur respondeu: "Como se pode fazer *wazu* com água? Como se pode lavar-se com água? – porque o crime você o cometeu com seu sangue, o pecado você comete com sangue, então como se pode purificar com água? Só o sangue pode ser a purificação. Estou purificando minhas mãos, estou me aprontando para a oração".

Alguém riu e disse: "Você é um tolo! Está se aprontando para a oração? Ou está se aprontando para ser assassinado?"

Mansur riu e respondeu: "A verdadeira oração é isto – morrer. Vocês estão me ajudando na minha oração final, a última. E este corpo não pode fazer nada melhor, não pode ser usado de forma melhor – vocês estão me sacrificando no altar do Divino. Esta será minha última oração no mundo".

Quando começaram a decepar suas mãos, ele disse: "Esperem um instante! Deixem-me orar, porque quando eu não tiver mais as mãos, será mais difícil". Então olhou para o céu, orou a Deus e disse: "Perdoe estas pessoas, porque não sabem o que fazem". E falou a Deus: "Você não pode me enganar, seu grande enganador! Eu posso vê-lo em cada pessoa presente aqui. Está tentando me enganar? Você veio como o assassino? Como o inimigo? Mas eu lhe digo, você não pode me enganar, eu o reconhecerei sob qualquer forma que apareça – porque o reconheci dentro de mim mesmo. Agora não há possibilidade de engano".

As pessoas atiravam pedras e lama, e Shibli estava ali. Mansur estava rindo e sorrindo, e de súbito começou a gritar e a chorar, porque Shibli havia jogado uma rosa em Mansur. Pedras – ele ria. Uma rosa – começou a chorar e a gritar. Alguém perguntou: "O que aconteceu? Com pedras você ri – ficou louco? Shibli atirou apenas uma rosa. Por que você está chorando e gritando tanto?".

Mansur respondeu: "As pessoas que estão atirando pedras não sabem o que fazem, mas este Shibli tem que saber. Para *ele* será difícil obter o perdão de Deus".

Shibli era um grande sábio erudito, conhecia todas as escrituras. Era um homem de conhecimento. E Mansur disse: "Os outros serão perdoados, porque estão agindo na ignorância, não podem evitar. Não importa o que façam, está bem. Na sua cegueira, é tudo que podem fazer, não se pode esperar mais do que isso. Mas Shibli – um homem que sabe! Um homem de conhecimento... será difícil para ele obter perdão. Eis por que eu choro e grito por ele. Ele é o único aqui que está cometendo pecado. Ele sabe! É por isso".

Isto é algo a ser compreendido. Você não pode cometer pecado quando você é ignorante. Como pode cometer um pecado, quando é ignorante? A responsabilidade não está em você; mas quando você sabe, então a responsabilidade está presente. O conhecimento é a maior responsabilidade, o conhecimento o faz responsável. E esta afirmação de Mansur transformou Shibli completamente. Ele se tornou um homem totalmente diferente. Jogou fora o Alcorão, as escrituras, e disse: "Elas não me puderam fazer entender nem isto: que todo conhecimento é inútil. Agora vou procurar o verdadeiro conhecimento". E mais tarde, quando lhe pediram que comentasse a afirmação de Mansur, perguntaram: "Qual era o problema? *Por que* você jogou a flor?".

E Shibli respondeu: "Eu estava na multidão e fiquei com medo dela – se não jogasse algo as pessoas poderiam pensar que eu pertencia ao grupo de Mansur. Podiam pensar que também sou companheiro e amigo, podiam se tornar violentas comigo. Eu não podia jogar pedras, porque sabia que Mansur era inocente, mas também não tive coragem suficiente para *não* jogar nada. Eis por que atirei a flor – apenas um comprometimento. E Mansur estava certo ao chorar: chorou pelo meu medo, pela minha covardia. Chorou porque todo o meu conhecimento e tudo que acumulei a vida toda fora inútil – eu estava comprometido com a multidão".

Todos os eruditos são cúmplices da multidão, são comprometidos com a multidão, por isso é que você jamais ouviu falar de um erudito crucificado por ela. Eles são seguidores da multidão, sempre se comprometem. E a sua cumplicidade é esta: curvam-se quando comparecem diante de Buda ou de Mansur, e também se curvam diante da multidão. São gente astuta, muito astuta.

Mas Shibli mudou completamente, ele compreendeu. O sentimento de Mansur por ele e os soluços de Mansur se tornaram uma transformação. E mais tarde Shibli se tornou um Mestre por seu próprio direito. Levou pelo menos doze anos para isso, perambulando como um vagabundo, um pedinte. E as pessoas perguntavam: "Por que você anda por aí? De que se arrepende?" – porque continuamente ele batia no peito, chorava e soluçava. Quando entrava na mesquita, chorava tanto que todos da aldeia se reuniam. Era tão comovente, uma angústia tão grande, que o povo perguntava: "O que você está fazendo? Que pecado cometeu?".

E ele dizia: "Matei Mansur. Ninguém ali era responsável, mas eu poderia ter compreendido. E joguei uma flor nele, comprometi-me com a multidão, fui covarde. Eu poderia tê-lo salvo, mas perdi o momento. Eis por que me arrependo".

Ele se arrependeu a vida inteira. O arrependimento pode se tornar um fenômeno muito profundo, se você compreende a responsabilidade. Então, mesmo uma coisa pequena, caso se torne um arrependimento... não apenas verbal, não apenas na superfície; se atinge fundo suas raízes, se você se arrepende desde as suas raízes, se todo o seu ser se sacode, treme, chora e as lágrimas brotam; não apenas de seus olhos, mas de cada célula do seu corpo, então o arrependimento se torna uma transfiguração. Este é o significado do que Jesus repetidas vezes diz: "Arrependam-se!".

O Mestre de Jesus, João Batista, não tem muito mais a dizer. Toda a sua mensagem se resume apenas em: "Arrependam-se! – porque o Reino de Deus está próximo. Ele já vai chegar – arrependam-se antes disso!". O arrependimento – não só mental, mas total – limpa e purifica. Nada pode purificá-lo tanto, ele é uma fogueira, queima todo o lixo que existe em você.

Os soluços de Mansur perseguiram Shibli continuamente durante toda a sua vida. Acordado ou dormindo, as lágrimas de Mansur o perseguiam. E isso se tornou uma transformação. Isso é o que um Mestre, somente um grande Mestre, pode fazer – e Mansur o fez. Mesmo quando estava morrendo, transformou um homem como Shibli. Mesmo morrendo, usou sua morte para transformar esse homem. Um Mestre continua, vivendo ou morrendo, ou mesmo depois de morto, continua usando todas as oportunidades para transformar as pessoas.

Agora esta pequena história:

Perguntaram a Shibli: "Quem o guiou no Caminho?".

Shibli respondeu: "Um cão. Um dia eu o vi, quase morto de sede, parado junto à água. Toda vez que ele olhava seu reflexo na água, ficava assustado e recuava, porque pensava ser outro cão.

Finalmente era tamanha a sua sede que abandonou o medo e se atirou na água; com isso, o reflexo desapareceu.

O cão descobriu que o obstáculo – que era ele próprio –, a barreira entre ele e o que buscava, havia se desvanecido.

Da mesma forma, meu obstáculo se desvaneceu quando eu soube que aquilo que eu pensava ser eu mesmo era o próprio obstáculo. E o meu Caminho foi mostrado, primeiro, pelo comportamento de um cão".

Alguém que está pronto a aprender, pode aprender de qualquer lugar. Outro que não está pronto, não pode aprender nem mesmo de um Buda. Depende de você. Um cão pode se tornar um deus, se você estiver pronto a aprender. E mesmo um deus pode não parecer um deus, se você não estiver pronto. No final de tudo, depende de você. Estar pronto a aprender significa estar aberto a todas as possibilidades, sem preconceito; vigiando, sem preconceito. De outro modo, quem observaria um cão? Você nem tomaria conhecimento, passaria por ele e perderia a oportunidade que fez de Shibli um homem transformado, que se tornou um guia.

Você perde oportunidades todos os dias. A cada *momento* a orientação está presente. O Divino continua chamando de diferentes lugares, mas você não ouve. Na verdade, você pensa que já sabe, esse é o problema. Se um doente pensa que já está curado, por que há de escutar o médico? E então não existe a possibilidade da doença ser tratada; a própria possibilidade de tratamento fica fechada. Se você achar que já sabe, não será capaz de saber. Primeiro reconheça que não sabe, e depois, de súbito, de todas as partes as coisas começam a acontecer.

"Quem o guiou no Caminho?", alguém perguntou a Shibli, e jamais ele podia pensar que responderia: "*Um cão. Um dia eu o vi, quase morto de sede, parado junto à água*".

Esse é o lugar onde todos vocês estão: junto da água, quase mortos de sede. Mas alguma coisa os impede, porque vocês não estão saltando para dentro. Alguma coisa os segura. O que é? É uma espécie de medo. Pois a margem é conhecida, é familiar, e pular no rio é ir em direção ao desconhecido.

O conhecido é sempre morto como uma margem e o desconhecido é sempre fluido, como um rio. O medo faz com que você se agarre ao que é familiar. O medo sempre diz: "Agarre-se àquilo que é familiar, conhecido". E então o medo faz você se mover em círculos, porque somente um caminho circular pode ser familiar. Você se move sempre e sempre no mesmo traçado. Tudo é conhecido.

As pessoas chegam a mim em miséria profunda, mas não estão prontas nem para abandonar suas misérias – porque mesmo as misérias parecem familiares. Ao menos, pensam elas, as misérias são delas. Não estão prontas a entregar nem mesmo suas misérias.

Como você pode entregar sua miséria? Ela é familiar, habitual; você viveu com ela por tanto tempo, que se sentirá muito sozinho sem sua presença. Sempre percebo isto. E se você se agarra à miséria, como é possível o êxtase? Ambos não podem coexistir. O êxtase não pode atingi-lo, e só pode fazê-lo se a miséria sair por uma porta; então o êxtase entra por outra – e, assim que entra, o preenche.

A natureza abomina o vácuo, Deus também. Mas você já está preenchido e se agarra à sua miséria como se fosse um tesouro. O que você conseguiu? Será que não pode renunciar à sua miséria? Já não viveu o bastante com ela? Será que ela já não o mutilou demais? O que está esperando?

Você está na mesma situação.

Shibli diz: "*Um dia eu o vi, quase morto de sede...* Morto de sede! E a água bem em frente!... "*parado junto à água. Toda vez que ele olhava seu reflexo na água, ficava assustado e recuava...*". O medo do desconhecido e o medo do reflexo. Ele se via refletido na água e pensava existir outro cão. Ele estava vendo a si mesmo; não havia mais ninguém.

Esta é uma frase muito fecunda. Deixe-me dizer-lhe que você está sozinho no seu mundo, que não há ninguém mais. E todos os demais que você vê são apenas seus reflexos. Você jamais saiu de si mesmo. E, aliás, não há ninguém mais senão você – no *seu* mundo. Tudo é reflexo. E por causa desses reflexos você está fechado, embutido.

Quando você se encontra com uma pessoa, será que você encontra a pessoa que ela é ou, simplesmente, encontra um reflexo de você mesmo nela? Será que você já se encontrou com alguém? – ou apenas com seus próprios reflexos, com suas próprias interpretações? Quando você se encontra com uma pessoa, imediatamente começa a interpretá-la, a criar uma imagem a seu respeito. Essa imagem é sua. A pessoa não é importante – só sua imagem. A pessoa vai para longe, e mais e mais a imagem se torna clara e a pessoa é esquecida. E então você vive com a imagem. Quando você fala com a pessoa, você fala para a *sua* imagem da pessoa, não para ela, realmente.

Você se encontra com um homem ou com uma mulher e se apaixona – pensa que está se apaixonando pelo outro? É impossível. Você está se apaixonando pela imagem que criou em torno dele. E o outro também está se apaixonando pela imagem que ele ou ela criou em torno de você. Sempre que duas pessoas se apaixonam, estão ali pelo menos quatro pessoas; até mais é possível, nunca menos. E então há o problema, porque você nunca se apaixona pela pessoa – e sim pela sua própria imagem. E ela não está presente para preencher sua imagem. Cedo ou tarde a realidade aparece, um conflito surge – entre seu sonho e o real, entre sua imagem e a pessoa real que ali está, absolutamente desconhecida. E então acontece um choque.

Todo caso de amor desaba no abismo – todo caso de amor. E quanto mais profundo o amor e intenso o sentimento, mais cedo ele desaba. Por que isso acontece? Tem que acontecer – porque como podem ficar juntas duas pessoas que se apaixonam pelas suas próprias imagens? Essas imagens estarão sempre entre elas, e essas imagens são falsas.

Uma pessoa real é totalmente diferente, não é sua imagem e não está presente para preencher todas as suas expectativas. E nem você está presente para preencher as expectativas de qualquer pessoa. Uma pessoa real é real, tem seu próprio destino. Você tem seu próprio destino. Se vocês podem andar juntos, de mãos dadas, por alguns momentos no caminho, tanto melhor – isso é muito bonito. Mas você não pode esperar que: "Faça isto – não faça aquilo". Uma vez que comece a esperar, você estará trazendo sua imagem: o amor estará quase morto, e de agora em diante será algo morto.

Olhe para os maridos e para as esposas. Eles não podem se enxergar porque parecem tão mortos e entediados um com o outro. Eles simplesmente se toleram, de alguma forma simplesmente se arrastam. O mistério está perdido, a dança já não está no compasso. Eles não olham mais um nos olhos do outro. Esses olhos já não são os lagos nos quais você continua a navegar numa jornada eterna. Eles podem se dar as mãos – mortas, nada flui. Abraçam-se e beijam-se, fazem amor, mas apenas manobras, coisas como posturas de ioga; mortos, controlando, praticando. Mas o fluir não está mais ali, o êxtase não existe mais, já não é um acontecimento, e não saem dali mais dispostos, rejuvenescidos, renascidos. Entram nisso mortos e saem mais mortos do que antes. Toda a coisa se torna putrefeita. Como isso pode acontecer?

Isso acontece porque você está sempre criando no outro um reflexo do seu próprio eu, está criando uma ilusão. E então fica apaixonado, depois fica odiando, então encontra amigos e depois inimigos, e são todos reflexos seus.

Existe uma antiga história hindu: Um grande rei construiu um palácio, e as paredes eram revestidas de espelhos, milhões de espelhos. Entrar nesse palácio era maravilhoso. Você podia ver seu rosto em milhões de espelhos à sua volta; milhões de você à sua volta. Podia pegar uma vela – e milhões de velas; uma pequena vela ficava refletida em milhões de espelhos, e todo o palácio ficava completamente iluminado por uma pequena vela.

Uma noite aconteceu, por acaso, que um cão entrou ali. Olhou em torno e ficou muitíssimo assustado – milhões de cães! Ficou tão apavorado que se esqueceu completamente da porta por onde entrara. Naturalmente, com milhões de cães à volta – a morte era certa. E começou a latir – e milhões de cães começaram a latir. Ficou agressivo – e milhões de cães ficaram agressivos. E se atirou contra as paredes. Pela manhã, foi encontrado morto. E não havia ninguém, exceto o próprio cão.

E esta é a situação de mundo. Você late, luta, ama, faz amigos e inimigos, e cada pessoa funciona como um espelho para você. *Tem* que ser assim. A menos que você desperte e compreenda quem você é, continuará a ver no espelho dos outros o seu próprio reflexo – a fazer amor com seu próprio reflexo e a lutar contra seu próprio reflexo. O ego é absolutamente masturbatório. É uma verdadeira masturbação – fazer tudo para si mesmo através de seus próprios reflexos.

O cão estava quase morto de sede, e nem mesmo isso era suficiente. O medo... Eu o vejo em seus olhos, em seu coração – morto de sede. Mas essa sede ainda não parece suficiente – para que você dê o salto, para que você abandone o medo, para que escolha o desconhecido. A sede está presente, mas não parece ser o bastante. O medo parece ser mais significativo, mais importante, o que pesa mais em você.

Muitos de vocês alcançam o ponto nas meditações em que o rio está fluindo e vocês já podem saltar, mas então surge o medo; parece a morte. A meditação *é* como a morte; o medo vem. A sede está presente, mas não parece ser o bastante. Se você estivesse realmente com sede, então pularia a qualquer preço. É preciso um Mestre para fazê-lo cada vez mais sedento, mais e mais consciente de sua sede

– porque esse é o único caminho. Quanto mais sede você tiver, um fogo nascerá no seu coração e você ficará queimando de sede. Só então você poderá abandonar o medo e saltar – quando a sede for maior que o medo.

Alguém perguntou a Buda: "Você diz que a Verdade não pode ser ensinada. Então por que ensina? E diz que ninguém pode forçar qualquer pessoa a alcançar a Iluminação, então por que trabalha tanto com as pessoas?"

E dizem que Buda respondeu: "A Verdade não pode ser ensinada, mas a sede sim. Ou, pelo menos, você pode ficar consciente de sua sede – que está sempre presente, mas você a reprime". Por causa do medo, você reprime a sede.

Você continua reprimindo o que está continuamente ali. Um descontentamento profundo com tudo que está à sua volta, um descontentamento divino, uma sede.

"... *parado junto à água. Toda vez que ele olhava seu reflexo na água, ficava assustado e recuava, porque pensava ser outro cão. Finalmente era tamanha a sua sede...*"

Lembre-se destas palavras. Nada posso fazer, a menos que para você chegue o momento em que sinta que sua necessidade é tamanha que você precise dar o salto, precise explodir para dentro do desconhecido, precise caminhar para ele.

"*Finalmente era tamanha a sua sede que abandonou o medo e se atirou na água; com isto, o reflexo desapareceu...*".

Porque quando você pula na água, o rio, que parecia um espelho, já não é mais... O reflexo desapareceu, o cão não está mais ali. E Shibli deve ter observado, sentado na margem, olhando esse cão – seu medo, seu esforço contínuo para ir e depois recuando sempre e sempre. Ele deve ter observado com muita atenção o que acontecia. E então pulou e o reflexo desapareceu.

"*O cão descobriu que o obstáculo...*" não estava fora, mas era ele próprio. O cão não estava na água; o cão, na água, não o estava impedindo, como ele pensava antes. Era ele próprio: "*– que era ele próprio –, a barreira entre ele e o que buscava, havia se desvanecido*".

Ele próprio era a barreira entre sua sede e a água, sua fome e a saciedade, seu descontentamento e a satisfação, sua busca e a meta, sua procura e o encontro. Não havia ninguém mais, exceto *seu* reflexo na água.

E esse é o caso, exatamente, o caso de todos vocês, com todos. Ninguém os está impedindo. Algo como uma espécie de seu próprio reflexo entre você e seu destino, entre você como semente e você como flor – não há ninguém mais impedindo, criando qualquer obstáculo. Portanto, não continue a jogar a responsabilidade nos outros. Essa é uma forma de se consolar. Deixe de se consolar, deixe de ter autopiedade. Olhe profundamente no espelho. E todos são um espelho à sua volta. Olhe fundo – você descobrirá seu próprio reflexo em toda parte.

"Da mesma forma, meu obstáculo se desvaneceu quando eu soube que aquilo que eu pensava ser eu mesmo era o próprio obstáculo. E o meu Caminho foi mostrado, primeiro, pelo comportamento de um cão".

O Caminho lhe é mostrado de milhões de direções. Pessoas se Iluminaram através da observação de um cão, da observação de um gato, de uma folha caindo de uma árvore, enfim, através de todo tipo de situação. Mas uma coisa é absolutamente necessária: estar atento. Cães, gatos, árvores, rios – tudo é irrelevante. As pessoas se tornam Iluminadas pelo observar.

Assim, seja qual for a situação, fique atento. E observe sem qualquer preconceito. Observe sem o passado, sem um pensamento de sua parte. Não interprete. Observe! Se seus olhos estão claros, se sua percepção está clara, e você observa silenciosamente, todas as situações o conduzem ao Divino. É assim que deveria ser! Cada situação, cada momento da vida, conduz ao Divino.

Alguém perguntou a Rinzai, um Mestre Zen: "Qual é o caminho para conhecer o Supremo?".

Rinzai havia saído com seu bastão para um passeio matinal. Levantou o bastão na frente dos olhos do que perguntava e disse: "*Observe* este bastão! Se puder observá-lo, não há necessidade de ir a lugar algum".

O homem deve ter achado isso um tanto enigmático. Olhou daqui e dali e disse: "Como alguém pode alcançar a Iluminação apenas por olhar para um bastão?".

Rinzai respondeu: "Não é uma questão do que você observa. A questão é que você observa. Neste momento, aconteceu de o bastão estar na minha mão, eis tudo".

Tudo, se você observar, lhe dará a chave. Observar é o único método. Chame-o conscientização, observação, testemunhar – mas observe. Viva a vida com olho observador e tudo, mesmo a menor coisa o leva à maior. Tudo o conduz a Deus.

Você já deve ter ouvido a frase: "Todos os caminhos levam a Roma". Pode não ser verdade – mas todos os caminhos o levam a Deus.

Onde quer que esteja, torne-se observador, e sua face imediatamente se volta para o Divino. Através da observação, a qualidade de sua consciência interna muda. Seja observador!

Jesus continua a dizer a seus discípulos: "Estejam alertas!". Mas, como acontece, os discípulos são quase surdos. Quando chegou a última noite e Jesus ia ser crucificado no dia seguinte, ele disse: "Agora farei minha última oração, e vocês todos vigiem. Estejam alertas! Não durmam!".

Depois de uma hora, Jesus voltou da árvore sob a qual estivera orando – todos os discípulos estavam dormindo profundamente, roncando. Ele os acordou e disse: "O que estão fazendo? Eu lhes disse: fiquem de vigília, alertas! – e vocês dormiram".

E eles responderam: "Estávamos cansados. Tentamos, mas o sono nos dominou".

Jesus disse: "Agora fiquem mais atentos – porque esta é a última noite! Não estarei mais com vocês". E novamente ele voltou depois de meia hora, e todos estavam dormindo profundamente.

O que ele estava dizendo? Estava dando a eles a palavra-chave: "Estejam alertas". E o que mais pode um Mestre dar quando está de partida? Nessas palavras, "Fiquem alertas", todas as escrituras existem, na sua essência.

Por três vezes Jesus voltou. Eu digo que há somente duas coisas infinitas: a compaixão do Mestre e a estupidez do discípulo.

Infinitas, só duas coisas. Por três vezes ele voltou e disse: "Vocês estão dormindo novamente?". E naquela noite todos os discípulos poderiam se iluminar, porque Jesus estava no seu pináculo – o ponto mais alto. E estava orando: nesse momento da oração de Jesus, toda a atmosfera no Jardim de Getsêmani estava *carregada*. Se aqueles discípulos tivessem estado atentos, uma súbita Iluminação poderia ter acontecido. Mas eles dormiam profundamente.

A você eu também digo, fique atento! – porque não estarei aqui por muito tempo, só mais um pouco. Você pode perder e encontrar desculpas. Fique atento! Fique alerta!

Jesus sempre costumava contar uma história em que um senhor saiu para uma viagem e disse a seus servos: "Vigiem vinte e quatro horas por dia, porque a qualquer momento posso voltar. E se eu os encontrar dormindo, eu os expulsarei. Fiquem alertas, pois! Alguém *tem* que ficar atento e consciente. Podem dividir o tempo por turnos, mas devo encontrar alguns alertas e conscientes na hora em que voltar".

Mas os servos pensaram: "A viagem é muito longa, levará anos talvez, por isso não precisamos nos preocupar agora. Depois de um ano ficaremos vigilantes. Durante todo este ano poderemos aproveitar, relaxar e dormir bem. Estamos livres – o senhor se foi".

E quando o senhor voltou... Voltou após três anos, mas quando você dorme um ano completo, relaxa e fica preguiçoso, não é fácil. Então começaram a adiar: "Ele ainda não voltou e não chegou qualquer mensagem. Quem sabe se ele está vivo ou morto? E nada ouvimos falar". E se esqueceram completamente. Quando o senhor voltou, não só haviam se esquecido de que o senhor existia, não só se esqueceram de que deviam ter estado alertas, como se esqueceram de que eram servos. A essa altura haviam se tornado os senhores.

Isto é o que acontece com todas as mentes, com todas as consciências.

E lembre-se: Deus pode bater à sua porta a qualquer momento. Se você não estiver vigiando, você perderá. Ele pode bater através de um cão, de uma flor, de um pássaro que voa – Ele pode bater aí. Ele pode usar qualquer oportunidade para bater à sua porta.

Permaneça alerta, para que quando o Convidado chegar não o encontre dormindo; quando Ele bater à sua porta, que você esteja pronto e tenha preparado a casa para o Convidado – e seu coração esteja pronto a receber.

Esteja atento. Estando atento, pouco a pouco o ego morrerá, porque o ego é criado pela mente não atenta, pela mente não alerta. Através da vigilância, do testemunho, o ego morre. E nada é possível antes que você morra.

Capítulo 10

Uma Rosa é Uma Rosa é Uma Rosa

Um discípulo veio a Maruf Karkhi e disse:
"Tenho falado às pessoas a seu respeito. Os judeus afirmam que você é judeu; os cristãos o reverenciam como um de seus próprios santos; os muçulmanos insistem que você é o maior de todos os muçulmanos".
Maruf respondeu:
"Isto é o que a humanidade diz em Bagdá. Quando eu estava em Jerusalém, os judeus diziam que eu era cristão, os muçulmanos que eu era judeu e os cristãos que eu era muçulmano".
"O que devemos então pensar de você?", perguntou o homem.
Maruf disse:
"Alguns não me compreendem e me reverenciam. Outros não fazem nem uma coisa nem outra, por isso me desprezam. Isto é o que eu vim dizer. Vocês devem pensar em mim como aquele que disse isto".

UM SER HUMANO RELIGIOSO é sempre mal compreendido. Se ele não for mal compreendido, não será religioso.

A humanidade vive numa atitude de não religiosidade em relação à vida – sectária, mas não religiosa. Assim, um ser humano religioso é um estranho. E qualquer coisa que você diga a seu respeito estará errado, porque *você* está errado. E lembre-se: qualquer coisa que você diga a respeito dele – não estou afirmando que se você disser algo a seu favor estará certo; quer você esteja a favor dele ou contra ele, não faz diferença – , tudo o que disser será errado, até que você mesmo se torne uma consciência religiosa.

Antes disso, sua reverência é falsa e sua condenação também. Você pode pensar nele como um sábio, e não terá compreendido. Pode pensar nele como um pecador, e novamente não terá compreendido.

Logo, a primeira coisa a ser lembrada é: a menos que *você* esteja certo, não importa o que faça, diga ou seja, estará errado. E um ser humano religioso é um fenômeno tão tremendo e estranho que você não tem palavras para falar dele. Todas as suas palavras são fúteis no que se refere a ele, toda a sua linguagem é inútil, sem sentido, porque ser humano religioso *é* religioso porque foi além das dualidades, e toda linguagem existe *dentro* das dualidades.

Se você disser que ele é bom, estará errado, porque ele também é mau. Se disser que é mau, estará errado novamente, porque ele também é bom. E agora surge o problema, porque você não consegue conceber como alguém bom possa ser mau também. Você só pode compreender uma parte do todo, porque a outra parte necessariamente é o oposto. *Tem* que ser assim.

Um ser humano religioso é um Deus em miniatura. E, como Deus, ele é paradoxal e contraditório; e, como Deus, ele é verão e inverno, dia e noite, vida e morte. Exatamente como Deus, ele é divino e demoníaco ao mesmo tempo. E então a mente vacila.

A mente é muito eficiente se você trabalha nas polaridades. Se você diz sim, a mente pode entender. Se diz não, a mente também pode entender. Mas se você diz sim e não ao mesmo tempo, então isso vai além da mente. E a menos que você vá além da mente não poderá ter o sentimento do que é uma consciência religiosa.

Eu nasci jainista. Mas a religião nada tem a ver com o seu nascimento. Você não pode nascer numa religião, pelo contrário: a religião tem que nascer em você. Eu nasci jainista – apenas uma coincidência. Eu podia ter nascido também cristão ou judeu. Um fato irrelevante – porque a religião não pode ser dada pelo berço. Ela não é um presente nem uma herança. Meu pai é jainista, minha mãe também – eles não podem me dar o jainismo. Posso herdar suas riquezas, seu prestígio, seu nome de família, mas não posso herdar sua religião. A religião não pode ser um presente, uma herança; ela não é uma coisa, mas algo que a pessoa precisa procurar por si mesma; ninguém pode dá-la a você.

Assim, qualquer coisa dada pelo berço é uma seita, não uma religião. O Hinduísmo, o Cristianismo, o Islamismo, o Jainismo e o Budismo são seitas, não religiões. A religião é única. As seitas são muitas, porque elas são formas, fossilizadas e mortas. As seitas são como as pegadas: um dia alguém andou por ali, mas já não está presente; apenas as pegadas deixadas na areia, na areia do tempo. Um Buda anda, suas pegadas ficam e você segue adorando essas pegadas durante séculos. Já não há ninguém ali, apenas uma forma na areia e nada mais.

As seitas são formas na mente, exatamente como as pegadas. Sim, alguém esteve ali um dia, mas já não está mais. E você continua adorando essas formas. Você nasce nessas formas, está condicionado a elas, doutrinado. Você se tornou um sectário.

E não pense que você se tornou religioso, pois irá se perder. Para a religião existir ali, você tem que procurá-la por si. É um crescimento pessoal, um encontro pessoal com a realidade – face a face, imediato e direto. Nada tem a ver com tradição ou com seu passado. Você tem que crescer para dentro dela, tem que permiti-la crescer dentro de você.

A religião é uma revolução, não uma conformidade. Não é uma convicção que foi alcançada intelectualmente, mas uma conversão de todo o seu ser. Como se pode nascer numa religião? Naturalmente, você pode nascer numa ideologia, pode aprender uma teologia, palavras e, teorias a respeito de Deus, dogmas e doutrinas, mas saber a respeito de Deus não é conhecer Deus. A palavra "Deus" não é Deus. E todas as teologias juntas nada são comparadas com um só instante de encontro com o Divino – porque então, pela primeira vez, a faísca, sua luz interna, acende. Você começa a subir numa dimensão diferente.

A religião é uma busca pessoal, e não é parte da sociedade.

Nasci jainista, e naturalmente eles tentaram me forçar a ser jainista, e felizmente fracassaram. Esse é um dos insucessos bem-sucedidos em muitos casos. Fracassaram e ficaram muito zangados comigo. Por isso, se você perguntar aos jainistas, muito raramente encontrará um que diga que eu sou jainista; ao contrário, dirão que sou inimigo do Jainismo, que estou destruindo sua ideologia e corrompendo suas fontes. E ambos estão corretos, de certo modo.

Aqueles que dizem que sou contra o Jainismo estão corretos, de certo modo – porque sou contra o Jainismo como eles o entendem. Eu *sou* contra, pois aquilo não é absolutamente religião, mas um fóssil morto – naturalmente, um dos mais antigos. O Jainismo parece ser a religião mais antiga do mundo, ainda mais velha que o Hinduísmo, pois, mesmo nos *Vedas*, no *Rig-Veda*, os *Teerthankaras* jainistas são mencionados com muita reverência. Isso mostra que os *Teerthankaras* jainistas são mais velhos do que o *Rig-Veda*, a primeira escritura hindu, a mais velha do mundo. E quando uma escritura fala de um Mestre como o primeiro *Teerthankara* dos jainistas, *Rishabh*, os *Vedas* falam com tanta reverência que é quase certeza de que ele não era contemporâneo. Ele já devia ter morrido há pelo menos mil anos; só assim pode se falar com tanta reverência. Sobre os contemporâneos não se fala com tanta reverência. Os seguidores podem falar, mas os hindus não são seguidores dos jainistas – são religiões antagônicas. Pelo menos mil anos deviam ter se passado, e o homem devia ter se tornado uma lenda.

Os jainistas são muito antigos. Agora os historiadores estão trabalhando nas ruínas e descobertas em Harappa e Mohenjodaro, e dizem que existe toda possibilidade de Harappa e Mohenjodaro terem sido civilizações jainistas. Antes de os árias chegarem à Índia, há toda possibilidade de que aqui tenha sido um país jainista. Uma religião *muito* antiga e, naturalmente, muito morta. Quanto mais velha uma religião, mais morta, toda fossilizada. E você não pode jamais encontrar alguém tão morto quanto um monge jainista. Ele vai cortando sua própria vida; é um suicídio lento. E quanto mais morto está, mais adorado fica – porque a morte em si parece ser uma renúncia. Se ele tem um pouco de vida, então os jainistas têm medo dele. As religiões antigas crucificam seus seguidores, elas os assassinam.

Quanto mais velha a religião, maior o peso. Como o Himalaia no coração de um homem pequeno – pesado, esmagador, você não pode se mover. E as tradições vão se acumulando, são como bolas de neve: vão ganhando peso, ficando cada vez mais gordas. Mortas, mas ainda ganhando peso; tornam-se monstruosas e então matam o espírito. Elas sempre se conservam verdadeiras à palavra – e quanto mais verdadeiras à palavra, mais venenosas ao espírito.

Se você perguntar aos jainistas, somente alguns dirão: "Sim, este homem é um verdadeiro jainista". Muitos dirão: "Este homem está contra nós, é o maior inimigo". E ambos estão corretos, de certa forma – e ambos estão errados, de uma forma mais profunda. Eu sou jainista. Se você olhar para Mahavira, eu sou um jainista. Mahavira é um homem religioso, não porque nasceu numa religião. Ele procurou, indagou, encontrou a realidade. Jogou fora todos os dogmas, abandonou toda a civilização. Mesmo as roupas ele jogou fora, porque elas também são parte da civilização e da cultura, e também carregam a sociedade com você. Ele ficou nu, e durante doze anos ficou completamente mudo, porque, se você fala, usa a linguagem da sociedade, e essa linguagem carrega consigo os germes dessa sociedade.

Quando você fala, imediatamente você se torna parte da sociedade. Alguém silencioso não é parte de qualquer sociedade. Ele pode ser parte da natureza, mas não da sociedade. Aliás, a linguagem é a única coisa que o faz humano, parte da sociedade humana e do mundo humano. Quando você abandona a linguagem, de repente você abandona a sociedade humana e a civilização, e se torna parte das árvores, das rochas, do céu.

Durante doze anos Mahavira não usou qualquer linguagem, permanecendo completamente em silêncio. Esse homem eu amo, porque esse é um homem religioso. E ele começou a falar somente quando o silêncio era total dentro dele. E ele não falou baseado nas escrituras, mas baseado nele mesmo, no seu silêncio. E sempre que uma palavra nasce do silêncio profundo, ela é viva, palpitante de vida. E aqueles que a ouvem diretamente são muito afortunados, pois logo ela morrerá. Tudo que nasce, morre.

Nasce uma palavra, ela é viva por alguns momentos, ela pulsa à sua volta. Se você puder ouvi-la, ela entrará no seu ser, se tornará parte do seu ser. Se você não a ouvir, se você fizer anotações e pensar que irá entendê-la quando voltar para casa, ela já está morta. Então você entenderá algo que não foi dito, absolutamente. Você já fez uma escritura particular.

Mahavira falava do seu silêncio interno. Suas palavras são as mais lindas, jamais expressas. Eu amo esse homem; ele é o homem mais antissocial e antitradicional que se pode encontrar. Os outros vinte e três *Teerthankaras* jainistas, vinte e três Mestres dos jainistas, todos eles usaram roupas. Esse homem ficou nu. A tradição diz que, naqueles dias, os jainistas tentaram negá-lo. Disseram: "O que ele está fazendo? Os nossos outros *Teerthankaras* jamais ficaram nus, por que ele está andando nu?". Fizeram tudo para negar esse homem, e por causa disso, a partir daquele dia, o jainismo ficou dividido em duas partes. Eles têm duas seitas: aqueles que seguiram Mahavira em sua nudez, que são uns poucos, chamados Digambaras – que acreditam na nudez; a outra seita, mais velha, que tentou evitar e negar esse Mahavira, são os Swetambaras. Eles acreditam em roupas brancas; seus monges só usam branco. E o conflito continua.

Se algum jainista diz: "Sim, esse Osho é um jainista", ele está certo. Eu amo Mahavira – uma flor rara, uma fragrância rara, muito rara e singular. Mas os outros também estão certos quando dizem: "Este homem não é jainista, está contra nós, é um inimigo". Também estão certos – porque sou contra a tradição, contra todos os rituais e formas, as escrituras, o passado. Sou totalmente pela religião e totalmente contra as seitas. Eles também estão certos.

Se você perguntar aos hindus, eles dirão: "Este homem é um jainista e tenta sabotar o hinduísmo por dentro; porque nenhum jainista jamais falou sobre a Gita ou comentou os Upanixades. Este homem está tentando sabotar o hinduísmo por dentro". Eis o que o Shankaracharya de Puri fala a meu respeito: "Cuidado com esse homem! Ele não é hindu". E, em certo sentido, ele está certo. No sentido de que *ele* é hindu, eu não sou. Mas no sentido em que ele é hindu, o Hinduísmo é inútil.

Sou hindu no sentido em que Patanjali é hindu, Badrayan é hindu, Kapil e Kanad são hindus. As pessoas realmente religiosas nunca pertencem ao sistema; não podem. É possível que o sistema as siga e que algum dia um sistema seja criado ao redor delas. Isso é possível, mas elas nunca fazem parte de qualquer sistema, seja delas próprias ou de outras pessoas. Elas não podem existir dentro do sistema. Elas são livres! E a liberdade nunca pode fazer parte de qualquer sistema. E sempre que o sistema torna-se demasiado, a liberdade morre. Então o pássaro não pode alçar voo; as asas são cortadas. O pássaro foi aprisionado numa gaiola de ouro – belamente decorada, muito cara, preciosa, mas *agora a gaiola é mais importante*, não o pássaro. E, aos poucos, as pessoas se esquecerão completamente do pássaro, porque o pássaro morrerá e elas continuarão adorando a gaiola; continuarão a fazê-la mais e mais decorada, e serão erguidos templos à sua volta e uma grande tradição, uma grande instituição, e ninguém se preocupará: "Onde está o pássaro?" Um cadáver numa gaiola de ouro.

Eu sou hindu, se você acredita no Hinduísmo como um pássaro a voar, assim como os Upanixades são hindus; mas não sou hindu no sentido em que o Shankaracharya de Puri é hindu – um pássaro morto numa gaiola de ouro.

Se você perguntar aos muçulmanos, eles dirão que não tenho o direito de falar dos Sufis ou do Alcorão. Uma vez, numa cidade, eu estava falando a respeito dos Sufis, e o *Maulvi* da cidade se aproximou de mim e disse: "Você não tem o direito. Você *não* é muçulmano, não sabe árabe. Como pode falar sobre os Sufis e o Alcorão?".

Respondi: "O Alcorão nada tem a ver com a língua árabe. Ele tem a ver com o coração, não com a língua".

O Alcorão nada tem a ver com a linguagem. Ele tem a ver com o silêncio, não com a linguagem. O Alcorão tem a ver com a realidade, não com os símbolos. E eu não sou muçulmano; se você pensar que sou um seguidor de Maomé – não, não sou. Não sou seguidor de ninguém. Mas sou muçulmano, assim como Maomé é muçulmano; sou cristão assim como Jesus é cristão – mas como Maomé e Jesus. Maomé era muçulmano? Como ele podia ser? O Islamismo jamais existira antes. Jesus era cristão? O Cristianismo jamais existira antes, como poderia ser cristão? Se Jesus é cristão, eu sou cristão. Se Maomé é muçulmano, então sou muçulmano. Mas, por outro lado, não sou nem muçulmano, nem cristão.

Uma pessoa religiosa não pertence a qualquer seita. Aliás, todas as seitas pertencem à pessoa religiosa. Mas é assim que funciona a mente formal; ela pensa em termos de ideologia, linguagem, ritual, e perde o ponto principal: que a religião nada tem a ver com essas coisas.

Então, o que é religião?

Religião é um sentimento oceânico, onde *você* fica perdido e somente a existência permanece. É uma morte e uma ressurreição. Você morre como é e ressuscita totalmente novo. Algo absolutamente novo surge da morte, do antigo. No túmulo do antigo algo brota e se torna uma nova flor.

A religião é uma revolução interior, uma mutação interna. Ela não está nos templos, nas mesquitas, ou nas igrejas. Não procure a religião aí! Se procurar aí, perderá seu tempo. Procure a religião dentro de você. E quanto mais fundo você caminhar, mais profundamente encontrará o ego presente – o qual é a barreira. Abandone essa barreira e, subitamente, você fica religioso. Só existe uma coisa que não é religiosa, e essa coisa é o ego. E esse nunca pode ser religioso. E as seitas jamais o eliminam; pelo contrário, elas o reforçam.

Através de rituais, templos e ideologias, o ego é reforçado. Você vai à igreja e sente que se tornou religioso. Um orgulho sutil surge dentro de você. Você não se torna humilde, pelo contrário, fica mais egotista. Você pratica um certo ritual e se sente gratificado – e começa a condenar aqueles que não praticam o ritual. Você pensa que eles são pecadores e que serão atirados ao fogo do inferno; e seu céu está garantido – apenas por praticar certos rituais? A quem você pensa que está enganando?

Alguém se senta durante uma hora repassando seu rosário e pensa que seu céu está assegurado e que os outros que não estão fazendo essa coisa estúpida irão para o inferno. E você vai à mesquita, ajoelha, curva-se e diz coisas tolas ao Divino: "Sois o maior" – e há alguma dúvida sobre isso? Por que está dizendo: "Sou pecador e sois a compaixão"? O que você está fazendo? Subornando? Você pensa que Deus é uma coisa parecida com um ego? – de maneira que você possa dizer quem você é: "Sois grande e nós somos pequenos, sois a compaixão e nós somos pecadores. Perdoai-nos!". A quem você pensa que está enganando?

O ego está fazendo o jogo. Você pensa que Deus também é um ego que pode ser subornado? Deus não é uma pessoa, absolutamente; assim, você está falando para si mesmo. Não há ninguém ouvindo; somente as paredes, as paredes mortas da mesquita ou do templo, ou mesmo uma estátua de pedra. Ninguém está ouvindo.

Na verdade, você está fazendo algo maluco. Vá a um hospício e veja as pessoas falando com alguém que não existe. Mesmo essa gente louca não é tão louca, porque aquele alguém pode estar em algum lugar. Pode não estar ali; um louco pode estar falando com a esposa que não está ali no hospício, mas talvez noutro lugar – mas seu Deus não está em lugar algum. Sua loucura é mais profunda, maior, e perigosa.

Como você pode falar com a existência? Com a existência você precisa ficar em silêncio; toda fala deveria cessar. Você não deveria dizer coisa alguma; ao contrário, a oração é um escutar. *Você precisa escutar a existência, e não dizer algo.* Se falar, a quem escutará? Se você falar e estiver muito envolvido nas palavras, então a quem escutará? E a cada momento há uma mensagem.

A cada momento, de todas as partes, há uma mensagem para você. Ela está escrita em tudo; toda a existência é a escritura do Divino. E a mensagem está em todas as partes, a assinatura está em cada folha, mas quem a verá? Seus olhos e sua mente estão repletos de você mesmo. Você tem lixo, mas continua virando esse lixo na mente. Abandone-o!

Isto é algo a se compreender, porque a oração pode ser cristã, hindu, judia, mas então são orações sectárias e não são orações, de forma alguma. Uma verdadeira oração não pode ser cristã, hindu ou budista. A verdadeira oração é apenas um silêncio, uma espera. Como você pode dizer que o silêncio é hindu? Como pode dizer que o silêncio é cristão? Será que o silêncio pode ser cristão ou hindu? O silêncio é simplesmente o silêncio! – nem hindu, nem muçulmano. Quando duas pessoas estão completamente em silêncio, será que você pode dizer quem é muçulmano? No silêncio, as seitas, as sociedades e as civilizações desaparecem; no silêncio, você desaparece. Só o silêncio existe – e você não está presente. Se estiver, então o silêncio não poderá existir, porque então você fará uma coisa ou outra, você pensará uma coisa ou outra, continuará tagarelando por dentro.

Quando você não está, a sociedade e as seitas também não estão; nenhuma palavra, nenhuma oração; você não está recitando o Alcorão nem os Vedas, não está fazendo Meditação Transcendental, "Ram, Ram, Ram" – tudo bobagem. Quando você está simplesmente em silêncio, acontece um encontro, uma fusão – você se dissolve! Assim como o gelo derrete e os limites se dissolvem e então você não pode descobrir para onde o gelo se foi... tornou-se um com o mar.

O sol nasce, o gelo derrete, torna-se água. O silêncio nasce; a mente, congelada como gelo, começa a derreter; o ego se dissolve. Subitamente existe só o oceano, e você não é mais. Esse é o momento da religião. Ela nasce em você.

Ninguém nasce na religião. A religião "nasce" em você. Você tem que se tornar a mãe, o útero, para que a religião possa ser concebida em você, para que possa se desenvolver em você. Você tem que dar à luz. *Você não pode* nascer na religião, mas tem que dar à luz a religião. E então ela é linda, então é algo que vem do desconhecido e nada tem a ver com o homem.

Esse é o significado do nascimento virgem de Jesus. O significado todo é simplesmente este: que um homem como Jesus não nasce do homem. A consciência *religiosa* não nasce do homem, mas do desconhecido. Maria, a mãe de Jesus, era virgem; nenhum homem a corrompera. Isto é simbólico. Não que Jesus tenha nascido de uma mãe virgem no sentido biológico. Assim, você perde a metáfora; a história maravilhosa se torna uma feia doutrina. Então você deixa de perceber a poesia. E durante séculos os cristãos têm argumentado e tentado provar de alguma forma que Jesus, na verdade, nasceu de uma mãe virgem. Como podem os teólogos ser tão estúpidos? É um espanto! E eles continuam tentando provar, gente muito intelectualizada e argumentativa – mas cega.

E sempre que você perde a poesia e tenta criar um argumento do tema, você destrói a religião. Você não é uma ajuda, e coloca as pessoas para *fora* da religião. E então todo o Cristianismo se torna absurdo – por causa de algum absurdo na base. E essas são verdades poéticas, e as verdades poéticas não são lógicas. As verdades lógicas não existem, são fatos comuns! As verdades poéticas são fatos extraordinários, tão extraordinários em sua qualidade que você não pode fazer qualquer argumento delas. O argumento é muito estreito, e elas precisam de muito espaço. Somente uma simbologia pode abrir esse espaço.

Isso é poesia maravilhosa. Eu também digo que Jesus nasceu de uma mãe virgem – porque não há outra maneira. Pois a consciência religiosa não é corrompida pelo homem; ela é intocável.

A consciência religiosa significa que você abandonou tudo que é feito pelas pessoas: doutrinas, dogmas, igrejas, palavras, linguagem, orações, rituais, formas – abandonou tudo que é feito pelo homem. Então, nesse silêncio, o próprio Deus se torna parte de você. Você se torna fecundado por Deus, e carrega essa gestação. Ela cresce todos os dias, e quanto mais cresce, mais viva se torna, mais você começa a sentir que tem algo mais valioso que sua vida.

A mãe está sempre disposta a morrer pelo filho. Se acontece uma crise e só um deles pode ser salvo, ou mãe ou filho, a mãe está sempre pronta – a criança deve sobreviver. Ela está pronta a morrer.

Existe uma outra parábola que gostaria de lhe contar: Conta-se que sempre que um Buda nasce, a mãe morre imediatamente após o parto. Isso também tem criado problemas para os budistas, pois diziam que se Maria sobreviveu e não morreu quando Jesus nasceu, Jesus não pode ser um Buda – porque quando um Iluminado nasce, a mãe morre! A mãe de Buda morreu. Então Mahavira e Krishna não podem ser Budas, porque está faltando a primeira condição. É assim que as coisas belas se tornam feias. Isso é lindo! Não sei se a mãe de Buda morreu ou não, isso não tem importância. Se viveu ou morreu, não é esse o ponto. O ponto é: sempre que a consciência religiosa nasce em você, quando você está fecundado do estado búdico, quando está grávido da Iluminação e a carrega como uma criança dentro de si, *você morre*, porque juntos não podem viver.

E esta é toda a mensagem desta série de palestras: antes que você morra, nada é possível. A mãe precisa morrer para que o filho nasça, porque ambos não podem existir – porque *você* é a mãe e *você* é o filho, você não é dois. Quando você se torna Iluminado, o velho *tem* que morrer *imediatamente*. Caso você se agarre ao velho, mutilará sua Iluminação, sufocará a criança. Caso se apegue *demais*, a criança morrerá antes de nascer.

Lembre-se sempre: religião é poesia, não é lógica. Nem mesmo é filosofia – é arte. E a arte não é um argumento. Ela não se incomoda com argumentos, ela pode seduzi-lo sem qualquer argumento; então por que se preocupar com isso? A arte é tão poderosa que pode seduzi-lo sem qualquer argumento. O argumento é necessário nos níveis mais baixos, onde a coisa em si não tem o poder de convencê-lo – então o argumento é necessário. Quando a coisa em si é tão poderosa, tão hipnótica, tão transformadora que você subitamente se sente absorvido para dentro dela, não há necessidade de convencê-lo.

Eu nunca tento convencê-lo. Se você fica convencido, muito bem. Se não fica convencido, muito bem. Mas não estou tentando convencê-lo de coisa alguma, porque a convicção é algo muito comum. Se você for convencido através dos argumentos, jamais se tornará religioso. Poderá se tornar filosófico, poderá carregar um dogma na cabeça, mas não se tornará religioso.

A religião é como o amor. Acontece – *sem* qualquer razão. Você não pode prová-lo; a prova não é necessária. A prova só é necessária quando você você está pensando em casamento. O argumento só é necessário quando está pensando num casamento arranjado – então você pensa sobre a família, os pais da moça, dinheiro, dotes, nas possibilidades futuras, relações políticas e tudo o mais. Mas quando você se apaixona, você se apaixona – acontece *tão* subitamente que não há intervalo de tempo.

É o mesmo com a religião. Você se apaixona pela pessoa religiosa e não pode prová-lo. E se alguém argumenta com você contra ela, é muito fácil provar algo contra ela; é quase impossível provar algo a favor dela. Por isso é uma confiança, uma fé, uma cegueira profunda. Mas nessa cegueira profunda, pela primeira vez seu olho interno começa a funcionar. A cegueira profunda exterior se torna uma profunda visão interior.

Agora tente compreender esta história:

Um discípulo veio a Maruf Karkhi e disse:

"Tenho falado às pessoas a seu respeito. Os judeus afirmam que você é judeu; os cristãos o reverenciam como um de seus próprios santos; os muçulmanos insistem que você é o maior de todos os muçulmanos".

Maruf respondeu:

"Isto é o que a humanidade diz em Bagdá. Quando eu estava em Jerusalém, os judeus diziam que eu era cristão, os muçulmanos que eu era judeu e os cristãos que eu era muçulmano".

"O que devemos pensar então de você?", perguntou o homem.

Maruf respondeu:

"*Alguns não me compreendem e me reverenciam. Outros não fazem nem uma coisa nem outra, por isso me desprezam. Isto é o que eu vim dizer. Vocês devem pensar em mim como aquele que disse isto*".

Bem. *Um discípulo veio a Maruf Karkhi e disse...* Maruf Karkhi é um dos Mestres Sufis e dizem que centenas de pessoas se iluminaram através dele. Ele desenvolveu muitos métodos novos; e ele era realmente um homem religioso, não pertencendo a qualquer ortodoxia, a qualquer convenção, ou tradição, sem lar, sem raiz, flutuando como uma nuvem branca – com absoluta liberdade em seu ser.

Um discípulo veio... O discípulo não podia ser, na verdade, um discípulo; devia ser um aluno. Nas traduções inglesas existe um problema, porque em inglês não se faz muita distinção entre discípulo e estudante; não se faz muita distinção entre Mestre e professor. Mas no Oriente há uma *enorme* diferença entre essas duas terminologias.

Um professor pode ter alunos, mas não pode ter discípulos. Um professor ensina. Naturalmente, ele pode ensinar apenas aquilo que pode ser ensinado. Não se pode ensinar religião; pode-se ensinar coisas sobre religião – isto é teologia: coisas a respeito de Deus. Mas Deus mesmo não pode ser ensinado, só conceitos sobre Deus, teorias – se estão certas ou o quê. E há milhões de teorias.

As pessoas têm inventado tantas teorias sobre Deus, que Ele ficou completamente perdido nelas, quase não substancial. Quando você fala a palavra "Deus", não sente qualquer substância nela. Parece uma bolha de ar, e não leva nada mais do que ar quente dentro dela. Quando você diz: "Deus", não há sinos repicando no coração. Quando você diz: "Deus", parece algo vazio, não tem muito significado. Os pretensos pensadores religiosos mataram completamente a palavra, destruíram sua beleza. No momento em que você profere a palavra "Deus", você põe muita coisa fora. A palavra traz muita violência, feiura, luta, estreiteza – dessas pessoas chamadas religiosas. Agora não tem poesia.

Um professor pode lhe ensinar tudo sobre Deus. Você pode se tornar um doutor ao viver com um professor, um doutor em divindade – um Ph.D. É simplesmente inacreditável que neste mundo existam coisas assim – pessoas que têm grau de doutoramento a respeito de Deus. Deus não é uma teoria, é uma experiência; você não pode ser ensinado a Seu respeito.

Diz Lao Tzu, o Menino Velho... o nome "Lao Tzu" significa "Menino Velho". Outra parábola: dizem que Lao Tzu nasceu velho – quando tinha oitenta e quatro anos de idade; viveu oitenta e quatro anos no ventre da mãe. Quando nasceu, já estava completamente velho, com cabelos brancos e enrugado. O que significa isso? Significa que quando a consciência religiosa nasce, ele é sempre velha, nova e antiga, ambas as coisas. Daí o nome de Lao Tzu ser: o Menino Velho. Lao Tzu significa o Menino Velho – velho, porém jovem.

Diz Lao Tzu: "A verdade não pode ser dita. E tudo que pode ser dito não será verdadeiro".

O professor é aquele que ensina a verdade que não pode ser ensinada. Ele ensina *sobre* a verdade. Ele anda em círculos, fica circundando outeiros e nunca atinge o centro. E um estudante é aquele que pergunta *sobre* Deus, não o que deseja Deus; aquele que veio para conhecer, não para ser; aquele cuja busca é intelectual, não total. Um estudante tenta acumular mais conhecimento; ele quer se tornar mais culto, quer acumular mais informações.

Conta-se a respeito de um dos alunos em Maruf... esse aluno se tornou muito famoso, tão famoso que as pessoas começaram a procurá-lo e a perguntar-lhe coisas, mesmo enquanto Maruf estava vivo. Às vezes, até Maruf estava sentado ali, com o aluno, e as pessoas procuravam não Maruf, mas o aluno, para perguntar. Ele se tornou muito eficiente nas escrituras e sabia de cor todas elas, era tão perfeito quanto um computador.

Um dia alguém veio e perguntou algo sobre uma passagem da escritura, e o aluno recitou toda ela, depois os comentários que haviam sido feitos sobre a escritura – em minutos, tudo o que havia nela foi trazido abaixo. E ele argumentava desta e daquela forma e tentava provar uma conclusão. Maruf estava sentado, ouvindo, e a pessoa estava impressionada – tanto conhecimento. E disse a Maruf: "Você tem sorte de ter discípulos assim. Este rapaz é uma joia rara! Tanto conhecimento; eu jamais encontrei uma mente tão brilhante, um gênio assim. O que você diz a respeito dele?"

E Maruf respondeu: "Estou sempre preocupado, porque ele lê demais e não tem tempo de saber; todo o tempo dele é gasto em leitura. Eu fico sempre me perguntando quando ele irá saber – ele não tem tempo".

Um estudante não está interessado em saber, mas no conhecimento. Um professor atrai alunos, um Mestre atrai discípulos, e um discípulo não é um aluno. Ele não veio para saber a respeito de Deus, e sim para se tornar Deus, para ser Deus; não veio atrás de mais informações, e sim para *ser mais*. Deixe-me repetir: um discípulo pergunta como conseguir ser mais, e um aluno pergunta como obter mais conhecimento. Ele veio ao Mestre para *ser*. E essa é uma indagação totalmente diferente, a dimensão é totalmente diferente, não só diferente, mas diametralmente oposta. Um estudante vai para o Ocidente e o discípulo para o Oriente. Dizem que o Oriente e o Ocidente nunca se encontram – eu não sei. Devem se encontrar em algum lugar, porque a Terra é redonda. Mas uma coisa eu sei: um aluno e um discípulo jamais se encontram; eles não podem. A menos que um estudante deixe de ser aluno, não pode se tornar um discípulo.

Dizem de Maruf que sempre que uma pessoa vinha... e milhares vinham a ele dos lugares mais distantes do mundo. Maruf se tornou uma instituição, uma universidade – de ser, naturalmente, não de conhecimento. Sempre que um estudante um discípulo ou uma pessoa que buscava vinha vê-lo, a primeira pergunta que Maruf costumava fazer era: "Você quer aprender ou desaprender? Quer ser um estudante ou um discípulo?". Esta era sempre a sua primeira pergunta, porque isso decidia tudo.

Esse homem que foi procurar Maruf deve ter sido um estudante. Não poderia ser um discípulo, porque um discípulo é aquele que já chegou a uma confiança. Um estudante está procurando, e um discípulo chegou à conclusão no seu ser de que "Este é meu Mestre". Portanto, ele é o discípulo: "Este é meu Mestre. Cheguei à pessoa que eu buscava. Este é o meu apoio, meu refúgio". De súbito, o discípulo nasce! Ele nasce dessa confiança, e não pergunta coisas como esse homem estava perguntando. Ele se apaixonou, atingiu a fé, entregou-se. Um estudante não se entrega; ele poderá aprender, observar, estar atento, ver, e se ficar convencido... e lembre-se, *se* ficar convencido; isto é, a conclusão virá de sua cabeça.

Outro dia eu estava lendo algo muito ridículo dito por um guru indiano que se tornou famoso no Ocidente, Sri Chinmoy. Ele ensina nas Nações Unidas, em Genebra. Sempre me perguntei o que ele estaria fazendo por lá, e outro dia li uma declaração dele. Alguém lhe perguntou: "Como julgar e como encontrar um Mestre?"

Ele disse: "Use o cérebro".

Agora eu sei por que ele está nas Nações Unidas – porque os políticos, pessoas estúpidas, estão lá. "Use o cérebro!". E as coisas se tornam cada vez mais ridículas, porque depois ele diz: "Guarde cem pontos na mente para julgá-lo, e então preste atenção. Se o Mestre for honesto, sincero, verdadeiro, veja sua moral, seu comportamento – siga olhando tudo e vá dando pontos dentro de sua mente. Se o Mestre conseguir trinta pontos, não serve para você; vá embora. Se o Mestre obtiver entre oitenta e noventa pontos, então esse é o seu Mestre".

Isso é ridículo. Você encontrará um professor, mas não poderá encontrar um Mestre se usar o cérebro. Então, finalmente, *você* permanece o fator decisivo; *você* decide. Você sabe o que é honestidade? Primeiro dê os pontos a si próprio! Use o cérebro! Você sabe o que é honestidade? O que é moralidade? Tem certeza do que é bom? E do que é mau? Sabe o que é mau e o que não é? Primeiro dê pontos a si mesmo – use o cérebro. Se obtiver trinta pontos, abandone-se completamente. Você é inútil! E se conseguir de oitenta a noventa por cento, então você não precisa de Mestre, você já é um Mestre; vá e busque discípulos.

Usar o cérebro é simplesmente inacreditável! Um Mestre não é um artigo de mercado. Um Mestre, pelo seu próprio *ser*, é algo inacreditável. Você não pode usar a cabeça. Um Mestre, pelo seu próprio ser, é misterioso. Os opostos se *encontram* nele, as dicotomias se *fundem* nele. Os dualismos – ele os compreende todos.

Se você usar a cabeça, poderá encontrar um professor; e então você será um estudante. Se usar o coração, poderá encontrar um Mestre – e só então poderá se tornar um discípulo. Um discípulo está apaixonado! E o amor é sempre total, não oitenta, nem noventa por cento. O amor é total, ou é ou não é; sempre total. Se não é, então também é total. E não há meio termo. A porcentagem não é possível; a porcentagem é o caminho do cérebro, a totalidade é o caminho do coração.

Esse homem deve ter sido um estudante. Então, deixe-me dizer: Um estudante veio a Maruf Karkhi e disse: "Tenho falado às pessoas a seu respeito".

Ele deve ter estado usando o cérebro, deve ter sido um aluno de Sri Chinmoy. *"Tenho falado às pessoas a seu respeito"*. Você tem que encontrar um Mestre diretamente – face a face, olhos nos olhos, coração a coração. Que absurdo falar a respeito de um Mestre a outras pessoas, para que elas saibam quem esse homem é!

Muitos de vocês fazem o mesmo aqui também. Eles circulam por aí, falam a meu respeito às pessoas. Por que não vêm diretamente a mim? Para que perder tempo com as pessoas? E esta é a tolice da mente humana, porque você nunca conhece a pessoa a quem está falando sobre mim – você *confia* nessa pessoa e não pode confiar em mim. Se você é realmente uma pessoa orientada pela cabeça, então fale a respeito desse homem às outras pessoas, e sobre essas outras pessoas às outras pessoas. Porque, primeiro, você tem que decidir sobre esse homem, se ele é sincero, digno de crédito: "O que ele disser a respeito do Mestre, podemos aceitar como verdadeiro?".

Você pergunta sobre mim a A – por que não pergunta primeiro a B sobre A? E depois a C sobre B? Então você estará numa regressão infinita. E se A disser algo de mau a meu respeito, você acreditará. Agora será sempre uma parte de você. Ou, se A disser algo de bom a meu respeito, você acreditará, e isso será parte de você. E isso decidirá toda a coisa. E você nunca pergunta a esse A, quem é esse A!

Para que dar voltas em círculo? – isso não tem fim. Só há uma forma de se chegar a um Mestre: face a face, olhos nos olhos, coração a coração! E não pergunte a qualquer outra pessoa, porque então você ficará com um preconceito a favor ou contra. E esse preconceito estará sempre entre o Mestre e você, e isso se tornará a barreira. Você estará sempre procurando saber se esse preconceito está certo ou errado; ele será uma mancha na sua mente. E qualquer tolo pode prejudicar sua mente. Você é tão inconsciente que *qualquer* pessoa – o motorista de táxi que o trouxe ao *ashram* – pode corromper sua mente. Você pode perguntar a meu respeito... e muitos de vocês perguntaram aos motoristas – porque a mente está sempre procurando informações, o que os outros dizem: "eles devem estar sabendo". Você deve perguntar aos vizinhos daqui, "eles devem estar sabendo". E eles são os últimos do mundo a saber algo de mim. Os *vizinhos* – eles não podem saber.

Jesus tem dois provérbios; um é: ame seus inimigos assim como a si mesmo. E o segundo: ame seus vizinhos como a si mesmo. Parece que os inimigos e os vizinhos são as mesmas pessoas.

Esse homem deve ter sido um inquiridor comum. Ele disse:

"Tenho falado às pessoas a seu respeito. Os judeus afirmam que você é judeu; os cristãos o reverenciam como um de seus próprios santos; os muçulmanos insistem que você é o maior de todos os muçulmanos".

Ele deve ter se encontrado com os discípulos, aqueles que se apaixonaram pelo Mestre. Maruf vivia perto de Bagdá, e Bagdá se tornara a capital da consciência religiosa, enquanto Maruf era vivo. Esse homem deve ter-se encontrado com os discípulos, aqueles que já haviam se apaixonado.

Se o discípulo for judeu, ele dirá: "Meu Mestre é o judeu *mais* perfeito possível". Tenho muitos judeus aqui e eles sabem que sou o judeu mais perfeito. Uma vez que você esteja apaixonado, tudo o que for bonito, o máximo para você, você projetará no Mestre. Tenho entre os meus discípulos quase todos os tipos de pessoas, pertencentes a todos os tipos de religiões – judeus, hindus, muçulmanos, cristãos, jainistas, budistas. Se um budista chega e se apaixona por mim, ele pensa que sou o maior budista, em essência. E ele encontrará tudo para convencer-se de que isso é verdade.

Maruf respondeu: "Isto é o que a humanidade diz em Bagdá".

Isto significa: "Meus discípulos, meu pessoal, gente da minha comunidade. Você devia ter estado em Jerusalém. Isso é o que a humanidade diz em Bagdá – isto é, gente da *minha* comunidade, *minha* gente".

"Quando eu estava em Jerusalém, os judeus diziam que eu era cristão, os muçulmanos que eu era judeu e os cristãos que eu era muçulmano".

Inimigos. E os melhores lugares para uma pessoa religiosa encontrar inimigos são Jerusalém, Caaba, Kashi. Estes são os melhores lugares para encontrar inimigos, porque são os redutos sectários – Kashi para os hindus, Jerusalém, para os judeus e Caaba para os muçulmanos. Estes são os redutos sectários, as fortalezas, onde a religião fossilizada está protegida e salva; onde o corpo morto está continuamente decorado, pintado, para os crentes – para enganá-los de que o corpo não está morto, onde a religião é continuamente modificada para servir a situações novas, para que não haja necessidade de abandoná-la; onde a continuidade da morte é preservada. Aí está o problema.

Se você quiser encontrar gente antagônica a uma pessoa religiosa, vá a esses lugares sagrados e santos. Na verdade, eles são os menos santos do mundo, têm que ser – porque os cadáveres da religião fedem. Será que se pode encontrar no mundo um lugar mais sujo do que Kashi? Tudo fede a religião morta. Mas se você é um crente, então não dá atenção aos sentidos, não ouve a própria consciência, e continua vendo coisas que não estão ali, e continua projetando coisas que não estão presentes.

Disse Maruf: "Isso é o que a humanidade diz em Bagdá. Quando eu estava em Jerusalém, era exatamente o oposto. Todos diziam que eu não pertencia a eles, que eu era o inimigo. Os judeus pensavam que eu era muçulmano, o inimigo. Os muçulmanos pensavam que eu era judeu, o inimigo. E os cristãos pensavam que eu era muçulmano, o inimigo também. E nessas três religiões, ninguém, *ninguém* estava nem mesmo pronto a me aceitar em seu meio".

As pessoas religiosas não podem ser aceitas em qualquer meio. Elas só podem ser aceitas no coração amoroso, mas em nenhuma organização; não podem ser aceitas, porque as organizações não têm coração. Uma pessoa religiosa não pode ser absorvida em qualquer coisa estabelecida; só um sentimento pessoal, um coração amante, pode se tornar um templo para ela.

O homem deve ter ficado confuso, porque veio perguntar quem ele era. Talvez fosse muçulmano e quisesse ficar convencido de que esse Maruf também era, para que ele pudesse segui-lo. O homem pode ter sido um judeu e queria ser convencido de que Maruf era judeu, para que pudesse segui-lo.

Você segue a si mesmo, nunca segue Mestre algum.

Se você está aqui porque digo coisas que você já sabia que eram corretas, então você não está comigo. Então estou apenas vocalizando sua própria mente. Se está aqui porque vê em mim um jainista, porque você é jainista... e quando falo de Mahavira, posso imediatamente contar quantos jainistas estão presentes! Seus olhos simplesmente mudam, suas costas ficam eretas e olham intensamente. Agora, pela primeira vez, estão alertas, de outro modo estariam quase dormindo. Se falo sobre os judeus, posso contar imediatamente quantos judeus estão aqui. E se não consigo decidir quem você é, só então é que você está comigo. Porque se você *é* judeu e me ouve, e sente que aquilo que estou dizendo é o que a religião judaica é, então você continua sendo judeu. Sou apenas um suporte para suas convicções, apenas um suporte externo, e não entrei em você. Você não me permitiu entrar.

Muita gente chega e diz: "Tudo o que você diz é maravilhoso, porque é o que sempre acreditei durante toda a minha vida. E você o disse melhor do que eu teria sido capaz de fazê-lo". Então, pronto. Terminou tudo comigo e eu com ele; não houve encontro. Ele ouviu sua própria voz na minha voz e interpretou sua própria mente. Ele permanece crente no seu próprio ego e não abandonou sua velha bagagem nem um pouquinho sequer. Pelo contrário, agora está mais convencido de sua velha bagagem e vai carregá-la com mais força e convicção.

Não! Lembre-se disto: não estou aqui para torná-lo um judeu, um hindu ou um cristão – não. Estou aqui só para torná-lo uma pessoa religiosa.

O homem deve ter ficado confuso.

"O que devemos então pensar de você?", perguntou o homem. "Você me desnorteou, você me confunde".

Todas as pessoas religiosas são, de certa forma, criadoras de confusão. Elas criam um caos em você – porque primeiro você precisa ser desenraizado, demolido. Nenhuma pessoa religiosa está interessada em renovar você, porque, embora renovado, você permanecerá a coisa velha, a coisa morta; modificado, é claro, mas não será vivo e jovem. Uma pessoa religiosa está interessada em demoli-lo completamente, em puxá-lo desde as próprias raízes e depois em ajudá-lo a subir outra vez.

Antes que você morra, nada é possível. Um Mestre é uma morte numa das mãos e uma ressurreição na outra. Um Mestre é uma crucificação, uma cruz. Você morre assim como é, e nasce como deveria ser.

O homem estava confuso.

"O que devemos então pensar de você?", perguntou o homem. Maruf respondeu:
"Alguns não me compreendem..."

Escute estas palavras, elas são muito significativas.

"Alguns não me compreendem e me reverenciam".

Eles não compreendem, portanto reverenciam. As pessoas são realmente muito tolas. Se não compreendem uma coisa começam a reverenciá-la, porque acham que deve haver algo muito misterioso. "Quando não posso compreender – eu, um homem tão inteligente e genial –, quando não posso compreender, deve haver algo muito profundo e misterioso". E muita gente explora tais atitudes, muita gente.

Se você ler os livros de Hegel, verificará que isso é o que ele faz. Ele tenta fazer tudo o mais complicado possível. *Não é difícil!* É um ótimo exercício estudar Hegel, um filósofo alemão considerado o maior da sua época. Mas à medida que o tempo passa, ele volta cada vez mais inferior – porque à medida que você o compreende, seu mistério fica perdido. E não há nada ali, apenas verborragia. Se ele pode dizer algo com uma só palavra, usa cem páginas; se pode dizer uma coisa numa frase, continuará páginas e páginas a fio. Você não conseguirá... Ele escreve frases longas, às vezes uma página inteira com uma única frase – você não conseguirá se lembrar do início da frase quando chegar ao final dela. Terá que lê-la outra e outra vez. E ele mistifica.

Existem muitas pessoas mistificadoras, explorando a estupidez humana, na crença de que aquilo que você não pode compreender deve ser algo soberbo, algo do sublime, do desconhecido, do misterioso. Essas pessoas são exploradoras.

É exatamente o inverso com as pessoas que são *verdadeiramente* sábias. Elas falam em sentenças curtas. Suas frases não são complicadas, e sim muito simples. Tudo o que dizem pode ser compreendido por qualquer pessoa que tenha inteligência normal; elas não mistificam. Tudo o que ensinam é muito, muito simples – tão simples quanto a vida é simples; simples como a existência, os rios, as montanhas, os pássaros e as árvores são simples.

Os sábios são simples. Mas quanto mais você os compreende – e é simples compreendê-los –, quanto mais você os compreende, mais profundamente penetra na sua simplicidade, mais você encontra novas dimensões dos mistérios que se abrem. Suas palavras são simples, mas o que elas querem indicar é misterioso. Sua indicação é simples, mas o indicado é misterioso.

Olhe para meu dedo – uma coisa simples! –, e eu aponto a lua com o dedo. A lua é misteriosa, não o dedo. O dedo é um fenômeno muito simples, nada a dizer sobre ele. As palavras são dedos, e elas apontam, indicam o misterioso.

"Alguns não me compreendem e me reverenciam".

E você tem reverenciado muita gente, muitas doutrinas, só porque não pode compreendê-las.

Existem muitos seguidores de Gurdjieff; porque não podem entendê-lo, eles o seguem. Gurdjieff não é como Hegel, não está mistificando, mas tem algo mais a fazer. Ele não quer que pessoas indesejáveis se aproximem dele, por isso escreve de tal maneira que, a menos que você seja paciente, não será capaz de penetrar nele. Ele não é difícil, é simples, mas a metodologia é tal que o coloca fora. Você não consegue ler mais do que algumas páginas. Nunca encontrei uma só pessoa que tivesse lido seu *de tudo e de todas as coisas* completamente. As pessoas têm passado por ele, mas... E ele sabia que seria assim. Ele escreve num estilo cansativo, ele o entedia, e esse é um método usado intencionalmente; ele o coloca fora.

Quando o livro *De Tudo e de Todas as Coisas* foi publicado pela primeira vez, as páginas não foram cortadas. Apenas as páginas da introdução, uma centena delas, estavam cortadas, e as outras não. E havia uma observação dizendo que, se você pudesse ler as cem páginas, então que abrisse as outras; caso contrário, deveria devolver o livro à loja e recuperar o dinheiro. Primeiro tente as cem páginas e, se ainda estiver interessado, então abra as outras, corte-as. De outro modo, não estrague o livro. E muitos livros foram devolvidos. Muitos não foram; isso não significa que as pessoas o leram, elas ficaram apenas curiosas, e pensaram: "Talvez seja um truque e apenas seja cansativo nas páginas introdutórias. Pode ser que dentro não seja". Mas, se você corta, não pode devolver o livro.

Mas nunca encontrei uma só pessoa que tivesse lido o livro todo. As pessoas passam por cima, e então perdem – porque aqui e ali ele esconde os diamantes, e tudo o mais é só camuflagem. Aqui e ali, nos meandros das palavras, ele esconde diamantes. Esses diamantes podem ser destacados e escritos num cartão postal, e esse livro tem mil páginas!

Muita gente segue Gurdjieff porque não pode entendê-lo. Quando você não pode entender, de repente sente que existe algum mistério. Não é assim, a verdade é muito simples, e todos têm capacidade de entendê-la. A verdade é tão simples como qualquer outra coisa possa ser. Você tem apenas que ficar em silêncio, compreendendo, pronto, e ela lhe é revelada.

Maruf disse: "Alguns não me compreendem, daí sua reverência. E outros não fazem nem uma coisa nem outra, por isso me desprezam".

Então existem pessoas que se não podem compreender – elas *não* podem acreditar que exista algo que *elas* não possam compreender –, então elas desprezam. É contra o ego delas. Mas lembre-se: ambos são pontos de vista egotistas.

Um ego pensa: "Eu sou tão compreensivo. Se *eu* não posso entender, então deve haver algo misterioso". O outro ego diz: "*Se eu não posso compreender, então não há coisa alguma. Esse homem é simplesmente um enganador. Nada existe. Se houvesse alguma coisa, como eu não entenderia? Um gênio como eu entende tudo*". Ambos são pontos de vista egotistas. E a pessoa precisa abandonar ambos – só então você pode entender um Mestre.

O indivíduo tem que sair de ambos. Não reverencie uma coisa porque você não a compreende, e não a desprezem porque não a compreende. Aliás, não ligue a coisa ao ego, não a traga para o contexto do ego. Isso é inútil! Apenas escute a coisa. Se você não pode entender, tente fazê-lo – medite mais, contemple mais, torne-se mais silencioso. Volte ao assunto muitas e muitas vezes, de diferentes pontos de vista. E finalmente você chegará a ela sem qualquer ponto de vista. Você entenderá, e o mistério será revelado. Se não pode entender, não comece a desprezá-la – porque você não é a última palavra em compreensão, não é a capacidade máxima de compreensão, não é o ômega da compreensão. Você é apenas um iniciante no primeiro degrau da escada, e a escada é vasta e grande.

Milhões de coisas estão esperando que você seja. Você está apenas na porta, nem mesmo entrou no templo. Talvez apenas nos degraus ou talvez só no caminho, e nem mesmo subiu os degraus; nem mesmo à porta.

Não traga seu ego de modo algum. Você não é o fator que decide se é um mistério ou não. Você escuta, quanto mais escutar alguém que alcançou a realização, mais e mais irá compreender. E quanto mais você compreender, mais misterioso ficará. O mistério da vida não é algo que possa ser resolvido ou que *jamais* venha a ser resolvido. Ele precisa ser vivido! Não é um problema ser resolvido, precisa ser *vivido*.

Quanto mais você sabe, menos sente que sabe; quanto mais sabe, mais sente o desconhecido circundando-o de todos os lados. E no momento final do saber, todo o conhecimento desaparece; você nada sabe. O momento final do conhecimento é como uma ignorância *imensa*, uma noite escura. Mas só de uma noite escura é que nasce a manhã. Dessa ignorância imensa surge uma luz – que é o saber, que é a compreensão; a qual Buda chama de *pragya sambathi*; a qual Pantajali chama de *sambadhi*, a Iluminação.

Maruf disse: "Alguns não me compreendem e me reverenciam. Outros, não fazem nem uma coisa nem outra, por isso me desprezam. Isto é o que eu vim dizer. Vocês devem pensar em mim como aquele que disse isto".

O homem estava pedindo para rotular Maruf de algum jeito – fosse ele judeu, muçulmano ou cristão. Uma vez rotulado, você pensa que entendeu. O rótulo é um engodo. Você rotula uma certa coisa e sente que compreendeu.

Eu lhe mostro uma flor, uma flor estranha que você nunca viu antes, e imediatamente você pergunta: "Qual é o nome dela?". Por que você fica tão ansioso para saber o nome? De que forma esse nome pode ajudá-lo? X, Y, Z, qualquer que seja o nome, como irá ajudá-lo? Se eu digo X, você pensa que agora a conhece; você a rotulou. Agora você pode mostrar a seu filho que esta é a flor X. Você se tornou o conhecedor. O que ficou sabendo sobre a flor? Apenas a palavra X? Eu poderia tê-la chamado de Y ou Z. Seria tão pouco importante quando X. Como você pode conhecê-la?

Eu estava lendo o livro de Gertrude Stein. Quando ela disse num poema: "Uma rosa é uma rosa é uma rosa", isto se tornou mundialmente famoso. Ela age assim com muitas coisas, ela não define: "Uma rosa é uma rosa é uma rosa" não diz nada. Na verdade nada é definido, nada foi dito.

Alguém perguntou: "Por que você disse isto? *Todos* nós sabemos que uma rosa é uma rosa é uma rosa. Isso não faz sentido, não acrescenta coisa alguma ao nosso conhecimento".

E Stein respondeu: "Porque os poetas falam das rosas por milênios – milhões de poesias sobre rosas, todos as leram e cantaram e repetiram –, a palavra 'rosa' perdeu sua rosicidade. Já não diz coisa alguma; por isso é que eu preciso repetir que uma rosa é uma rosa é uma rosa – para que você acorde do seu sono, para que você seja chacoalhado um pouco: o que está dizendo essa mulher? Que absurdo! – Uma rosa é uma rosa é uma rosa'". Você *pode* escutar. Caso contrário, rosa – quem vai escutar? Todo o mundo sabe. E ela disse: "Repetindo isso, eu trouxe novamente cor à rosa".

As palavras não podem dizer muito. E se você pensa que só por saber os nomes e os rótulos você conheceu, perderá tudo.

Tente evitar as palavras, não tente rotular. Você rotula *imediatamente*. Rotular é uma doença tremenda, é uma obsessão. Você vê um homem e diz: "bonito". Vê uma mulher e diz: "feia". Para que tanta pressa? Espere! A mulher tem muitas faces. Mesmo a mulher mais feia às vezes tem uma face bonita, com a qual nenhuma mulher bonita pode competir. A mais feia – eu vi a mulher mais feia numa certa atitude, com um certo humor, num certo clima, tão linda que sua Miss Universo desapareceria perto dela. E vi a mulher mais linda ficar feia em certas disposições. Espere! Não coloque rótulos! De outro modo, seu rótulo não permitirá que você veja a realidade. Mesmo as mulheres lindas, quando zangadas, com ciúmes, com sentimento de posse, tornam-se feias. E a feiura delas é mais profunda do que a feiura comum de um corpo. Sua feiura é espiritual e interna, e toma conta de todo o corpo, como uma urticária. Quando uma mulher está enciumada e possessiva, pode ser bela na superfície, mas algo emana dela – o veneno, como o de uma cobra. Ela é feia. Você a toca nesse momento e sente que tocou um réptil, não uma mulher. Venenosa... Vapores venenosos emanam dela.

Não rotule, a realidade não acredita nos rótulos. A realidade continua caminhando e mudando; é um fluxo, um rio. Você não pode pisar duas vezes no mesmo rio – nem mesmo uma vez. Ele está se movendo o tempo todo.

Não classifique. E você tem um verdadeiro pombal na mente. Assim que surge algo, imediatamente você o coloca num compartimento do pombal e pronto! E você pensa que sabe! Este homem é bom e aquele é mau. Você nunca observou o mau transformando-se em bom e o bom transformando-se em mau? Nunca viu um ladrão honesto? Nunca viu um criminoso muito, muito sincero? Nunca viu um pecador santo? As classificações não pertencem à vida, pertencem à mente. As classificações são seus jogos. Não classifique.

E esse homem veio para perguntar a Maruf: "Como posso classificá-lo? Onde posso colocá-lo?" Maruf é um homem vivo. Se fosse morto, teria dito: "Sou muçulmano, naturalmente, um humilde muçulmano, um Sufi". Mas ele não é um homem morto, não permite classificações; ele é vivo, intensamente vivo.

Ele diz: "Lembre-se de mim apenas por isto, e nada mais. *Isto é o que eu vim dizer. Vocês devem pensar em mim como aquele que disse isto.* Você deve se lembrar somente isto, que aqueles que não me compreendem, me reverenciam; e aqueles que não me compreendem, me desprezam. Em Jerusalém, os judeus pensam que sou cristão, e os muçulmanos que sou judeu. E em Bagdá, onde as pessoas estão encantadas comigo, na minha comunidade; os judeus acham que sou o mais perfeito dos judeus; os cristãos que sou um

Cristo ressuscitado, e os muçulmanos que sou a última palavra como muçulmano".

"Não vou dizer mais. Só isto eu lhe digo. E se quiser saber como se lembrar de mim, faça apenas isto: *você deve pensar em mim como aquele que disse isto*".

Ele permanece sem classificação, sem rótulo. Ele não dá qualquer indicação. Na verdade, torna-se mais misterioso. O homem pode ter vindo com alguma coisa, algum preconceito, alguma ideia a respeito desse Mestre Maruf. Ele demoliu sua mente de vez, cortou todos os seus preconceitos, deixou-o no vácuo. Isso é o que faz um Mestre – deixa-o no vazio. Mas esse é o presente mais maravilhoso que lhe pode ser dado – o nada, o vazio, o vácuo.

Nesse vácuo, nesse nada tudo surge; nesse vazio, o Absoluto nasce. Mas, antes que você morra, isso não é possível.

Você está aqui – deixe-me ser sua morte e sua ressurreição.

Apêndice Um

Copyright: ©, 1975, 2016, Osho International Foundation, <www.osho.com/copyrights>
Todos os direitos reservados.

Título original em inglês: ***Until You Die.***

Este livro é uma transcrição de uma série de palestras originais *Until You Die* (Antes que Você Morra), dadas por Osho a uma plateia ao vivo. Todas as conversas de Osho foram publicadas na íntegra como livros e também estão disponíveis como gravações de áudio originais. As gravações de áudio e o arquivo de texto completo podem ser encontrados na Biblioteca OSHO on-line em <www.osho.com>.

OSHO® é uma marca registrada da Osho International Foundation, <www.osho.com/trademarks>.

Apêndice Um (continuação)

Para mais informações:

<www.OSHO.com>, um site multilíngua abrangente, incluindo uma revista, livros do OSHO, palestras do OSHO em formatos de áudio e vídeo, o arquivo de texto *on-line* da Biblioteca OSHO em inglês e hindi, além de uma extensa informação sobre OSHO Meditações. Você também encontrará um calendário dos programas da OSHO Multiversity e informações sobre o OSHO International Meditation Resort.

Sites:

<http://OSHO.com/AllAboutOSHO >
 http://OSHO.com/Resort >
<http://www.youtube.com/OSHOinternational >
<http://www.Twitter.com/OSHO>
<http://www.facebook.com/ páginas / OSHO Internacional>

Para entrar em contato com a OSHO International Foundation:

<www.osho.com/oshointernational>
E-mail: oshointernational@oshointernational.com

Sobre Osho

Osho despreza a categorização. Suas milhares de palestras cobrem tudo sobre a busca individual pelo significado para os problemas sociais e políticos mais urgentes que a sociedade enfrenta hoje. Os livros de Osho não são escritos, e sim são transcritos de gravações de áudio e vídeo de suas palestras de improviso para o público internacional. Como ele diz: "Então lembre-se: tudo o que estou dizendo não é apenas para você ... Eu também falo para as futuras gerações". Osho foi descrito pelo *Sunday Times* em Londres como um dos "Mil Criadores do Século Passado", e pelo autor americano Tom Robbins como "o homem mais perigoso desde Jesus Cristo". O *Sunday Mid-Day* (Índia) elegeu Osho como uma das dez pessoas – juntamente com Gandhi, Nehru e Buda – que mudaram o destino de Índia. Sobre seu próprio trabalho, Osho disse que está ajudando a criar condições para o nascimento de um novo tipo de ser humano. Ele muitas vezes caracteriza esse novo ser humano como "Zorba, o Buda", – capaz de desfrutar os prazeres terrenos de um Zorba, o Grego, e a serenidade silenciosa de um Gautama, o Buda. Percorrer como um fio através de todos os aspectos das palestras e meditações de Osho é uma visão que abrange a sabedoria intemporal de todas as eras passadas e o grande potencial da ciência e tecnologia modernas (e de amanhã). Osho é conhecido por sua contribuição revolucionária à ciência da transformação interior, com uma abordagem de meditação que reconhece o ritmo acelerado da vida contemporânea. Suas meditações ativas OSHO originais são projetadas para liberar primeiro os estresses acumulados do corpo e da mente, de modo que é então mais fácil ter uma experiência de quietude e relaxamento sem pensamento na vida diária.

Duas obras autobiográficas do autor estão disponíveis:
Autobiography of a Spiritually Incorrect Mystic;
Glimpses of a Golden Childhood.

Resort Internacional de Meditação Osho

Localização

Localizado a aproximadamente 160 quilômetros a sudeste de Mumbai, na próspera cidade moderna de Pune, na Índia, o OSHO International Meditation Resort é um destino de férias com um diferencial. O Meditation Resort está espalhado por 28 hectares de jardins espetaculares em uma bela área residencial arborizada.

OSHO Meditações

Um cronograma diário completo de meditações para cada tipo de pessoa inclui métodos tradicionais e revolucionários, particularmente a OSHO Active Meditations™. As meditações ocorrem no maior espaço de meditação do mundo, o auditório OSHO.

OSHO Multiversity

As sessões individuais, os cursos e as oficinas envolvem tudo, desde artes criativas até saúde holística, transformação pessoal, relacionamentos e mudança de vida, transformando a meditação em um estilo de vida para o cotidiano e o trabalho, as ciências esotéricas e a abordagem "Zen" para esportes e recreação. O segredo do sucesso da OSHO Multiversity reside no fato de que todos os seus programas são combinados com meditação, apoiando a compreensão de que, como seres humanos, somos muito mais do que a soma de nossas partes.

OSHO Basho Spa

O luxuoso Basho Spa oferece natação ao ar livre, em piscina cercada de árvores e plantas tropicais. Há jacuzzi de estilo único e espaçoso, saunas, academia, quadras de tênis ... tudo isso é realçado por uma paisagem maravilhosamente linda.

Cozinha

Uma variedade de diferentes tipos de alimentação que servem deliciosas comidas vegetarianas indianas, asiáticas e ocidentais – a maior parte dela é cultivada organicamente especialmente para o Meditation Resort. Pães e bolos são assados na própria padaria do resort.

Vida noturna

Há muitos eventos noturnos para escolher – danças estão no topo da lista! Outras atividades incluem meditações ao luar sob as estrelas, shows de variedades, apresentações musicais e meditações para a vida diária. Ou você pode simplesmente curtir conhecer pessoas no Plaza Café, ou caminhar na serenidade noturna dos jardins desse ambiente de contos de fadas.

Lojas

Você pode comprar produtos de necessidades básicas e artigos de higiene na Galleria. A OSHO Multimedia Gallery vende uma grande variedade de produtos de mídia OSHO. Há também um banco, uma agência de viagens e um Cyber Café no *campus*. Para aqueles que gostam de fazer compras, a Puna oferece todas as opções, que vão desde produtos tradicionais e étnicos indianos até todas redes de lojas internacionais.

Alojamento

Você pode escolher ficar nos quartos elegantes da OSHO Guesthouse, ou para estadias mais longas no *campus*, você pode escolher um dos pacotes do programa OSHO Living-In. Além disso, há uma abundante variedade de hotéis e flats com serviços disponíveis.

<www.osho.com/meditationresort>
<www.osho.com/guesthouse>
<www.osho.com/livingin>

Cronograma 'A'

Os comentários de Osho neste trabalho em trechos selecionados de:

Capítulos 1, 2, 4, 6-10: A MANEIRA DO SUFI, por Idries Shah, © 1968 Idries Shah.

Capítulos 3, 5: O SUFIS, por Idries Shah, © 1964 Idries Shah.